U0090260

民國歷史與文化研究

十八編

第22冊

胡先驌年譜
（第十二冊）

胡啟鵬 著

花木蘭文化事業有限公司

國家圖書館出版品預行編目資料

胡先驌年譜（第十二冊）／胡啟鵬 著 -- 初版 -- 新北市：花木蘭文化事業有限公司，2024〔民 113〕

目 4+210 面；19×26 公分

（民國歷史與文化研究　十八編；第 22 冊）

ISBN 978-626-344-651-9（精裝）

1.CST：胡先驌 2.CST：年譜

628.08　　112022508

民國歷史與文化研究
十八編　第二二冊　　ISBN：978-626-344-651-9

胡先驌年譜

（第十二冊）

作　　者　胡啟鵬
總 編 輯　杜潔祥
副總編輯　楊嘉樂
編輯主任　許郁翎
編　　輯　潘玟靜、蔡正宣　美術編輯　陳逸婷
出　　版　花木蘭文化事業有限公司
發 行 人　高小娟
聯絡地址　235　新北市中和區中安街七二號十三樓
　　　　　電話：02-2923-1455／傳真：02-2923-1452
網　　址　http://www.huamulan.tw 信箱 service@huamulans.com
印　　刷　普羅文化出版廣告事業
初　　版　2024 年 3 月
定　　價　十八編 22 冊（精裝）新台幣 55,000 元

胡先驌年譜
（第十二冊）

胡啟鵬 著

目　次

第二冊

第三冊

第十冊

第十一冊

第十二冊

附錄二：胡湘林資料

一、1875 年，胡湘林參加江西鄉試硃卷，考舉人三篇文章一首詩內容，前收錄閱卷考官評語

胡啟鵬點校

同考試官，試用直隸州知州，加一級劉閱。

薦。

大主考記名遇缺題奏，翰林院編修加三級潘批。

取。

又批：「清正雅正」。

大主考詹事府，右春坊、右中允，加三級王批。

中。

又批：「沉實高華」。

本房原薦批：「志和音雅，躁釋矜平，細膩熨帖，三氣充詞，沛詩明秀。二場發采流潤，節奏安和。三場策有駕馭。」

奎宿堂原批：「前路筆勢矮變異常，後二醞釀深原。得指點之神，次做法極合，三情文相，生合觀諸，作氣象發皇，姿制軒爽，場中得此。不啻拱璧矣。詩佳。」〔註 1〕

（一）不知命無以為君子也

胡湘林著

胡啟鵬點校

〔註 1〕選自《欽命四書詩題》。

知命，乃可為君子難。為不知者道也。蓋學先致知，欲為君子，必自知命始。不知者，尚何以為君子哉。且人苟居，易俟命，則身世間皆學問也，而要非識之。素定者必不能察吉凶禍福之原，而自端其趨向。蓋榮辱胥，關賦異，計較泯，而後植。品純菀枯，悉聽遭逢，趨避除，而後進修。決曠達者，誤。冀倖者，尤誤。

不此之察，而謂冥冥者，無權焉。則吾未聞，累於境而猶能不累於心者。今夫君子者，盡人所當為，亦盡人所可為也。奚慮其無以哉，而吾謂為之之功，自知命始。人必深明夫消長盈虛之理，知富貴福澤。非分者，不可倖邀居。行豈盡坦途踐履祗安素位，斯克卓然。於成敗利鈍之故，而不攖其天懷人必洞悉。夫平陂往復之機，知險阻艱難已。定者，斷無苟免，義理盡其在我，氣數聽之於天，乃能澹然。於窮通得失之交，而不淆其真宰。此無他，知命故也。知之真，斯為之力。憧擾絕，而刻勵彌堅；知之確，斯為之專，嗜欲清，而衷懷有主。雖未滿乎，君子之量而已。立乎，君子之基矣，而奈何有不知者暗昧，本於性，生而復中，以無端之遷就，將以命為有據，歆羨適潰，君子之防；以命為無憑，渺茫益隳，君子之守。知未致者為必懈，而紛沄馳逐，終身莫企。夫純修依違，熟於世故，而復狃於一已之貪愚，將以命為可信，術數，實墮君子之操；以命為可疑，游移愈滋，君子之患。知未盡者為必紛，而瞻顧徘徊，藐躬難期於上達，無以為君子也。夫然而諉命者，不足為矣。委心任運者流，謂修悖，為不可憑，而漫以放曠作達，觀之想，究之迷途，坐誤轉疑，戒慎為迂。拘異端是攻謬，詡清虛為道德，當其一無所為，亦將矯託於君子也。豈知福善禍淫，彼蒼從無爽報。高談夫元妙，即隱壞其操存，縱不流於非僻之途，亦無以基聖賢之業矣。末路而可自新也，所願諉命者，激厲深之。夫然而違命者，愈不足為矣。乘便營私之輩，謂時數無難，力挽而妄以圖謀，爭大造之權，究之利慾攖懷得失，明而是非，昧初終易轍，功名重而氣節輕。當其為非所為，亦將貌襲夫君子也。豈知豐此嗇彼，造物自有微權。外慕夫浮榮，即內乖其雅操，既無以杜偏私之累，必無以清德業之源矣。造道而貴審端也，所願違命者，澹泊安之。

本房加批：「磬徹鈴圓，珠光玉潔，清華朗潤，理障一空」。

奎宿堂原刻。〔註2〕

〔註 2〕選自《欽命四書詩題》。

（二）思修身不可以不事親，思事親不可以不知人

胡湘林著

胡啟鵬點校

身有所由修，親與人不可忽矣。夫親者，身之本；人者，輔吾身以事親者也。修身之君子，其可忽乎。且人主以藐躬承先緒，欲端身範，而必求其所以端也。欲慰親心而必求其所以慰也。蓋明發貫成仁之本，宸躬首篤，天倫賓師，為教孝之資輔。治尤推哲士。古昔盛時，禮隆祗事典重，旁求而身範無不端亦。親心無不慰焉。則愛敬之交，修於身者大也。身不可不修固已。今夫君子之身，內則建彝倫之極，外則收夾輔之才。以為整躬率物之助者也。事親也，知人也。修身之君子安可偏廢哉。無端而盤有銘，無端而劍有箴。凡以檢身者，必體乎道也。然臣觀往代仁君。舉不外倫常而談，主極思修身，而不思身之所以出焉，則本先撥矣。夫一室尚從涼德，即侈言，修省而不誠。二人未克承歡，即高語修為，而何補，則親可不知所事乎。事親而臨深履薄，既昭其乾，惕之神，怡色柔，聲復著，其雍和之度，即他日之圭璧，金錫束其身，而不流非僻者，皆其愛親之忱所積，而形焉者也。且夫事親，非禮儀之謂，而性真之謂。徒以潔羞馨膳為足，盡子職而無虧，則君心有抱歉之端，君身猶有未完之責焉。昔君文武朝以三飯，以再傳其事者，不以為吾君隆色養，而以為皇極懋躬。行斯，何如至德也。非然者倫紀未敦，而漫冀我躬之無忝焉，可乎哉。胡然而冬也溫，胡然而夏也清。凡以誠身者，必順乎親也。然臣考古來令辟類，皆求俊乂以弼丕基，思事親而不思輔吾身以事者，則道不明矣。夫左右唯親，近倖心志，荒而敬事，恐疏宮廷，未得師資，見聞隘而服事。或替，則人可不急於知乎。知人而居遊，皆碩德薰陶，默養其天真，講貫悉名儒，啟沃益培其心性，即平日之盤匜、几杖、奉其親，而胥備儀文者，皆其得人之後所參而定焉者也。且夫知人，非臣下之謂。而師保之謂。徒以籲俊搜奇為足羅群材而效用，則吾心有未盡之情，吾親亦有難安之隱焉。昔君文武熊也，夢鷹也揚，聞其風者，不以為聖主得賢臣，而以為吾君得益友。斯何如盛典也。非然者，英賢未集，而漫期孝思之不匱焉，可乎哉，由是而知天，則修身之事畢矣。

奎宿堂評：「體裁峻整，風度安和」。

本房加批：「理扶質以立，榦文垂條而結，繁當行出色之作」。〔註3〕

〔註3〕選自《欽命四書詩題》。

（三）舜，人也；我亦人也。舜為法於天下可傳於後世，我由未免為鄉人也

胡湘林著

胡啟鵬點校

取虞帝以相較，人同而實異矣。夫舜與我同是人耳，乃為法可傳。如彼為鄉人者，又如此不有相形之異乎？且自古聖既往而後人之欣慕者，遂徒震其名焉。豈古今人誠不相及哉？同此，含生負氣之倫，而或則卓然號為聖神，或則頹然流為庸眾。賦異之同，原我未嘗獨薄於古人也。品詣之懸絕，我固已遠遜夫古人矣。夫君子所終身歉然者，非謂人。生天地間必有所以無愧為人者。庶幾不為鄉人以沒世哉。則試論人而遐思夫古，則試論人而還證之今。夫我之先，不嘗有舜乎？舜有高出常人之行，舜要無求勝常人之心。

故烝乂克諧，不過自完其性分。初未嘗於耕稼陶漁，而外別顯神奇，舜無獨異後人之才，舜要有大過後人之詣。故溫恭濬哲，莫不群奉為神明。遂若超乎禹、湯、文、武之前，獨臻窮，絕信如是也。舜之為舜，得毋不能以人類之耶然，而舜固人也。舜既為人，得毋不能以我類之耶然，而我亦人也。我思夫舜，我念夫我，大抵往聖純全之詣想像焉，倍覺難幾，雖當代遠年湮德澤，已難親炙。而有識者，居今稽古，每不禁流連慨慕，穆然於山高而水長，吾人景仰之懷印證焉，彌形自歉，當其匡居坐誦，造詣恒不自知，而有心者援古例今，遂不覺歉仄徬徨，爽然於彼優而此絀。噫！舜非猶是人乎而已，為法於天下，可傳於後世矣。我非猶是人乎？而竟未免為鄉人矣。且夫大造之生材，原無異耳，受氣賦形之始，彼蒼詎設成心，乃舜，則明倫立極，上與日月爭光；我則同流合污，下與庸愚為伍，舜不囿於鄉人，而我顧終為所囿乎。天下知有舜，而我之為法者何存？後世知有舜，而我之可傳者安在？官骸共具，而霄壤懸殊。返己自思應亦歎甘為人下者，固非造物之待我薄矣。且夫斯民之公論，不容誣耳今聞廣譽之施，舉世本無私意，乃舜則出類拔萃，為千古樹功勳，我則隨波逐流，與凡民同食息。舜不安於鄉人，而我乃以此自安乎？天下不知有我，而舜之為法者益彰。後世不知有我，而舜之可傳者愈永。秉同符，而天淵顯判。平心而論，應亦歎沒世無稱者，並非斯人之待我刻矣。而謂君子能不憂乎。

本房加批：「清言娓娓，宛轉關生，後二比尤能曲盡題妙」。

大奎堂原刻。〔註4〕

〔註 4〕選自《欽命四書詩題》。

（四）賦得蘆荻花中一點鐙，得中字，五言八韻

胡湘林

回望停舟處，蘆花淺渚中。
四圍秋絮白，一點夜鐙紅。
涼影橫漁艇，寒光隱釣筒
依稀如映雪，明滅自搖風。
小微侵岸口，輝殘半掩篷。
熒熒煙樹遠，瑟瑟水雲空。
港曲鼉更轉，江頭蟹舍通。
芬芳丹桂發，賜炬荷恩隆。
本房加批：「秀氣成采，雅韻欲流」。〔註5〕

二、會試第十房同門姓生氏，光緒丙子（1876）恩科，三篇文章一首詩內容，前收錄閱卷考官評語

胡啟鵬點校

胡湘林，字竹泉，號揆甫，行六。咸豐己未年七月十九日吉時生，江西南昌府新建縣民籍。光緒乙亥恩科本省鄉試中式 20 名舉人。丙子恩科會試中式第 61 名貢士。覆試二等第二名。殿試三甲第 61 名，朝考三等第 16 名。欽點翰林院庶吉士。

中式第 61 名貢士胡湘林年十八歲，江西南昌府新建縣學附生民籍。

同考試官翰林院編修加三級袁閱，薦批：「博大昌明，經策完密」。

大總裁禮部左侍郎，上書房行走加三級黃取批，又取批：「沙明水淨，經策宏通」。

大總裁吏部右侍郎委散、秩大臣三等承恩公加三級崇取批，又取批：「嶽峙淵渟，經策諳練。」

大總裁經筵講官，刑部尚書加三級桑取批，又取批：「金鏤綵錯，經策敷腴」。

大總裁產部尚書管理三庫事務、總理各國事務大臣加三級董中批，又中批：「磬徹鈴圓，經策包舉。」

〔註 5〕選自《欽命四書詩題》。

本房原薦批：「理實氣空、機流神暢，次三亦揮灑自如，詩深得題旨」。
眾奎堂原批：「氣靜神怡，理明詞達，次三亦均無弱筆詩秀」。

（五）康誥曰克明德大甲曰顧諟天之明命

胡湘林著
胡啟鵬點校

論明德而溯聖王，商周之書可徵焉。蓋得於已者，德也，受於天者，命也。曰：「克明」。曰：「顧諟」。康誥大甲不可先述乎？且所貴乎，明明德者，貴其能葆乎？德之體也。尤貴其善會乎？德之原蓋德征諸顯斯宸修嚴敬止，小心與大力同昭德體諸徵斯，主極懋欽崇，息養與瞬存罔間，古聖王殫精竭慮，學著緝熙，觸目驚心，誠昭奉若，其全乎，德之體契乎？德之原者已，備著於兩朝之訓誡已，今夫修德而不求於實，不足以戰，純一之功也。據德而不課於虛，不足以窺懋昭之學也。欲證明明德之義者，蓋先徵之康誥。且徵之大甲，德之素稱不顯者，非文王哉，無然畔援無然歆羨詩人美之矣，而康誥之述文王，尤有深焉者，德而懔之，曰：明知。亦保亦臨宥密無荒於夙夜明而重之，以克知在宮在廟，肅雍遂著為儀型即爾日之不聞亦式不諫，亦入保其德而罔敢稍懈者，何莫非克明之全量所力，而持焉者乎？且夫克非張皇之謂；而劼毖之謂，徒以光四方顯西，士為足全至德而無虧，則其視文也。猶淺茲之所謂克明者，艱卓蒙難，克全其用晦之明，而其德可以儆忠矣；懷保惠鮮，克全其繼照之明，而其德可以施仁矣。推之無聲無臭，帝謂潛通，不識不知，帝則是順，則誕登道岸，復何間於眷顧之靈也。蓋以兄勉弟，以子述交，有如是之深切焉，爾德之夙膺天鑒者，非成湯哉，無從匪彝無即怕淫，商書詳之矣。而大甲之頌成湯，尤有微焉者，明命歸之於天，則鑒觀有赫爾室而懍以大廷，明命深之以顧，則寤寐常惺，道存而期以目擊，即平日之不邇聲色，不殖貨利，奉明命而罔敢或荒者，何莫非顧諟之微忱所積而形焉者乎，且夫顧非「懸擬」之謂，而灼見之謂徒以禮制心、義制事。為足保明命而無慚，則其視湯也。猶小茲之所謂顧諟者，聖敬日躋，內顧其出治之身而明命之，體以立矣；兆民允殖，外顧其受治之眾而明命之，用以行矣。推之昧爽銘心自完恒性風愆致警倍失精誠則維皇降衷敢或懈其迪德之力也。蓋以臣規君，以孫法祖，有如是之體會焉爾，合觀帝典，而經所謂明明德者，可以恍然矣。

本房加批：「鳳裁峻整，氣象光昌，極渾成亦極警練，是弓燥手柔之候。」

（六）施於有政是亦為政

胡湘林著
胡啟鵬點校

觀書之言有政者，可以知為政之本矣。夫書言有政，推孝友以為家政也。孔子引之若曰：「苟如是，是亦可以為政已。且人苟推其飭紀敦倫之德，以修其身者齊其家，雖窮而在下已，不啻達而在上也。蓋彝倫攸敘庭幃之地，有經綸踐履，既敦骨肉以外，無名教天理人情之至，即帝德王道之精，向猶疑為政之道，不僅在是也、乃今而知之矣。惟孝友于兄弟。書未嘗言為政也；然其不言為政者，乃其無不可以為政者也。蓋繼此而又有言矣：曰施於有政，親親長長之情初何關於經濟，而不知一庭豫順，即為太和洋溢之機；知論政不事張皇，端在自完其性，分書所為，鄭重言之，以為凡人皆有，是當為之責也，而門內之敷施在是矣。易俗移風之事原不止於門閭，而即此一室，肅雍已樹，千古倫常之極，知立政不求高遠，只期自率其天真，書所為懇切言之，以為盡人皆有是，得為之權也，而一已之措施在是矣。書言有政如是，未嘗明言為政也。而吾且即是而詳審之，而吾且即是而熟籌之，是其尊卑長幼之間，皆有定分，相維秩然而不可紊，初不必別言敷布，而範圍不過胥率循於規矩之中，故儒者不出戶庭已徵王制之根於內，則是其父子家人之樂，皆有至情相洽，藹然而不容乖初，不必別講勳猷；而親遜成風，舉雍容於天倫之際，故君子自甘家食已。見官禮之肇於睢麟，是亦可以為政矣。抗懷談平治，平治豈易言哉？不可必者，身世之遭逢，不可寬者，家庭之責備，誠由是而推行之，將見真俔流露，藐躬無搶歉之端，而悅豫所充，周即為講讓型。仁之本，為政之任，不自是而膺，為政之原，要自是而裕也。恒情爭以軒冕為榮，吾身獨以彝常為重，但今大端弗壞，斯整躬率物，推之皆天理之流行也，吾亦盡吾當為之責而已矣。居平商幹濟，幹濟豈無術哉，不必希者，廟廊之聞譽；有必懍者，倫紀之修為，誠由是而擴充之，將見至性薰陶、內省，鮮懷慚之舉，而雍和所布濩，即為端本善則之基。為政之柄，不自是而操，為政之理，要自是而探也，末流半以簪纓為貴，我躬獨以庸行為先，但今大本無虧，斯只父恭兄擴之，皆天機之發見也。吾亦行，吾得為之權而已矣。而奚必捨是以圖哉。

本房加批：「揚之高華，按之沈寔，通體扼重，下句一切為政門面語，無從繞其筆端」。

（七）惟義所在

胡湘林著
胡啟鵬點校

以義為生，言行得其宜矣。蓋不主乎？義則信果，非義不信，不果亦非義也。準義以為言行其斯為大人歟，今夫顯悖乎義者，其失也。妄隱乖乎，義者其病也，拘均無當於大人之學也。夫惟裁制咸宜，斯衷懷有主，不以或妄者，疏守口守身之防，亦不以過拘者，悖有物有恆之正，可權不徒，可立惟一，悉本惟精，夫亦曰義而已矣。不然言行者，固當信當果者也。而大人顧不必信不必果，何哉？是必其平特有集義之學，言行未發之先，早灼然於是非得失之交，而不為歧途所惑，故無適無莫精心，不設成心，斯義之為主，於內者有權衡焉，且必其臨事，有精義之神，言行將發之際，能確然於緩急輕重之界而不為紛議所搖，故可經可權，應物不同徇物，斯義之順。動於外者，無膠滯焉！何也？義之所在，言行之則也，然而知此者鮮矣。誕妄之儒不准義以立範圍，遂雖甘於放蕩，往往一言偶失，識者義其誣一行偶，需天下譏其懦此顯悖乎，義者所以不信不果也，集義之大人不為也。迂拘之子不秉義以為準則，且將自詡其操持，往往意氣徒矜，言足貽優於性命，堅僻自是，行且貽害於蒼生，此隱乖乎。義者所以必信必果也。精義之大人不為也。且夫大人之準義以為言行者，一在於有定識，一在於有定力，徒藉口於因應多方而於義之當信當果者，一以不必信不必果，售其反覆無常之技，則諧時娼俗，而言行皆非衡以義，而大人之定識見焉！合乎義而言，可為坊修詞，即以立誠貞，不流於諒衷諸義而行可為表，小心出以大力，勇不病於粗，蓋惟義能化信果之跡，亦惟義能妙信果之用也。本定識以立言行之程，而下可懲斯世欺詐之風，亦上可挽家國因循之習，徒假託於隨時處，當而於義之宜信宜果者，一以不必信不必果，遂其游移兩可之私，則唯諾浮沉（同沉），而言行交失宰以義而大人之定力見焉，以義立言，而言不苟，有倫有脊，要雖久而弗忘，以義制行，而行非遷無怠無荒，事雖鉅而克濟，蓋惟義能酌信果之中，亦惟義能平信果之憾也。

本定力以端言行之極而有章，可以樹萬民之望亦不朽，可以成千載之功，大人之準義，以為言行者如此。

本房加批：「軔鄉堅光，無懈可擊，想見灼盡，三條躊躇滿志」。

（八）賦得南山曉翠若浮得字五言八韻

胡湘林

空翠南山積，靈池曉宴開。
若從清沼上，浮出好峰來。
瑤水迎紅日，金隄綴綠苔。
晨光侵戶牖，黛色映樓臺。
淡淡遙嵐湧，陰陰宿霧猜。
宛隨波蕩漾，疑接嶺崔嵬。
鳧鷀和風轉，魚龍逸興催。
陽春宸賞愜，長願託蓬萊。
本房加批：「搖筆散珠、動墨橫錦」。

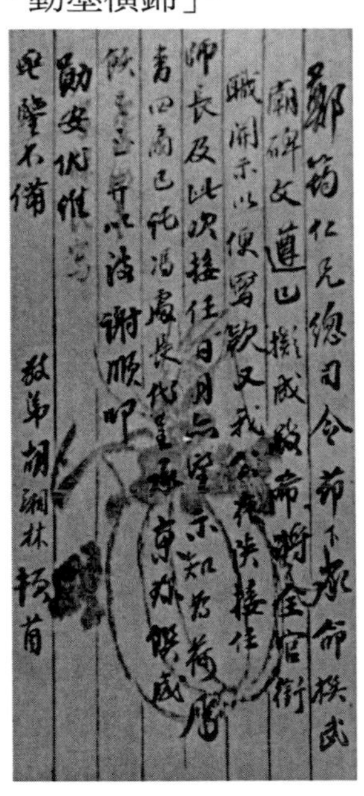
鄒範仁兄總司令節下：承命撰武
廟碑文，適已擬成，敝帥將軍官銜
職銜示以便寫款，又我公應俟接任
帥長及此次接任日月亦望示知為荷
青田南巴托渦處長代呈[illegible]
[illegible]並請謝頌叩
勛安，伏惟[illegible]
亮鑒不備
教弟胡湘林頓首

三、五份奏摺

（九）光緒三十三年二月二十二日（1907 年 4 月 4 日）兩廣總督周馥奏報粵省各關出口入口米麥數目摺

頭品頂戴兩廣總督兼管廣東巡撫事周馥跪奏，為彙報粵省各關出口、入口米麥數目，恭摺具陳，仰祈聖鑒事。

竊照光緒三十一年十一月初十日準外務部諮准戶部諮，稱議覆臣前在署兩江總督任內會同前江蘇撫臣陸元鼎電奏暫請馳禁穀米出口一摺，聲明出口、入口米數，請旨飭令江沿海督撫互相稽核，按月冊報，仍於年底匯總奏明等因。奉旨，依議。欽此。諮行到粵。當經前署督臣岑春煊轉行遵照辦理在案。

茲據廣東布政使胡湘林詳稱准關務處移開，查粵省各關進口、出口米數，惟粵海、潮海兩關按月列單報。查其瓊州、北海、九龍、拱北、三水、江門等關均無具報。自繫本地產米尚敷民食，是以無須外來接濟，亦無販運出境。茲將粵海、潮海兩關稅務司自光緒三十一年十二月初七日起至三十二年十一月十六日止所報進口、出口米麥數目匯齊查核，計粵海關共進口米三萬一千四百二十八萬四千八百五十六斤，進口麥三百八十六萬三千七百五十二斤，進口麥粉一萬八千七百五十斤，進口麵粉三萬一千八百七十五斤，進口穀二萬八千九百七十五斤，出口米九十六萬三千三百二十斤。潮海關共進口米一萬四千三百四十三萬二千三百四斤，進口麥九百一十九萬三千八百六十三斤，並無出口米麥。至起止月日係據稅務司按照西曆全年核計等情，由關務處列單移司造冊詳請奏諮前來，臣覆核無異，除將清冊諮送外務部、度支部查照外，理合恭摺具奏。

伏乞皇太后、皇上聖鑒。謹奏。

（朱批：）該部知道。

光緒三十三年二月二十二日

（宮中朱批奏摺）〔註6〕

（十）光緒三十三年七月十一日（1907年8月19日），護理兩廣總督胡湘林奏報廣東上年下半年收解釐金數目摺

頭品頂戴護理兩廣總督、廣東布政使臣胡湘林跪奏，為廣東省光緒三十二年下半年收解釐金數目開列清單，恭摺具陳，仰祈聖鑒事。

竊照廣東省釐金收解各數目，於同治八年奉文照兩淮鹽釐式樣半年開單奏報一次，歷經至光緒奏報三十二年六月在案。茲查光緒三十二年七月起至十二月止各廠關共收貨釐洋銀七十九萬三千三百五十九兩五錢二分六釐，共收鹽釐洋銀二萬七千六百五十二兩六錢九分七釐，共收備還鎊款洋銀九十八萬七千七百兩，連上屆餘存貨釐洋銀三十六萬九千五百二十二兩九錢三分七釐

〔註6〕胡向萍、胡啟鵬主編《新建縣歷史名人》，江西高校出版社，2012年3月版，第514頁。

一毫四絲，通共收洋銀二百一十七萬八千二百三十五兩一錢六分一毫四絲，通共解洋銀一百九十一萬八千八百八十五兩八錢三分五釐七毫，應餘存洋銀二十五萬九千三百四十九兩三錢二分四釐四毫四絲。據署廣東布政使吳煦會同釐務局造冊詳請奏諮前來。臣覆核發無異，理合繕具清單，恭呈御覽，至鹽釐係歸運司按引抽收，是以清單內未列各廠名目。除將冊籍送部外，謹恭摺具陳。

伏乞近皇太后、皇上聖鑒訓示。謹奏。

（朱批：）度支部知道，單併發。

光緒三十三年七月十一日（宮中朱批奏摺）〔註7〕

（十一）光緒三十三年七月二十八日（1907年9月5日），護理兩廣總督胡湘林奏銷粵報粵海關收支常稅款內節省歸公等項銀數摺

頭品頂戴護理兩廣總督、廣東布政使胡湘林跪奏，為粵海關光緒三十二年分常稅及各口稅撙節釐剔歸公各款繕單，恭摺具摺，仰祈聖鑒事。

竊粵海關自改章整頓後，前督臣岑春煊奏請將每年增出銀四十餘萬兩撥補滙豐磅價無著之款，奉旨，著照所擬辦理，該部知道。欽此。並准戶部諮，此項增出銀兩，俟該關一年期滿，核明數目，另列請釐一項奏報，無庸列入正額盈餘數目統算，以清界限等因。查粵海關洋稅節省各款已報至一百八十四結止，常稅及各口稅節省各款已報至三十一年年底止，惟各口稅或徵成元洋銀，或徵全毫洋銀，日久相沿，未能一律。茲查自三十二年正月起至十二月月底止，常稅收支款內節省歸公並新增各款實剩正稅紋銀八萬一千三百六十八兩四錢二分二釐。又各口徵收正雜稅內除常稅奏銷列報東隴、黃岡二口暨各口額徵銀三萬六千八百七十九兩二錢五分八釐，並支經費、津貼等項外，實剩正稅成元洋銀六萬一千九百六十五兩四錢九分七釐，雜稅及雜款實剩全毫洋銀一十六萬九千六百七十一兩八錢四分三釐。統計以上紋銀暨成元、全毫洋銀共三十一萬三千五兩七錢六分二釐，已全數撥補光緒三十二年分滙豐鎊價無著之用。除收支細數造冊分報度支部、稅務處查核外，所有粵海關常稅收支款內節省歸公並各口正雜稅支剩歸公各銀數，理合開具清單，恭摺具奏。再，洋稅項下節省歸公各數，應俟一百八十五結至一百八十八結扣足四結期滿，再行開單報銷。

〔註7〕胡向萍、胡啟鵬主編《新建縣歷史名人》，江西高校出版社，2012年3月版，第515頁。

合併陳明。

伏乞皇太后、皇上聖鑒。謹奏。

（朱批：）該部知道，單併發。

光緒三十三年七月二十八日（宮中中朱批奏摺）〔註 8〕

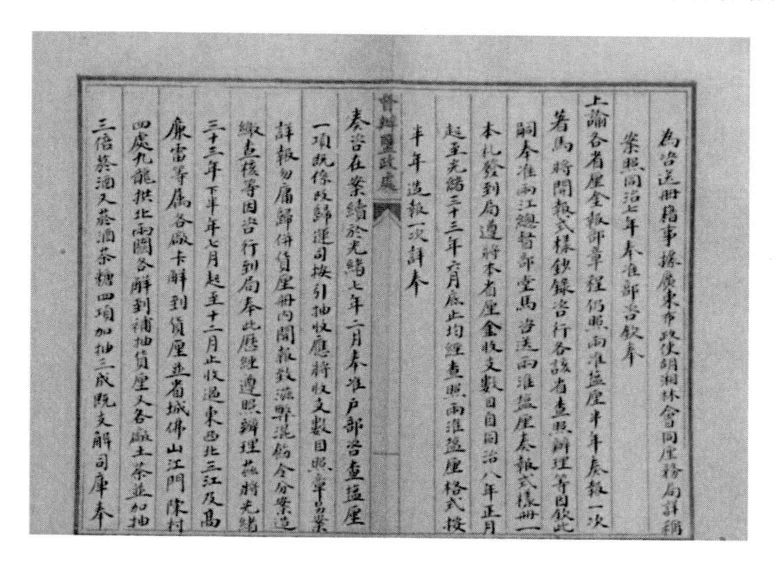

為咨送冊籍事據廣東布政使胡湘林會同厘務局詳稱
案照同治七年本准部咨欽奉
上諭各省厘金報部章程仍照兩淮鹽厘半年奏報一次
著為將開報式樣鈔錄咨行各該省查照辦理等因欽此
嗣本准兩江總督部堂馬咨送兩淮鹽厘奏報式樣冊一
本札發到局遵將本省厘金收支數目自同治八年正月
起至光緒三十三年六月底止均經查照兩淮鹽厘格式按
半年造報一次詳奉
督辦鹽政處
奏咨在案續於光緒七年二月本准戶部咨查鹽厘
一項既係改歸運司按引抽收應將收支數目照章另案
詳報勿庸歸併貨厘冊內開報致滋牽混飭令分案造
繳查核等因咨行到局奉此歷經遵照辦理茲將光緒
三十三年下半年七月起至十二月止收過東西北三江及高
廉雷等屬各廠卡解到貨厘並省城佛山江門陳村
四處九龍拱北兩關各解到補抽貨厘又各廠土茶並加抽
三倍菸酒又菸酒茶糖四項加抽三成既支解司庫奉

（十二）光緒三十三年七月二十八日（1907 年 9 月 5 日）護理兩廣總督胡湘林奏銷粵海各關三十二年分收支常稅數目摺

頭品頂戴護理兩廣總督、廣東布政使臣胡湘林跪奏，為粵海各關光緒三十二年分經徵常稅收支數目開單報銷，恭摺仰祈聖鑒事。

竊查粵海各關常稅向按關期造報，自關務改章辦理後，經前署兩廣總督臣岑春煊奏明，以後按年造報，以期於稅務司徵報銀數相符，並請免造紅單細冊季冊在案。查前項各關常稅收支數目，經已造報至三十一年十二月底止。茲自光緒三十二年正月起至十二月止，計一年所有粵海各關常稅徵收解支數目，除列單分諮度支部、稅務處查核外，謹繕具清單，恭摺具奏。

伏乞皇太后、皇上聖鑒。謹奏。

（朱批：）度支部知道，單併發。

光緒三十三年七月二十八日（宮中朱批奏摺）〔註 9〕

〔註 8〕胡向萍、胡啟鵬主編《新建縣歷史名人》，江西高校出版社，2012 年 3 月版，第 515～516 頁。

〔註 9〕胡向萍、胡啟鵬主編《新建縣歷史名人》，江西高校出版社，2012 年 3 月版，第 516 頁。

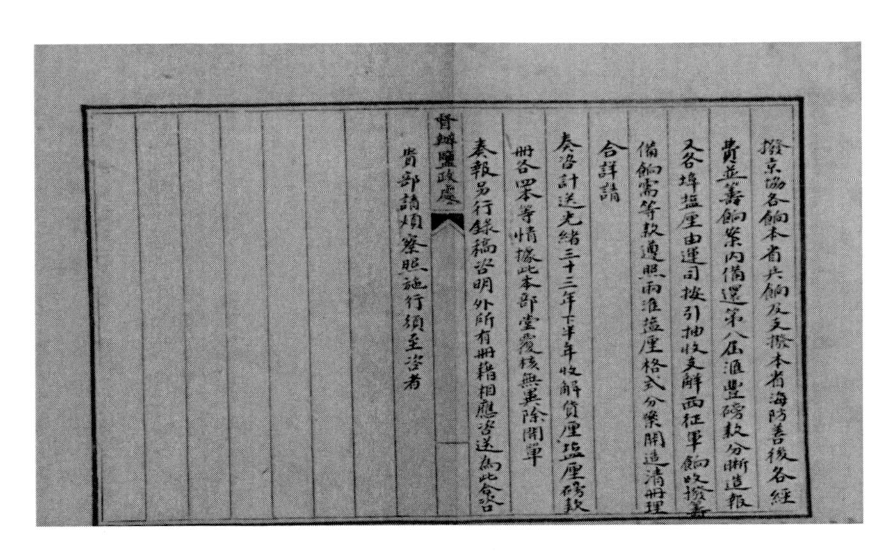
撥京協各餉本省兵餉及支撥本省海防善後各經
費並籌餉案內備還第八屆滙豐磅款分晰造報
又各埠鹽厘由運司撥引抽收支解西征軍餉收撥善
備餉需等款遵照兩淮鹽厘格式分案開造清冊理
合詳請
奏咨計送光緒三十三年下半年收解貨厘鹽厘磅款
冊各本等情據此本部堂覆核無異除開單
奏報另行錄稿咨明外所有冊籍相應咨送為此合咨
督辦鹽政處
貴部請煩察照施行須至咨者

（十三）宣統元年七月二十三日（1909年7月23日），護理兩廣總督胡湘林奏、籌辦審判事宜

暫於臬司署內。專設廣東審判籌辦處。以為全省審判總匯機關。即由臬司總持其事。至審判廳建築經費。官吏俸薪。均擬仿照奉天辦法。備列章程圖表。諮部核飭辦理。下部知之。護理兩廣總督廣東布政使胡湘林奏、籌備憲政。遵於總督署內設立會議廳，下所司知之。

護理兩廣總督胡湘林奏擬設各級審判廳籌備廳等摺，奏為擬設廣東各級審判廳籌備處、并酌計建築經費及官吏俸薪各緣由，恭摺仰祈聖鑒事：

竊照接準部諮省城各商埠各級審判廳，均限本年籌辦，宣統二年成立府廳州縣城鎮鄉各級審判，限宣統三年至七年一律籌辦成立。是審判事宜，逐年均須賡續籌辦。當經調查各省辦法，以奉天尤合部章，惟奉天係鼎新締造，行政與司法易分。廣東現在新官制既未審定，頒行民刑訴訟法律亦未宣布，暫無成規定可資遵守，措置苟有未當，方枘圓鑿，窒礙必多，且慮權限稍涉牽混，即不合於獨立之性質。臬司衙門現在未改提法司以前，一切刑案均取辦於現行律例，初無民事刑事之分，責以改革更新，則僚友均非素習，組織必難完全，實懼無以鞏固法權而促進步。現在各省籌辦此事，均另行設處辦理。擬即仿照暫於臬司署內，專設廣東審判籌備處，以為全省審判總匯機關，即由臬司總持其事，加派嫻習法政人員，分充提調文案等差，俟全省審判一律成立，或臬司衙門官屬已照新章改設科員後，再行裁撤。庶提綱挈領，權限分明，得以程督進行，依期集事。

第凡事非人不舉，而人才非造養不成，明年為省城及五商埠各級審判成立之期，需用推事、檢察、典簿、主簿、所官、錄事等職，已屬少。雖省城法政學堂畢業已有數班，然不過研求法理，並未實地練習。再四思維，唯有多調法政畢業之員入省城讞局幫審，俾資學習，並於法政學堂內附設審判研究所，酌定名額，於通省同通州縣佐雜內，擇其文理優長、心地明白者，入所研究審判、檢察制度，以及中西法律學說。該各員研究之餘，並令其入局參觀審判，以收觀摩之益。明年省城商埠各級審判成立時，即可於此項人員內，按照班次覈其成績高下，挨次委署，庶不至臨時有無材之歎。

至於審判廳建築經費及官吏俸薪，均擬仿照奉天辦理。奉天高等、地方審判兩廳共在一處，內合外分，支配合法，共用銀三萬八千餘兩。惟係以人犯充作小工，而所用磚木又半係公家舊存之料。廣東係雇工新建，估計約需銀五萬兩。其五商埠之地方審判廳建築費，每廳估計銀一萬兩，約共需銀五萬兩。南海、番禺、新會、三水、合浦、澄海、瓊山等縣，既係商埠所在，則各該縣屬分防二十八處，應設初級審判二十八廳，建築費每廳估計銀二千兩，約共需銀五萬六千兩。統計各建築費，共需銀十五萬六千兩。應請俟審判籌備處成立後，擇定地址，委員按圖切實估勘決算，列表另案辦理。

官吏俸薪一項，奉天除公費外，另有津貼，論者以為過優。今擬照給公費，酌加夫馬，更不另支津貼，似已豐約得宜。計省城高等審判一廳審判、檢察兩項人員，每月約需公費、火食、夫馬、雜支各項銀四千餘兩，每年需銀四萬八千一百餘兩，閏年需銀五萬二千一百餘兩。省城及五商埠地方審判共六廳，每廳審判、檢察兩項人員，每月約需公費、火食、夫馬、雜支各項銀三千四百餘兩，每年需銀四萬一千二百餘兩，閏年需銀四萬四千六百餘兩。六廳每年共需銀二十四萬七千三百餘兩，閏年共需銀二十六萬七千九百餘兩。各分防初級審判共二十八廳，每廳審判、檢察兩項人員，每月約需公費、夫馬、火食、雜支各項銀五百餘兩，每年需銀六千八百餘兩，閏年需銀七千四百餘兩。二十八廳每年共需銀一十九萬二千七百餘兩，閏年共需銀二十萬零八千八百餘兩。明年省城及五商埠各級審判成立，每年統共需銀四十八萬八千二百餘兩，閏年統共需銀五十二萬八千九百餘兩。其餘模範監獄，均擬仿照奉天辦理。經臣在廣東藩司任內，會同署提學使沈曾植、按察使魏景桐備列章程，繪具圖表，詳請具奏，前來復加查核，尚屬妥協。

除將圖表、章程諮部核飭仿照建築辦理外，臣謹恭摺具奏，伏乞皇上聖鑒訓示。謹奏。宣統元年七月十九日。奉石朱批該部知道。欽此。〔註 10〕

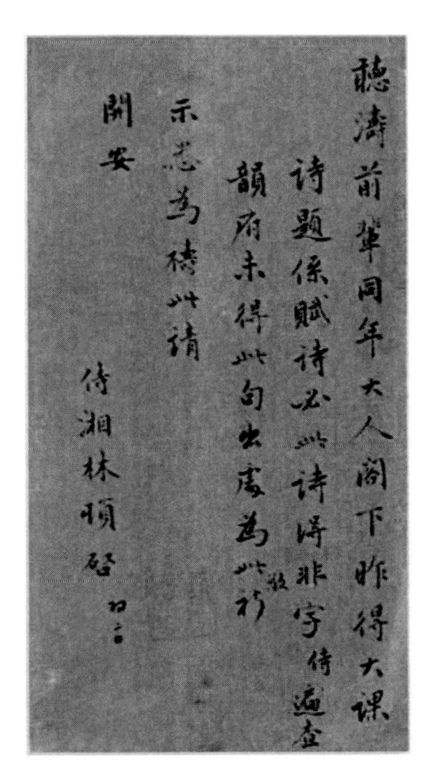

聽濤前輩同年大人閣下昨得大課
詩題係賦詩必此詩得非字侍遍查
韻府未得此句出處為此敬祈
示悉為禱此請
開安
侍湘林頓啟 初二

四、清實錄相關資料

附一：清實錄

1. 光緒三年。丁丑。五月。乙卯朔。引見新科進士。得旨。王仁堪、余聯沅、朱賡揚、業經授職外孫宗錫、孫宗谷、程夔、唐景崶、洪思亮、張鼎華、楊佩璋、楊晨、周克寬、盛昱、吳郁生、張嘉祿、潘遹、支恒榮、於鍾霖、李兆勖、戴兆春、呂鳳岐、江澍畇、徐道焜、謝希銓、吳祖椿、楊文瑩、張楨、濮子潼、周鑾詒、許澤新、周齡、錫珍、何福堃、林壬、樊增祥、胡孚宸、吳大衡、張泳、國炳、謝若潮、朱益濬、胡湘林、劉永亨、孔祥霖、馬毓鋆、梁枚、霍為楙、黃中理、嚴家讓、張仲炘、潘彬、長萃、趙世曾、治麟、何榮階、孔憲曾、管辰。

〔註 10〕元年（1909）七月二十三日，《政治官報》第 669 號，第 13～15 頁。胡向萍、胡啟鵬主編《新建縣歷史名人》，江西高校出版社，2012 年 3 月版，第 517～518 頁。

2. 光緒六年庚辰。夏四月戊戌朔。引見丁丑散館人員。得旨。見次散館之修撰王仁堪、業經授職。二甲庶吉士吳郁生、周鑾詒、程夔、於鍾霖、胡湘林、呂鳳岐、崔舜球、吳大衡、治麟、陳崧齡、李兆勛、嚴家讓、張嘉祿、支恒榮、朱光鑒、周齡、楊文瑩、會章、盛昱、楊佩璋、何福堃、丁立瀛、江澍昀、張楨、林壬、龐鴻文、錫鈞、霍為棶、盧俊章、胡孚宸、戴兆春、楊晨、吳祖椿、洪思亮、唐景崶、劉永亨、孔憲曾、孫宗谷、龐璽、何榮階、孔祥霖、張仲炘、許澤新、孫宗錫、陳思霖、俱著授為編修。三甲庶吉士翁斌孫、劉秉哲、吳日升、廖正華、俱著授為檢討。潘遹、張泳、徐堉、長萃、王綽、朱顯廷、徐道焜、王引昌、王驤、林翰清、俱著以部屬用。趙樹禾、潘彬、朱益濬、黃紹謀、謝若潮、管辰𢀖□火、徐銘勳、黃汝香、樊增祥、朱錫蕃、鄭成章、梁枚、羅經舉、黃中理、任煥奎、鄧倬堂、張東瀛、陳炳奎、熊祖詒、俱著以知縣即用。現月。

3. 光緒二十三年。丁酉。二月庚申朔，丙子。復引見京察一等鈐出人員。得旨、除楊樹、李佩銘、朱福詵、崔永安、徐受廉、陸鍾琦、葉昌熾、啟綏、恩浩、樂平、紹彝、恩良、崇恩、延清、緒良、毋庸記名外。宗室英慈、著仍以四五品京堂補用。宗室崇壽、著以四五品京堂補用。宗室麒德、著以五品京堂補用。德元、靈椿、英華、薛濬、李昭煒、陳秉和、文煥、高賡恩、潘炳年、李桂林、胡湘林、葉大遒、黃紹箕、陳景鋆、張亨嘉、周爰諏、許葉芬、恩祥、張星吉、豐紳布、繼恩、延熙、延譽、戴錫鈞、李沄、范廣衡、鄂芳和爾賡額、毓秀、孚琦、英琦、如銓、余九穀、孫毓駿、啟約、增厚、馮汝騤、那桐、存善、郭曾炘、直心齡、曾衜、羅文彬、恩聯、恩澍、劉尚倫、信勤、濮子潼、英瑞、英啟、文超、熊起磻、林星賡、潘江、玉貴、瑞澂、松寬、謝文翹、端方、松墀、惠裕、錫綸、志崇、常英、趙爾震、福潤、慶秀、榮凱、福敏、志全、恭額、褚成博、桂年、繼恒、齊蘭、恩順達椿、龐鴻書、陳其璋、管廷獻、裴維侒、麟趾、致澤、寶棻、李紹芬、成慶、常清、均著交軍機處記名以道府用。現月。

五、胡湘林給皇帝及相關部門奏摺目錄，目前存國家檔案館

1. 奏為查明廣東省宣統元年五月份雨水田禾糧價及欽州屬，宣統元年六月二十六日
2. 奏為遵章改奏廣東省光緒三十年驛傳錢糧收支數目事，光緒三十三年

六月初六日

3. 奏為委任延榆綏道現署鳳邠鹽法道胡湘林署理陝西布政，光緒二十六年十二月十六日
4. 奏為現署布政使胡湘林督辦局務出力上年釐稅收數暢旺，光緒二十九年四月二十一日
5. 奏為署理藩司胡湘林奉諭補授廣西布政使所遺山西藩司，光緒二十九年六月初三日
6. 奏為飭令補授廣西布政使胡湘林到省即赴新任事，光緒二十九年八月初六日
7. 奏為胡湘林奉旨調補廣東布政使所遺廣西藩司篆務即委，光緒二十九年十月二十四日
8. 奏為調補廣東布政使胡湘林到任即飭署理藩司程儀洛回，光緒二十九年十一月二十八日
9. 奏為委任胡湘林暫行兼署廣東按察使篆務事，光緒三十二年五月二十八日
10. 奏請以曹衍瀚補授廣東羅定直隸州知州事，光緒三十三年五月二十六日
11. 奏請以王志恕補授會同縣知縣事，宣統元年六月二十六日
12. 奏為飭令奏補陽江直隸州知州李鴻先先赴任事俟後給諮，宣統元年六月二十六日
13. 奏為準調海陽縣知縣凌以壇病故遺缺請外補事，宣統元年六月二十六日
14. 奏為廣東高雷陽道王秉恩與廣東巡警道王秉必係同胞兄，宣統元年七月初八日
15. 奏請以陳德昌補授河源縣知縣事，宣統元年七月十六日
16. 奏為奉旨補授陝西同州府知府謝恩事，光緒二十三年十月二十六日
17. 奏請鹽法道黃澤厚與延榆綏道胡湘林互相調署事，光緒二十六年
18. 奏為飭令廣東布政使胡湘林即回本任事，光緒三十三年八月十八日
19. 奏為飭令魏景桐俟交卸後即赴廣西布政使新任事，宣統元年六月二十六日
20. 奏為因病請開缺調理事，宣統元年六月二十九日

21. 奏為廣東候補知府汪拱宸等員期滿甄別事，宣統元年七月初八日
22. 奏為廣東省光緒三十四年夏季委署同知直隸州知縣各缺事，宣統元年七月十六日
23. 奏報光緒三十年廣東支過官兵馬匹俸餉等項數目事，光緒三十三年六月初六日
24. 奏為委任廣東布政使胡湘林兼署廣東提學使事，光緒三十三年
25. 奏為遵旨實行禁煙並籌辦情形事，光緒三十三年七月初八日
26. 奏為廣東布政使胡湘林等員防城出力請分別獎敘事，光緒三十四年十一月二十三日
27. 奏為考查光緒三十四年粵省各廳州縣事實事，宣統元年六月十二日
28. 奏報交卸護理督篆日期事，宣統元年七月二十日
29. 奏為籌備憲政遵章設立會議廳事，宣統元年七月初八日
30. 奏為粵省新軍需用馬匹委員赴張家口一帶購辦事，宣統元年七月初八日
31. 奏為粵省機器廠再覓最新式樣快炮比照仿製並分年籌撥，宣統元年七月初八日
32. 奏為粵省新軍成鎮在即現與德商訂購馬槍彈子需實價銀，宣統元年六月二十六日
33. 奏為廣東水師提標洲擊鄧正彪督標中營候補千總羅國瑞，宣統元年六月二十六日
34. 奏為廣東分省補用鹽大使張鏗華侵方公項屢限不能清繳，宣統元年六月二十六日
35. 奏為委任吳煦甫署理廣東布政使多齡署理瓊崖道事，光緒三十三年五月二十日
36. 奏請以鄒翼清調補歸善縣知縣事，光緒三十三年七月十一日
37. 奏報交卸護理督篆日期事，光緒三十三年八月十五日
38. 奏請以烏爾興額署理開建縣知縣事，光緒三十三年七月二十一日
39. 奏請以張鳳喈補授南海縣知縣事，光緒三十三年七月十一日
40. 奏為廣西試用知縣鍾心仁等員救護失事商船出力請給獎事，光緒三十三年六月二十日
41. 奏請以赤溪同知司獄張祖恩改為以縣主簿在任補用事，光緒三十三年

六月二十日
42. 奏為補用知縣羅言燦妄拿傷斃人命請即行革職事，光緒三十三年六月二十日
43. 奏為光緒三十二年份考察各廳州縣事實並繕列清單事，光緒三十三年六月二十二日
44. 奏為準署澄邁縣知縣陳伯貞在署任病故出缺事，光緒三十三年六月二十日
45. 奏為前署儋州試用知州吳佑曾辦事荒謬難以姑容請即行，光緒三十三年六月二十日
46. 奏為萬縣知縣范雲梯丁憂回籍廣西遺缺請扣留在外選員，光緒三十三年七月十一日
47. 奏為廣東開平縣典史俞澄歷俸六年期滿循例保薦事，光緒三十三年七月十一日
48. 奏為前署三水縣知縣薛永年因劫案搞撤任留緝請將留緝，光緒三十三年七月十一日
49. 奏為新授署理廣東鹽運使丁乃楊已抵廣東省城飭赴署任事，光緒三十三年七月十一日
50. 奏為廣東候補知縣李炳文私收罰款請即行革職事，光緒三十三年六月初六日
51. 奏為已革署廣西北流縣知縣袁寶璐被參錯誤請撤銷參案，光緒三十三年六月十二日
52. 奏為廣東光緒三十年收支耤田穀石及致祭先農品物銀兩，光緒三十三年六月初六日
53. 奏為保獎廣東布政使胡湘林等剿辦廣西匪亂有功人員事，光緒三十一年九月初一日
54. 奏為補授廣西左江鎮中軍游擊劉貴榮年邁發病懇請開缺事，宣統元年五月二十六日
55. 奏請廣東龍門協營中軍都司陳怡龍勒令休致事，宣統元年七月十六日
56. 奏請補授廣東連陽營游擊劉應禧肇慶協左營開建守備蔡，宣統元年七月十六日
57. 奏為委令馮兆玉代理北海鎮總兵並胡令宣署理南韶鎮總，光緒三十三

年六月十二日

58. 奏為代理北海鎮總兵馮兆玉接任謝恩代奏事，光緒三十三年七月初八日
59. 奏為新授廣東北海鎮總兵成聚謝恩請覲代奏事，光緒三十三年六月二十日
60. 奏為署理瓊州鎮總兵成聚現辦海防請暫緩入京事，光緒三十三年
61. 奏為署理南韶連鎮總兵胡會宣接任日期代奏事，光緒三十三年八月初三日
62. 奏報廣東省本年早稻收成分數事，光緒三十三年七月二十一日
63. 奏報廣東省本年二麥收成分數事，光緒三十三年七月二十一日
64. 奏報廣東省各屬光緒三十三年四月份雨水苗情糧價情形事，光緒三十三年五月二十六日
65. 奏報廣東省城及各屬本年五月份雨水田禾糧價事，光緒三十三年六月二十日
66. 奏報廣東省城及各屬本年六月雨水田禾及糧價事，光緒三十三年七月十一日
67. 奏報廣東省城及各屬本年六月份雨水苗情及糧價事，宣統元年七月十六日
68. 奏為審擬香山縣民譚毓奮鬥殺譚興階命案事，宣統元年七月十六日
69. 奏為審明周錦鸞商同陳華德等謀殺小功服叔一家二命按，光緒三十三年八月初三日
70. 奏為審明符那養故殺期親胞伯案按律定擬事，光緒三十三年八月初三日
71. 奏銷廣東三十年徵收錢糧銀米未完分數各員事，光緒三十三年五月二十八日
72. 奏報廣東光緒三十年帶徵舊賦銀米完欠數目事，光緒三十三年六月初六日
73. 奏報廣東盤驗藩庫銀數及三十年徵收錢糧數目事，光緒三十三年六月初六日
74. 奏報廣東三十年錢糧奏銷已未完分數敘參各官事，光緒三十三年六月初六日
75. 奏報廣東征收三十年錢糧比較上三年完欠分數事，光緒三十三年六月

初六日

76. 奏報粵海關收支常稅款內節省歸公等項銀數事，光緒三十三年七月二十八日
77. 奏銷粵海各關三十二年份收支常稅數目事，光緒三十三年七月二十八日
78. 奏報署廣東臬司張鴻順辦理鹽斤加價即委藩司胡湘林暫，光緒二十九年九月初八日
79. 奏報廣東上年下半年收解釐金數目事，光緒三十三年七月十一日
79. 奏報光緒三十一年份粵西徵收西稅船頭銀數事，光緒朝
80. 奏報廣西光緒三十三年份徵收西稅船頭銀數事，宣統元年六月初九日
81. 奏報廣東清理財政局辦理盤查各庫銀兩事，宣統元年六月二十六日
82. 奏報本年五月廣東應還英德洋款數目事，光緒三十三年六月十二日
83. 奏報廣東籌還新案賠款銀兩事，光緒三十三年六月十二日
84. 奏報廣東解過新案賠款第六年上半年款目銀數事，光緒三十三年六月二十日
85. 奏報廣東光緒三十年武職各官實支養廉銀數事，光緒三十三年六月初六日
86. 奏報廣東籌解本年第二批京餉銀數事，光緒三十三年六月十二日
87. 奏報籌解粵省內務府經費銀兩事，光緒三十三年六月十二日
88. 奏報廣東運庫起解京餉及內務府經費銀數日期事，光緒三十三年七月二十一日
89. 奏報粵省第解光緒三十三年各款京餉銀兩事，光緒朝
90. 奏報廣東籌解光緒三十三年南河工程銀兩事，光緒朝
91. 奏為廣東積欠京協各餉請免予補解事，宣統元年六月二十六日
92. 奏報廣東財政局編成本年春季出入確數報告冊事，宣統元年六月二十六日
93. 奏報廣東匯解宣統元年南河工程銀兩事，宣統元年七月十六日
94. 奏為擴充廣東省製造軍械廠告成陳明辦理情形請立案事，宣統元年七月初八日
95. 奏為擬設廣東各級審判廳酌估建築經費事，光緒元年六月初九日
96. 奏為廣東四會縣上茅堡商民謝朝發捐助屬官立高等小學，光緒三十三年六月十二日

97. 奏為廣東興寧縣職員劉雲鵬仰承先志將故祖父母店中息，光緒三十三年六月十二日
98. 奏為委任胡湘林署理漢中府知府周銘旗署理同州府知府事，光緒二十五年八月十二日
99. 奏請以胡湘林調補西安府知府等員缺事，光緒二十六年二月二十四日
100. 奏為委任胡湘林署理陝西布政使事，光緒二十六年十二月十二日
101. 奏報接署臬司印務日期並謝恩事，光緒二十八年正月初六日
102. 奏為冀寧道胡湘林署理臬司印務遞遺冀寧道印務由留晉，光緒二十八年正月十九日
103. 奏為奉旨補授廣西布政使胡湘林飭赴新任事，光緒二十九年九月十八日
104. 奏報兼署臬篆日期並謝恩事，光緒二十九年九月初四日
105. 奏為委任藩司胡湘林兼署臬篆事，光緒二十九年十月初九日*
106. 奏為調廣東布政使請陛見事，光緒二十九年十月初六日
107. 奏報到粵接印日期事，光緒二十九年十一月十八日
108. 奏為委任胡湘林暫行署理廣東按察使事，光緒三十二年六月十九日
109. 奏報兼署臬司篆務日期並謝恩事，光緒三十二年六月十九日
110. 奏報兼署學篆日期事，光緒三十三年正月十七日
111. 奏為舉薦廣東布政使胡湘林等員節操耿亮才識閎達似均，光緒三十三年四月十八日
112. 奏為委任布政使胡湘林兼署提學使篆務事，光緒三十三年四月二十四日
113. 奏報兼署學篆日期並謝恩事，光緒三十三年四月初一日
114. 奏報接署督篆日期事，光緒三十三年五月二十日
115. 奏請以曹衍瀚補授羅定直隸州知州事，光緒三十三年五月二十六日
116. 奏為試用鹽大使端灝期滿甄別事，光緒三十三年五月二十六日
117. 奏為革員袁寶璐誤被參劾請准撤銷參案開復原官仍以知，光緒三十三年六月十二日
118. 奏為特參儋州知州吳佑曾於海盜寄頓槍械等種種荒謬請，光緒三十三年六月二十日
119. 奏為署澄邁縣知縣陳伯貞在任病故事，光緒三十三年六月二十日
120. 奏為特參分省補用知縣羅芳燦失察弁勇斃命請旨即行革，光緒三十三年六月二十日

121. 奏為救護遇險輪船請旨分別獎敘試用知縣鍾心仁等員事，光緒三十三年六月二十日
122. 奏為原保赤溪縣同知司獄張祖恩改為以縣主薄在任補用事，光緒三十三年六月二十日
123. 奏為丁乃揚奉旨署理廣東鹽運使現已到省應即飭赴本任事，光緒三十三年七月初八日
124. 奏為萬縣知縣范雲梯丁憂遣缺請扣留在外選員調補事，光緒三十三年七月初八日
125. 奏為候補知縣薛永年失事後迭次嚴緝獲犯請將留緝字樣，光緒三十三年七月初八日
126. 奏為遵保開平縣典史俞澄勤明幹練請旨擇用事，光緒三十三年七月初八日
128. 奏請以鄒翼清調補歸善縣知縣事，光緒三十三年七月十一日
129. 奏為廣東廣州府知府多齡病故遺缺委令瓊州府知府慶斌，光緒三十三年九月初七日
130. 奏為廣東廣州府知府多齡病故遺缺暫由瓊州府知府慶斌，光緒三十三年九月初七日
131. 奏請以張鳳喈補授南海縣知縣事，光緒三十三年七月十一日
132. 奏為番禺縣縣丞楊榮倖滿堪以保薦事，光緒三十三年九月初七日
133. 奏為委任烏爾興額署理開建縣知縣事，光緒三十三年七月二十一日
134. 奏為博羅縣知縣郭傳昌試署期滿堪以實授事，光緒三十三年九月初八日
135. 奏為廣東永安縣知縣黃秉榮丁憂開缺事，光緒三十三年九月初八日
136. 奏為補用知縣祺威爾解銀未完解清楚請開復原職事，光緒三十三年九月初八日
137. 奏為胡湘林交卸護理總督篆務並飭回本任事，光緒三十三年九月初八日
138. 奏為署理廣東南韶連鎮總兵胡令宣接篆日期謝恩據情代，光緒三十三年八月初三日
139. 奏為委任王之襄先行署理澄邁縣知縣事，光緒三十三年九月初十日
140. 奏為試用直隸州知州王承廕等員期滿甄別堪以按班序補事，光緒三十三年八月初三日
141. 奏為審明縣民符那？故殺胞伯符五元奉上諭問擬斬立決事，光緒三十

三年八月初三日
142. 奏為交卸護理督篆日期事，光緒三十三年八月十五日
143. 奏報回藩司本任接篆日期並謝恩事，光緒三十三年八月二十一日
144. 著為兩廣總督著胡湘林暫行護理事諭旨，光緒三十三年
145. 奏為三年任滿循例懇請陛見事，光緒三十二年十一月十二日
146. 奏為廣東省光緒三十年收支耤田穀石及祭品銀兩數目事，光緒三十三年六月初六日
147. 奏為興寧縣已故職員劉錫韜及妻劉鍾氏捐助學堂經費請，光緒三十三年六月十二日
148. 奏為廣東鎮平縣蘭翎知州銜林華藻捐資助學請建専坊事，光緒三十三年七月初一日
149. 奏為廣東平遠縣花翎二品銜候選道姚克明關心鄰邑捐助，光緒三十三年九月初七日*
150. 奏為考核光緒三十二年粵省廳州縣各員事實情形事，光緒三十三年六月二十二日
151. 著為胡湘林電奏該部知道事諭旨，光緒三十三年
152. 奏為委任馮兆玉代理北海鎮總兵篆務胡令宣署理南韶連，光緒三十三年六月十二日
153. 奏為代奉旨補授廣東北海鎮總兵成聚謝恩請陛見事，光緒三十三年六月二十日
154. 奏請將新授北海鎮總兵成聚暫留瓊州鎮總兵署任暫緩入，光緒三十三年八月初二日
155. 奏為代奉旨代理廣東北海鎮總兵馮兆玉報接印任事日期，光緒三十三年七月初八日
156. 奏為盡先拔捕把總記保千總張廷縉因公殞命請敕部照例，光緒三十三年九月初十日
157. 奏為飭令署理廣東水陸提督秦炳直赴新任署提李準交卸，光緒三十三年八月初三日
158. 著為胡湘林張鳴岐會商合力剿辦滋事匪徒等事諭旨，光緒三十三年
159. 著為胡湘林查明防城失守具奏等事諭旨，光緒三十三年
160. 奏為保薦廣東藩司胡湘林等員有功桂事卓著人才請旨獎，光緒三十一

年九月二十一日

161. 奏報廣東光緒三十年支過官兵馬匹俸餉等數目事，光緒三十三年六月初六日
162. 奏報廣東光緒三十年驛傳錢糧收支數目事，光緒三十三年六月初六日
163. 奏為廣東光緒三十年武職各官實支養廉造報事，光緒三十三年六月初六日
164. 奏為廣東添設輪船續增薪糧公費造冊請飭立案事，光緒三十三年九月初十日
165. 奏為廣東光緒三十一年新增裁改船勇造冊請飭立案事，光緒三十三年九月初十日
166. 奏報廣東省光緒三十年奏銷錢糧未完分數各員事，光緒三十三年五月二十八日
167. 呈廣東省光緒三十年奏銷各屬徵收銀米未完分數各員清單，光緒三十三年五月二十八日
168. 奏報廣東省光緒三十年提解舊賦錢糧已未完數目事，光緒三十三年六月初六日
169. 呈廣東省各年舊欠錢糧光緒三十年催提徵解已未完數目，光緒三十三年六月初六日
170. 奏報廣東省徵收光緒三十年錢糧比較上三年完欠分數事，光緒三十三年六月初六日
171. 呈廣東省光緒三十年錢糧奏銷比較上三年完欠數目清單，光緒三十三年六月初六日
172. 奏報廣東省光緒三十年錢糧奏銷已未完分數敘參各官改，光緒三十三年六月初六日
173. 呈廣東省光緒三十年額徵丁雜錢糧銀米已未完分數及敘，光緒三十三年六月初六日
174. 奏報粵海關光緒三十二年常稅及各口稅撙節釐剔歸公各，光緒三十三年七月二十八日
175. 呈粵海關三十二年常稅暨各口稅節省歸公各銀數清單，光緒三十三年七月二十八日
176. 奏報粵海各關光緒三十二年經徵常稅收支數目事，光緒三十三年七月

二十八日

177. 呈粵海各關光緒三十二年經徵常稅收支銀數清單，光緒三十三年七月二十八日
178. 奏報光緒三十一年三月至三十三年二月底廣西徵收西稅，光緒三十三年五月二十六日
179. 奏報廣東省光緒三十二年下半年收解釐金數目事，光緒三十三年九月初七日
180. 呈廣東省光緒三十二年下半年收解貨釐並繁盛海口補抽，光緒三十三年九月初七日
181. 奏為廣東海口營參將王肇元妄告他人提借公款請即行革，緒三十三年五月二十六日
182. 奏為廣東補用知縣余萃斌抽收釐金徵多報少有意吞沒請，光緒三十三年五月二十六日
183. 奏為廣東補用知縣李羲銓往查營伍沿途勒索請即行革職，光緒三十三年五月二十六日
184. 奏報盤驗光緒三十年廣東藩庫銀數及通省徵收錢糧完欠，光緒三十三年六月初六日
185. 奏報粵海關籌解本年各款京餉銀數日期事，光緒三十三年五月二十六日
186. 奏為粵省太平關籌解本年奉撥內務府經費銀兩事，光緒三十三年六月十二日
187. 奏報籌解本年第二批各款京餉銀數日期事，光緒三十三年六月十二日
188. 奏報籌解本年第三批鹽課京餉並內務府經費銀數日期事，光緒三十三年七月二十八日
189. 奏報接任日期事，光緒二十九年八月初八日
190. 奏報廣東省籌解光緒三十三年五月份應還英德洋款數目事，光緒三十三年六月十二日
191. 奏報廣東闈捐改由粵海關撥解光緒三十三年五月期英德，光緒三十三年七月初七日
192. 奏報粵海關籌解光緒三十三年五月份應還英德借款銀數，光緒三十三年六月十二日
193. 奏報廣東省光緒三十二年十一月至三十三年四月籌解新，光緒三十三

年六月十二日

194. 奏報廣東省光緒三十二年十一月至三十三年四月第六年，光緒三十三年六月二十日
195. 奏報本年廣東省早稻收成分數事，光緒三十三年七月二十一日
196. 奏報廣東省本年二麥收成分數事，光緒三十三年七月二十一日
197. 奏報廣東省本年四月雨水田禾糧價情形事，光緒三十三年五月二十六日
198. 呈廣東省各屬本年四月糧價清單，光緒三十三年五月二十六日
199. 奏報廣東省本年五月雨水田禾糧價情形事，光緒三十三年六月二十日
200. 呈廣東省各屬本年五月糧價清單，光緒三十三年六月二十日
201. 奏報廣東省本年六月雨水田禾糧價情形事，光緒三十三年七月十一日
202. 呈廣東省各屬本年六月糧價清單，光緒三十三年七月十一日
203. 奏為匯發光緒三十三年分河南工程銀兩事，光緒三十三年九月初八日
204. 奏為廣東四會縣商民謝朝發捐助學堂經費請獎事，光緒三十三年七月初七日
205. 奏報廣東駐防創辦各項學堂開支經費等事，光緒三十三年九月初十日
206. 奏為審明陽春縣民周錦鸞謀殺小功服數一家二命案按律，光緒三十三年八月初三日
207. 奏為特參廣東候補知縣李炳文私收罰款請旨革職事，光緒三十三年六月十二日
208. 奏為遵旨籌辦廣東省禁煙等情事，光緒三十三年七月初八日
209. 奏為代奏編修胡湘林條陳河務請履勘規復黃河故道等事，光緒十一年十一月二十七日
210. 奉旨兩廣總督著胡湘林暫護事，光緒三十三年五月十九日
211. 奉旨悉胡湘林電著該部知道事，光緒三十三年六月初三日
212. 奉旨悉胡湘林電著即督飭李準剿辦並查軍變由事，光緒三十三年七月三十日
213. 奉旨著胡湘林確查防城失守由事，光緒三十三年八月初一日
214. 奉旨悉防城情形著胡湘林防剿等事，光緒三十三年八月初二日
215. 為署廣東提督秦炳直已到任否電覆事，光緒三十三年八月初三日
216. 為請准胡湘林暫緩陛見事，光緒三十二年十一月二十一日
217. 為請以廣西補用道魏翰派充九廣鐵路總辦事，光緒三十三年六月初二日

218. 為廉州教案辦結事，光緒三十三年六月十五日
219. 為起獲欽州股首劉思裕屍身驗明給獎事，光緒三十三年七月初三日
220. 為防城衡軍兵變事，光緒三十三年八月初一日
221. 為辦理欽州防城剿股事，光緒三十三年八月初四日
222. 為提督秦炳直到任現在省城會商廉欽防剿事，光緒三十三年八月初四日
223. 為保薦精通醫理之人事，光緒三十三年八月初四日
224. 為靈山解圍事，光緒三十三年八月初六日
225. 為收復防城事，光緒三十三年八月初十日
226. 為渣甸水靛案除變價外斷無另行補給事，光緒三十三年五月二十六日
227. 為西江巡船及西南輪船劫案事，光緒三十三年五月二十八日
228. 為廣州英領稱其昌輪船被劫希飭緝犯追贓等事，光緒三十三年六月初一日
229. 為渣甸水靛案希派員查照原價與英領商結事，光緒三十三年六月初一日
230. 為英其昌輪船被劫等事，光緒三十三年六月初五日
231. 為渣甸水靛案如照原價與賠款無異容派員磋商事，光緒三十三年六月初五日
232. 為請轉商法使提解官犯梁秀春李世桂事，光緒三十三年六月初十日
233. 為革弁梁秀春等潛逃一節已照會法使事，光緒三十三年六月十一日
234. 為可否照會法使電越督照約解交梁秀春事，光緒三十三年六月二十九日
235. 為已照會法使照約解交梁秀春事，光緒三十三年六月三十日
236. 為已照會法領再電越督將梁秀春扣留交解事，光緒三十三年七月十二日
237. 為又照催法使電越督照約扣留交犯事，光緒三十三年七月十二日
238. 為水靛案希與英領速商結事，光緒三十三年七月十九日
239. 為水靛蘭案英領堅持前議致難速結事，光緒三十三年七月二十一日
240. 為駐防衡軍軍變防城失手事，光緒三十三年七月二十九日
241. 為衡軍軍變已照法使電越督查禁購槍事，光緒三十三年八月初二日
242. 為葡官逼逐灣仔漁船改泊澳門等事，光緒三十三年八月初二日
243. 為希速結水靛案事，光緒三十三年八月初十日
244. 為已派員商減水靛案索款事，光緒三十三年八月十二日
245. 奏為查明廣東省宣統元年五月份雨水田禾糧價及欽州屬，宣統元年六月二十六日

246. 助皖賑並望會同崔道廣為勸捐接濟春賑事致廣州胡湘林，光緒三十三年十二月二十三日
247. 為捐冊已分寄各屬廣為勸募事致端方電，光緒三十二年十二月二十四日
248. 為謝協助皖賑並希會同崔道廣為勸捐接濟事致廣州胡湘，光緒三十二年十二月二十三日

六、臺北國立故宮博物館藏胡湘林奏摺目錄

序號	文獻編號	具奏人	官職	具奏日期	事由	硃批	硃批日期
1	148057	胡湘林（基本資料）	署理山西按察使冀寧道	光緒28年07月07日	奏謝恩命署理臬篆	知道了	光緒28年07月16日
2	153794	胡湘林（基本資料）	署理山西布政使	光緒29年01月20日	奏為接署藩篆日期並謝恩由	知道了	光緒29年01月26日
3	153795	胡湘林（基本資料）	署理山西布政使	光緒	奏為查河東潞綱監引行銷三省情形由（摺片）	知道了	光緒29年01月26日
4	156617	胡湘林（基本資料）	署理山西布政使冀寧道	光緒29年05月06日	奏謝賞頭品頂戴恩	知道了	光緒29年05月17日
5	157167	胡湘林（基本資料）	新授湖南按察使署理山西布政使	光緒29年閏05月03日	奏謝恩授臬司並請陛見	著來見	光緒29年閏05月09日
6	157773	胡湘林（基本資料）	新授廣西布政使署山西布政使	光緒29年閏05月22日	奏為謝授廣西布政使恩並請覲	已有旨毋庸來見矣	光緒29年06月02日
7	168558	胡湘林（基本資料）	廣東布政使	光緒34年11月02日	奏為恭慰大孝（大行皇帝）	覽	光緒34年12月09日
8	168559	胡湘林（基本資料）	廣東布政使	光緒34年11月02日	奏為籲懇節哀（太皇太后）	覽	光緒34年12月09日
9	179461	胡湘林（基本資料）	護理兩廣總督廣東布政使	宣統01年05月24日	奏報接護督篆事	知道了	宣統01年06月22日

10	180050	胡湘林（基本資料）	兩廣總督廣東布政使	宣統 01 年 06 月 09 日	奏為廣西省徵收西稅撥充邊防軍餉按年奏銷	該部知道	宣統 01 年 07 月 19 日
11	180051	胡湘林（基本資料）	護理兩廣總督廣東布政使	宣統 01 年 06 月 09 日	奏為擬設立廣東各級審判廳籌備處並酌計經費	該部知道	宣統 01 年 07 月 19 日
12	180052	胡湘林（基本資料）		宣統	奏為新補廣東按察使趙濱彥未到任前篆務擬委由勸業道陳望曾署理等由（摺片）	知道了	宣統 01 年 07 月 19 日
13	180053	胡湘林（基本資料）		宣統	奏請賞給兩粵境內外國駐華官吏等寶星（摺片）	著照所請該部知道	宣統 01 年 07 月 19 日
14	180054	胡湘林（基本資料）		宣統	奏為粵海關籌解宣統元年五月分應還英德本息銀兩（摺片）	該部知道	宣統 01 年 07 月 19 日
15	180056	胡湘林（基本資料）		宣統	奏為廣東監務溢收項下撥解滇餉（摺片）	該部知道	宣統 01 年 07 月 19 日
16	180057	胡湘林（基本資料）		宣統	奏為廣東海門營參將唐玉山海上奮勇救難有功請獎（摺片）	該衙門議奏	宣統 01 年 07 月 19 日
17	180079	胡湘林（基本資料）	護理兩廣總督廣東布政使	宣統 01 年 06 月 12 日	奏陳廣東各屬上年分年終考核事實（附清單一件）	讓衙門知道單併發	宣統 01 年 07 月 20 日
18	180084	胡湘林（基本資料）	護理兩廣總督廣東布政使	宣統 01 年 06 月 26 日	奏報粵省宣統元年正月分雨水糧價情形（附清單一件）	知道了	宣統 01 年 07 月 21 日

19	180088	胡湘林（基本資料）	護理兩廣總督廣東布政使	宣統 01 年 06 月 26 日	奏為粵省清理財政擬請准將積欠京協各餉免予補解	度支部議奏	宣統 01 年 07 月 21 日
20	180090	胡湘林（基本資料）	護理兩廣總督廣東布政使	宣統 01 年 06 月 26 日	奏為廣東清理財政依限編成宣統元年春季分出入確數報告冊並陳明辦理情形	度支部知道	宣統 01 年 07 月 21 日
21	180091	胡湘林（基本資料）		宣統	奏報粵省清理財政列冊陳報辦理經過情形（摺片）	度支部知道	宣統 01 年 07 月 21 日
22	180092	胡湘林（基本資料）		宣統	奏陳粵省新軍購備槍械數量並與外商訂約情形（摺片）	該衙門知道	宣統 01 年 07 月 21 日
23	180093	胡湘林（基本資料）		宣統	奏為廣東按察使魏景桐奉旨補授廣西布政使一俟交卸畢即飭赴新任（摺片）	知道了	宣統 01 年 07 月 21 日
24	180094	胡湘林（基本資料）		宣統	奏為香山協千總羅鳳標因剿匪出力請開去底缺留原標歸僅先守備班候補（摺片）	該衙門議奏	宣統 01 年 07 月 21 日
25	180095	胡湘林（基本資料）		宣統	奏為粵省水師游擊鄧正彪等貪劣請一併革職永不錄用（摺片）	著照所請該衙門知道	宣統 01 年 07 月 21 日
26	180096	胡湘林（基本資料）		宣統	奏為廣東香山令準調海陽知縣凌以壇病故請開缺另揀（摺片）	吏部知道	宣統 01 年 07 月 21 日

27	180097	胡湘林（基本資料）	護理兩廣總督廣東布政使	宣統01年06月26日	奏請以王志恕補會同令	吏部議奏	宣統01年07月21日
28	180098	胡湘林（基本資料）		宣統	奏為調補陽江知州李鴻鈞即飭赴任（摺片）	知道了	宣統01年07月21日
29	180099	胡湘林（基本資料）		宣統	奏為分省補用監大使張鏗華侵虧公款請即行革職勒追（摺片）	著照所請該部知道	宣統01年07月21日
30	180100	胡湘林（基本資料）		宣統	奏為廣西左江鎮游擊劉貴榮年老多病請開缺（摺片）	該部知道	宣統01年02月21日
31	180109	胡湘林（基本資料）	護理兩廣總督廣東布政使	宣統01年06月29日	奏為因病請准開缺調理	另有旨	宣統01年07月22日
32	180393	胡湘林（基本資料）	護理兩廣總督廣東布政使	宣統	奏報廣東省籌備憲政設立會議廳事	該衙門知道	宣統01年08月07日
33	180394	胡湘林（基本資料）		宣統	奏報甄別廣東省試用人員（摺片）	吏部知道	宣統01年08月07日
34	180395	胡湘林（基本資料）		宣統	奏報粵省新軍馬隊免稅購買馬匹事（摺片）	該部知道	宣統01年08月07日
35	180396	胡湘林（基本資料）	護理兩廣總督廣東布政使	宣統01年07月08日	奏報粵省擴充製造軍械廠告成	著袁樹勳查明具奏	宣統01年08月07日
36	180397	胡湘林（基本資料）		宣統	奏報廣東高雷陽道與巡警道為兄弟請旨應否迴避（摺片）	另有旨	宣統01年08月07日
37	180402	胡湘林（基本資料）		宣統	奏報粵省擬購置製造槍炮之機器事（摺片）	著袁樹勳查明具奏	宣統01年08月07日
38	180417	胡湘林（基本資料）	護理兩廣總督廣東布政使	宣統01年07月16日	奏報粵省光緒三十四年夏季分委署同知直隸州知縣各缺	覽	宣統01年08月08日

					分事		
39	180418	胡湘林（基本資料）		宣統	奏請將患病之廣東龍門協營中軍都司陳怡龍勒休（摺片）	允於	宣統 01 年 08 月 08 日
40	180419	胡湘林（基本資料）		宣統	奏報審辦粵省香山縣民潭毓奮毆斃人命案（摺片）	法部議奏	宣統 01 年 08 月 08 日
41	180420	胡湘林（基本資料）	護理兩廣總督廣東布政使	宣統 01 年 07 月 16 日	奏請以陳德昌補粵省河源知縣	吏部議奏	宣統 01 年 08 月 08 日
42	180421	胡湘林（基本資料）		宣統	奏請將准補粵省連陽營游擊劉應禧等員展緩引見（摺片）	允行該部知道	宣統 01 年 08 月 08 日
43	180422	胡湘林（基本資料）		宣統	奏報粵省撥解南河工程銀兩事（摺片）	該部知道	宣統 01 年 08 月 09 日
44	180423	胡湘林（基本資料）	護理兩廣總督廣東布政使	宣統 01 年 07 月 16 日	奏報粵省雨水糧價事（附清單一件）	知道了	宣統 01 年 08 月 08 日
45	180427	胡湘林（基本資料）	卸護兩廣總督廣東布政使	宣統 01 年 07 月 20 日	奏報交卸護理督篆事	知道了	宣統 01 年 08 月 09 日
46	181040	胡湘林（基本資料）	前廣東布政使	宣統 01 年 08 月 01 日	奏謝恩准開缺養病		宣統

姓名	（清～民國）胡湘林	
中歷生卒	咸豐 7 年～民國 14 年	
西曆生卒	1857～1925	
異名	異名	出處
	（字）葵甫	清人室名別稱字號索引，下冊，1187
	（號）再蘧	清人室名別稱字號索引，下冊，1187
	（漢語拼音）Hu Xiang lin	
籍貫	江西—新建（今名：江西省南昌市（115.9，28.6）	

傳略	引文		出處
出身	光緒 1 年舉人；光緒 3 年進士		
履歷	職銜	任期	出處
	庶吉士	光緒 3 年～光緒 6 年	中國第一歷史檔案館藏：清代官員履歷檔案全編，6 冊，308
	編修	光緒 6 年～光緒 10 年	中國第一歷史檔案館藏：清代官員履歷檔案全編，6 冊，308
	國史館協修	光緒 10 年～光緒 13 年	中國第一歷史檔案館藏：清代官員履歷檔案全編，6 冊，308
	武英殿協修	光緒 15 年～光緒 20 年	中國第一歷史檔案館藏：清代官員履歷檔案全編，6 冊，308
	國史館纂修	光緒 20 年～光緒 21 年	中國第一歷史檔案館藏：清代官員履歷檔案全編，6 冊，308
	功臣館纂修	光緒 21 年	中國第一歷史檔案館藏：清代官員履歷檔案全編，6 冊，308
	武英殿總纂	光緒 21 年	中國第一歷史檔案館藏：清代官員履歷檔案全編，6 冊，308
	武英殿提調	光緒 22 年～光緒 24 年	中國第一歷史檔案館藏：清代官員履歷檔案全編，6 冊，308
	陝西同州府知府	光緒 24 年～光緒 25 年	中國第一歷史檔案館藏：清代官員履歷檔案全編，6 冊，308
	西安府知府（署）	光緒 25 年～光緒 26 年	中國第一歷史檔案館藏：清代官員履歷檔案全編，6 冊，308
	陝西延榆綏道	光緒 26 年	中國第一歷史檔案館藏：清代官員履歷檔案全編，6 冊，308
	冀寧道	光緒［28］年	軍機處檔摺件，148057 號
	山西按察使（署）	光緒 28 年	軍機處檔摺件，148057 號
	山西布政使（署）	光緒 29 年	軍機處檔摺件，153794 號
	湖南按察使	光緒 29 年	軍機處檔摺件，157167 號
	廣西布政使	光緒 29 年	軍機處檔摺件，157773 號
	廣東布政使	光緒 29 年～宣統 1 年	軍機處檔摺件，179461 號
	兩廣總督（護理）	宣統 1 年	軍機處檔摺件，179461 號
	丁父憂	光緒 13 年～光緒 15 年	中國第一歷史檔案館藏：清代官員履歷檔案全編，6 冊，308

附錄三：胡承弼資料

墨香居士詩稿

新建胡承弼右臣著

男先驌校訂

古意

鬱鬱庭前槐，上有新蟬鳴。託庇濃陰下，高處發新聲。

如何口慧者，若守金人銘。吁嗟風雪中，非復槐陰清。

窗下雙梧桐，一高與一卑。高者日以茂，卑者日益萎。

豈其種有殊，毋乃運會歧。非無雨露恩，不及簷前枝。

顧謂矗矗者，何必紛離披。念此同根本，亦存分潤思。

萬丈長河堤，袖哉水之防。堵塞非不固，焉許馮夷狂。

胡為一潰決，砰湃勢莫當。由來忌防川，不如利導良。

洶騰山下水，屹立水中石。水若與石爭，石若與之格。

所爭本無多，不過在咫尺。同處高山下，何乃太逼迫。

賀鄭曉涵外舅新授靖安

黃綬榮加大邑新，天公端不負詩人。

特教文陣詞壇主，安享民康物阜春。

無數桃花爭擁護，（1）後凋松柏見精神。

雙溪士庶誠何幸，指日絃歌氣象純。

【箋注】

（1）靖邑有小桃源之稱。

次外舅見懷韻

浹旬苦陰雨，苔痕上侵階。忽奉長者書，來自湖之涯。
意厚語纏綿，中有新詩偕。雨窗盥誦之，悵已天晴佳。
往事禁悵觸，百感紛縈懷。死者不可作，空遺舊時釵。
自顧歎駑下，伏櫪廿長秸。愧無十萬俸，一為營清齋。
更思罔極恩，淚竭憂難埋。曷當化慈烏，反哺鳴喈喈。

感遇

聰慧一鸚鵡，姿非凡鳥匹。主人羅致之，愛惜若拱璧。
飲之以清泉，飼之以美食。寒暑與饑渴，加意相體恤。
將欲博鳥歡，而鳥殊不適。主人為躊躇，疑惑梗胸臆。
問鳥鳥不語，意會問何必。
烈士酬知己，誓死甘一劍。性命一何輕，乃等鴻毛賤。
豈無親愛者，涕泣苦相勸。相勸意良殷，奈為知己眷。
南市有白璧，北市有珹硤。珹硤善雕飾，白璧雕飾無。
白璧堪比德，碔砆徒耀軀。即此問何故，真此原相殊。
磁石能引針，石至針即隨。白璧非不貴，引針針不知。
豈雲白璧賤，臭味有差池。臭味苟不合，白璧徒爾為。
夜光誠至寶，魚目亦稱珠。其質雖迥別，其貌則不殊。
光陰原過客，天地亦蘧廬。真偽同一盡，寧容較錙銖。
但存愛珠心，任人嗤我愚。

追憶

芳齡才七歲，種此病根苗。慈母悲初逝，孱軀孰為調。
迎風新愈後，掬水酷寒朝。難覓不皸藥，憐渠針黹勞。

——出痘

惱煞熊羆夢，愚人太不聊。曇花真易滅，椿蔭竟同凋。
愁病遭連次，悲愉變一朝。呻吟衰経際，磨折幾曾饒。

——殤子

死別猶餘痛，生離又抱憂。重將新嫁淚，來送遠行舟。
親屬從茲隔，羸軀況善愁。可憐三載約，枉使數從頭。

——別親

竟枉三年願，南旋喚奈何。莫由辭骨肉，況復涉風波。
有路皆危境，無方遣病魔。驚魂招未得，生恐話江河。

——南歸

鄉榜欣初捷，公車感易離。累他添別恨，向我問歸期。
奉母憂勤意，懷人展轉思。那堪魂屢斷，從此不勞伊。

——惜別

病惡醫無效，卿卿數果奇。慨予頻潦倒，誤爾是差池。
瘦骨堪憐日，繁憂猝到時。漫言能養疾，力疾尚支持。

——病疹

未得酬親願，翻將病累卿。疵文難愈瘧，生性太多情。
管領閒愁重，甘教弱質輕。塵緣慚故我，當日枉虛驚。

——侍疾

大錯何堪再，今番斷送卿。償還兒女債，難測鬼神情。
男漫誇三索，君真誤一生。十年前後恨，歷劫不能平。

——產難

己丑春闈後寄內

分袂匆匆事遠征，一程且喜抵神京。
海中波浪江中雨，上國功名故國情。
花趁春濃曾共看，酒因獨飲卻常醒。
四千里路兼旬事，一一分明當紀程。
等閒負了一年春，都被浮名絆此身。
為囑承歡娛老母，勿因念遠損清神。
全家眠食應俱善，稚女言詞倘已真。
他日平安遙報我，要將佳句慰離人。
殷勤獻賦到皇都，得否驪龍頷下珠。
聖世良材皆杞梓，入時花樣笑葫蘆。
三年隊逐中書省，九日功憑造化爐。
第一仙人饒卓識，今番可許狀頭無。

五月十八日夜值口占

天階寂寂樹棲鴉，破睡全憑一盞茶。
深夜無人作清伴，案頭紅燭自生花。
歸巢笑比上林鴉，豔說當年坐賜茶。
應是昔賢無那甚，壁間留得紫薇花。(1)

【箋注】

（1）壁間有張詩舲前輩手繪紫薇一幀。

得內子寄詩占此酬之疊禁垣直宿韻

詞如鸚鵡墨如鴉，消得瓊閨幾碗茶。
為勸莫吟紅杏句，無情最是上林花。

題畫

清絕空山香，留貯室中久。試問室中人，今復聞香否。
寂寂空山雨，泠泠幽谷風。清芬不可閟，移植畫圖中。
一幅冰雪箋，幽蘭寫幾許。翰墨有餘香，化作眾香祖。
乾坤有清氣，不共凡卉論。置之几案間，永證同心言。

津門為七妹催生回都舟次作

風狂水悍路迴環，晴後炎蒸雨後寒。
天亦笑予無賴甚，者般猶強上長安。
敝裘季子金都盡，一僕今猶背我行。
無限旅愁差得釋，六年重聽妹呼兄。
孑然獨坐一孤舟，掠水真同水上鷗。
章有酒瓶詩筆在，一觴一詠足消愁。
我心已慰妹顏開，不枉舟車去復回。
湯餅會時應說道，此兒阿舅送生來。

早霧

野雲漠漠天無風，漫空霧點飛濛濛。
推篷四望唯一白，村落盡失天如空。
前舟後舟不相見，但聞人語中流中。

沿堤曲折溯流上，去路那辨西與東。
須臾曈曈旭日出，火齊一顆騰蛟宮。
霧收雲斂氣晴朗，村樹綠映朝暾紅。
山川人物指歷歷，眼界盡抉從前蒙。
天時顯晦那可論，方之人事將毋同。
丈夫寧甘作豹隱，無如時適丁其窮。
迷藏影裏聊復戲，糊塗且學瞽與聾。

將至通州暴雨

一塔天邊矗，遙知是潞河。到京程已少，阻路雨偏多。
溜急纜無力，□□□□□。尚饒詩酒興，叩榜發清歌。

酬浣霞女史韻

文字深閨互唱酬，宜男草果可忘憂。
天教翰墨良緣結，不枉關雎賦好逑。
鹿車鴻案總情牽，海樣深情肺腑牽。
荼苦薺甘閒比較，去年人不似今年。
無那嬌癡有謝娘，思親安用過悲傷。
嗟餘風木徒增感，為祝春秋各八千。
益壽花開並蒂嬌，彩鸞天敕嫁文簫。
鍾陵未有銀河隔，不用年年駕鵲橋。
母為開顏妹介觴，夫妻兒女總成行。
良辰無限天倫樂，從此年年例有常。
一代文宗有老泉，如卿年紀學彌堅。
等身著作從今始，好證香閨翰墨緣。

老爺廟阻風

多謝石尤意，殷勤苦挽留。似憐歸未久，何事又重遊。
我亦殊無奈，君今可少休。他時滕閣下，早為送歸舟。
二百離家路，三朝作客期。風濤狂若此，閨閣念堪知。
雲盡南飛影，人猶北上思。湖神應笑我，不及石尤癡。
底事不平鳴，通宵達旦聲。客愁添萬斛，鄉夢攪三更。

卷地沙狂走，連天浪倒行。海氛猶未靖，何日更澄清。
丈夫重意氣，況值聖明朝。海島正多事，風塵何憚勞。
扁舟如葉小，駭浪拍天高。獨坐船燈下，豪情付濁醪。

初四日風順泊樟樹

連日太遲滯，今宵破浪行。盡容風力健，不許水聲平。
極目暮雲暗，當頭遠火明。停舟重置酒，已聽轉鼉更。

泊仁和下十里

山環水繞太縈紆，曲折由來是世途。
羨煞御風天上路，直來直往省工夫。

峽江舟次

蒼蒼後面雲，隱隱前頭樹。無數順風船，都被山圍住。
落日一帆風，危坐默無語。嘈嘈破浪聲，疑是江中雨。
榜人興不淺，信口發清謳。雲樹黯欲暮，青山無限愁。〔註 1〕

〔註 1〕張大為、胡德熙、胡德焜合編《胡先驌文存》上卷，江西高校出版社，1995 年 8 月版，第 677～682 頁。

參考文獻

一、參考著作

1. 包士英、毛品一、苑淑秀著《雲南植物採集史略》，中國科學出版，1995 年 12 月版。
2. 卞孝萱、唐文權編《辛亥人物碑傳錄》，北京團結出版社，1991 年 2 月版。
3. 蔡元培著《蔡元培講國學》，華文出版社，2009 年 9 月版。
4. 蔡元培著，文明國編《蔡元培自述》，人民日報出版社，2012 年 8 月版。
5. 蔡桂行等總編輯《江西文獻季刊》（部分期刊）（第 137～214 期），臺灣江西文獻出版社（約 1976～2009 年）。
6. 褚兢、安吉著《贛鄱華章》，江西人民出版社，2007 年 9 月版。
7. 褚兢、王治川著《綠色山水》，江西人民出版社，2007 年 9 月版。
8. 陳國安著《南社舊體文學著述敘錄初編》上海古籍出版社，2016 年 11 月版。
9. 陳榮華、陳柏泉、何友良主編《江西歷代人物辭典》，江西人民出版社，1988 年 10 月版。
10. 陳德懋著《中國植物分類學史》，華中師範大學出版社，1993 年 8 月版。
11. 陳德昭主編《陳煥鏞紀念文集》，華南植物園組稿，1995 年 12 月印刷。
12. 程應松主編《西山雨——西山萬壽宮專號》（內部），1985 年第 2 期。
13. 程維著《書院春秋》經典江西叢書，江西人民出版社，2007 年 9 月版。
14. 獨立時論社編《獨立時論集》，1947 年。

15.《當代江西研究》編輯部編選《人物》，當代中國出版社，2008 年 1 月版。
16.《當代江西研究》編輯部編選《往事》，當代中國出版社，2008 年 1 月版。
17. 鄧加榮著《尋找儲安平》，北京十月出版社，1995 年 11 月版。
18. 段懷清著《白壁德與中國文化》，首都師範大學出版社，2006 年 11 月版。
19. 段懷清編《傳統與現代性～思想與時代》文選，浙江大學出版社，2007 年 7 月版。
20. 費旭、周邦任編撰《南京農業大學史志》(1914～1988)，南京農業大學印刷廠，1994 年 9 月版，內部發行。
21. 范鐵權著《體制與觀念的現代轉型——中國科學社與中國的科學文化》，人民出版社，2005 年 3 月版。
22. 馮永康、田洛、楊海燕等著《當代中國遺傳學家學術譜系》，上海交通大學出版社，2016 年 7 月版。
23. 高恒文著《東南大學與「學衡派」》，廣西師範大學出版社，2002 年 4 月版。
24. 高偉強、余啟詠、何卓恩編著《民國著名大學校長（1912～1949）》，湖北人民出版社，2007 年 8 月版。
25. 郭昭昭著《學衡派的精神世界》，合肥工業大學出版社，2013 年 12 月版。
26. 郭汾陽、丁東著《書局舊蹤》，江西教育出版社，1999 年 1 月版。
27. 郭謙著《影響百年中國的文化世家》《感動百年中國的——文化家族》海南出版社，2005 年 2 月版。
28. 郭雲著《民國時期中國科學文化的發展及影響》，知識產權出版社，2012 年 5 月版。
29. 郭雙林著《甲寅派》與現代中國社會文化思潮，人民出版社，2015 年 12 月版。
30. 郭建鵬著《南社人物史編年》，團結出版社，2014 年 9 月版。
31. 郭建鵬、陳穎編著《南社社友錄》（四冊），上海大學出版社，2017 年 6 月版。
32.《國立中央研究院院士錄》第一輯，1948 年 6 月編印。
33.《國立中央研究院概況》1928 年 6 月至 1948 年 6 月。
34. 國立中正大學臺灣校友會編《校友通訊》第 111 期。
35. 國立中正大學臺灣前期校友編《通訊》第 119 期，2002 年 5 月 24 日。

36. 黄定元、漆權主編《江西高等教育十七年》，江西高校出版社，2006 年 11 月版。
37. 黄翠紅著《任鴻雋傳》，社會科學文獻出版社，2017 年 7 月版。
38. 黄鍵著《文化保守主義思潮與中國現代文藝評論》，中國社會科學院出版社，2017 年 8 月版。
39. 韓天雨、張新安主編《百年中國》叢書，李安平著《百年科技之光》，中國經濟出版社，2009 年 9 月版。
40. 胡先驌、鄒秉文、錢崇澍編著《高等植物學》，商務印書館，1923 年 11 月版。
41. 胡先驌著《植物學小史》，商務印書館，1921 年 4 月初版。
42. 胡先驌著《種子植物分類學講義》，中華書局出版，1951 年 7 月版。
43. 胡先驌編著《經濟植物學》，中華書局，1953 年 9 月版。
44. 胡先驌、孫醒東著《國產牧草植物》，科學出版社，1955 年 6 月版。
45. 胡先驌《經濟植物手冊》上冊，第一分冊，科學出版社，1955 年 6 月版。
46. 胡先驌《經濟植物手冊》上冊，第二分冊，科學出版社，1956 年 6 月版。
47. 胡先驌《經濟植物手冊》下冊，第一分冊，科學出版社，1957 年 6 月版。
48. 胡先驌著《植物分類學簡編》，高等教育出版社，1955 年 3 月版。
49. 胡先驌著《植物分類學簡編》(修訂本)，上海科技出版社，1958 年 8 月版。
50. 胡先驌、陳煥鏞著《中國植物圖譜》五卷。
51. 胡先驌、秦仁昌著《中國蕨類圖譜》(第一卷)。
52. 胡先驌著《中國森林樹木圖誌・樺木科・榛科》，1949 年印刷。
53. 胡先驌、蕭宗訓譯《未了知之人類》手稿。
54. 胡先驌譯，達爾文的《動植物在馴養下的變異》手稿。
55. 胡先驌著《蜻洲遊草》，1923 年印刷。
56. 胡先驌譯、A. Л.塔赫他間著《高等植物系統的系統發育原理》，科學譯叢，中國科學院初版 1954 年 4 月。
57. 胡先驌譯，I. H.勃基爾著《人的習慣與舊世界栽培植物的起源》，科學譯叢，科學出版社初版 1954 年 12 月。
58. 胡先驌譯、哈第著《世界植物地理》，王雲五主編《百科小叢書》，商務印書館初版 1933 年 1 月。

59. 胡先驌著《細菌》，王雲五主編《萬有文庫》，第一集一千種，商務印書館第 2 版 1934 年 7 月。
60. 胡先驌著《植物學小史》，王雲五主編《萬有文庫》，第一集一千種，商務印書館第 2 版 1934 年 7 月。
61. 胡先驌等譯、鍾補求校、J · 赫胥黎主編《新系統學》，科學出版社 1964 年 11 月初版。
62. 胡先驌著《胡先驌先生詩集》（又名《懺庵詩稿》），國立中正大學校全體在臺友會編，臺灣出版 1992 年 5 月 21 日。
63. 胡先驌著、張紱選注《懺庵詩選注》，四川大學出版社，2010 年 1 月版。
64. 胡家玉《胡小蘧通考自訂年譜》，刊刻本。
65. 胡湘林《欽命四書詩題》之考舉人三篇文章一首詩，載個人檔案資料。
66. 胡德馨主編《新建縣治平洲胡氏宗譜》，2006 年 1 月版。
67. 胡德明著《老驥猶吟》，江西省老年文藝家協會編輯，2001 後 10 月版。
68. 胡向萍、胡啟鵬主編《新建縣歷史名人》，江西高校出版社，2012 年 3 月版。
69. 胡向萍、胡啟鵬主編《贛鄱科技名家》，科學出版社，2013 年 4 月。
70. 胡啟鵬主編《撫今追昔話春秋——胡先驌的學術人生》，北京燕山出版社，2011 年 4 月版。
71. 胡啟鵬著《胡先驌傳》，科學教育出版社，2010 年 6 月版。
72. 胡啟鵬輯釋《胡先驌墨蹟選》（初稿），2022 年 2 月。
73. 胡迎建著《近代江西詩話》，百花洲文藝出版社，1994 年 8 月版。
74. 胡迎建著《民國舊體詩史稿》，江西人民出版社，2005 年 11 月版。
75. 胡迎建著《一代宗師陳三立》，江西高校出版社，2005 年 12 月版。
76. 胡迎建、胡江華主編，胡啟鵬執行主編《胡先驌研究論文集》，文化藝術出版社，2010 年 6 月版。
77. 胡迎建、胡啟鵬主編《全國書畫家紀念胡先驌作品集》，天馬出版社，2011 年 5 月版。
78. 胡宗剛著《不該遺忘的胡先驌》，長江文藝出版社，2005 年 5 月版。
79. 胡宗剛著《靜生生物調查所史稿》，山東教育出版社，2005 年 10 月版。
80. 胡宗剛撰《胡先驌先生年譜長編》，江西教育出版社，2008 年 2 月版。

81. 胡宗剛著《廬山植物園最初三十年》，上海交通大學出版社，2009 年 7 月版。
82. 胡宗剛編《箋草釋木六十年——王文采傳》，上海交通大學出版社，2013 年 12 月版。
83. 胡宗剛編《廬山植物園八十春秋紀念集》，上海交通大學出版社，2014 年 8 月版。
84. 胡宗剛著《中國植物誌編撰史》，上海交通大學出版社，2016 年 9 月版。
85. 胡宗剛著《雲南植物研究史略》，上海交通大學出版社，2018 年 7 月版。
86. 胡化凱編著《20 世紀 50～70 年代中國科學家批判資料選》（上下），山東教育出版社，2009 年 10 版。
87. 胡雲安、吉順平、陳貴仁、趙西玲、丁鵬宇等編著《盛彤笙資料長編》，上海交通大學出版社，2021 年 7 月版。
88. 何艾生、梁成瑞著《中國民國科技史》，人民出版社，1994 年 1 月版。
89. 何曉明著《返本與開新——近代中國文化保守主義新論》，商務印書館，2017 年 11 月版。
90. 何品、王良鐳編注《中國科學社檔案資料整理與研究——董理事會會議記錄》，上海科技學技術出版社，2015 年 10 月版。
91. 賀偉撰文《會講故事的廬山別墅》，江西美術出版社，2003 年 7 月版。
92. 姜玉林主修、弛達逵總纂《新建縣志（1985～2002）》，江西人民出版社，2006 年 12 月版。
93. 江西師範大學校慶辦秘書處編《穿過歷史的煙雲——紀念江西師範大學建校六十週年》，江西高校出版社，2000 年 10 月版。
94. 江西師範大學校史編寫組編《江西師範大學校史》，江西高校出版社，2000 年 10 月版。
95. 江西省譜牒研究會胡先驌文史研究室彙編《紀念胡先驌誕辰 115 週年暨學術研討論文集》，2009 年 5 月 24 日。
96. 江西泰和縣政協委員會編《杏嶺絃歌——追憶抗戰時在泰和創辦的國立中正大學》，2003 年 3 月。
97. 賈寶琦主編《當代科學家詩文選》，電子工業出版社，2002 年 10 月版。
98. 荊州地區革命委員會林業局、荊州地區林業科學研究所編《水杉》，湖北人民出版社出版（時間不詳）。

99. 李國強主編《從放牛娃到院士——昆蟲學家楊惟義的故事》，江西科學技術出版社，2008 年 11 月版。
100. 李喜所、陳新華、蔡敏著《留學舊蹤》，江西教育出版社，2000 年 1 月版。
101. 李廣瓊著《學衡派與新人文主義中國化》，廣東人民出版社，2013 年 7 月版。
102. 李佩珊、孟慶哲、黄青禾、黄舜娥編《百家爭鳴——發展科學的必由之路》，商務印書館，1985 年 11 月版。
103. 李佩珊著《科學戰勝反科學——蘇聯的李森科事件及李森科主義在中國》，當代世界出版，社 2004 年 10 月版。
104. 李亮恭著《中國生物學發展史》，臺灣中華文化復興運動推行委員會，1983 年 2 月版。
105. 李曉彤、馮欣楠編著《水杉的故事》，武漢出版社，2015 年 9 月版。
106. 李書華著《李書華自述》，湖南教育出版社，2009 年 12 月版。
107. 劉少屏主編《吳有訓》，中國文史出版社，1990 年 5 月版。
108. 劉黎紅著《五四文化保守主義思潮研究》，中國社會科學出版社，2006 年 7 月版。
109. 劉經富著《義寧陳氏與廬山》，中國文史出版社，2004 年 9 月版。
110. 劉宗光主編《西山雨》（內部刊物），2000 第 1 期版。
111. 劉華著《紅色搖籃》經典江西叢書，江西人民出版社，2007 年 9 月版。
112. 劉黎紅著《五四文化保守主義思潮研究》，中國社會科學出版社，2006 年 7 月版。
113. 劉方喜著《「漢語文化共享體」與中國新詩論爭》，新世紀全球文化格局與中國人文建設叢書，山東教育出版社，2009 年 3 月版。
114. 劉德才主編《南昌大學》，重慶大學出版社，2010 年 7 月版。
115. 劉鳳臣、杜聖賢、韓代成主編《地學萬卷書～山旺化石》，山東科學技術出版社，2016 年 6 月版。
116. 劉曉著《國立北平研究院簡史》，中國科學技術出版社，2014 年 11 月版。
117. 劉永傳、周心鐵、蘇丕林編著《水杉》，湖北人民出版社，1978 年 10 月版。
118. 林白、朱梅蘇著《中國科舉史活》，江西人民出版社，2002 年 1 月版。

119. 林麗成、章立言、張劍編注《中國科學社檔案資料整理與研究——發展歷程史料》，上海科技學技術出版社，2015 年 10 月版。
120. 林東海、宋紅選注《南社詩選》，人民文學出版社，2011 年 10 月版。
121. 柳志慎、胡啟鵬著《楊惟義傳》，江西教育出版社，2015 年 11 月版。
122. 柳亞子著《南社紀略》，上海人民出版社，1983 年 4 月版。
123. 欒梅健著《民間的人文雅集～南社研究》，東方出版社，2006 年 6 月版。
124. 留學生叢書編委會編《中國留學史萃》，中國友誼出版公司，1992 年 5 月版。
125. 盧文芸著《中國近代文化變革與南社》，社會科學文獻出版社，2008 年 8 月版。
126. 盧家錫總主編，羅桂環、汪子春主編《中國科學技術史・生物學卷》，科學出版社，2005 年 1 月版。
127. 羅桂環著《近代西方識華生物史》，山東教育出版社，2005 年 10 版。
128. 羅桂環著《中國近代生物學的發展》，中國科學技術出版社，2014 年 1 月版。
129. 羅桂環、李昂、付雷、徐丁丁著《中國生物學史》(近現代卷)，廣西教育出社，2018 年 04 月版。
130. 羅炳良主編《嚴復——天演論》，華夏出版社，2002 年 10 月版。
131. 羅勇、龔文瑞著《客家故園》，江西人民出版社，2007 年 9 月版。
132. 羅桂環著《近代西方識華生物史》，山東教育出版社，2005 年 10 月版。
133. 陸發春編《胡適家書》，安徽人民出版社，1996 年 4 月版。
134.《陸定一文集》，人民出版社，1992 年 2 月版。
135. 陸敏珠編著《中國金花茶引用與人體健康》，中國林業出版社，2006 年 5 月版。
136. 呂效祖主編《吳宓詩及其詩話》，陝西人民出版社，1992 年 3 月版。
137. 冒榮著《科學的播火者——中國科學社述評》，南京大學出版社，2002 年 1 月版。
138. 馬克平主編《中國科學院植物研究所志》，高等教育出版社，2008 年 9 月版。
139. 馬金雙著《東亞高等植物分類學文獻概覽》，高等教育出版社，2011 年 8 月版。

140. 穆子月、許畢基編著《大學校長記——那個年代的大學校長們》，濟南出版社，2010 年 10 月版。
141. 孟凡、張琳、媚道設計編著《世界植物文化史論》，江西科學技術出版社，2017 年 6 月版。
142. 梅國平主編《改革開放以來胡先驌研究文選》，中國社會科學出版社，2015 年 9 月版。
143. 南京大學校慶辦公室校史資料編輯部、學報編輯部編輯《南京大學校史資料選輯》，南京大學印刷廠，1982 年 4 月版。
144. 南京大學校史編寫組編著《南京大學史》（1902～1992）南京大學出版社，1992 年 5 月版。
145. 聶國柱主編《國立中正大學》，江西省政協學習、文史委員會，江西文史資料第五十輯，1993 年 10 月版。
146. 歐陽祖經著《歐陽祖經詩詞集》，江西百花洲文藝出版社，2007 年 12 月版。
147. 歐美同學會·中國留學生人員聯誼會著《歐美同學會簡史》（1913～2013），華文出版社，2014 年 1 月版。
148. 歐美同學會·中國留學生人員聯誼會編《百年追夢——歐美同學會 100 年》（1913～2013），人民美術出版社，2014 年 2 月版。
149. 逄先知、金沖及主編《毛澤東傳（1949～1976）》（上下冊），中央文獻出版社，2003 年 12 月版。
150. 錢偉長總主編，梁棟材主編《20 世紀中國知名科學家學術成就概覽》（生物學卷）第一分冊，科學出版社，2012 年 2 月版。
151. 邱睿著《南社詩人群體研究》，中國社會科學出版社，2014 年 12 月版。
152. 任士英主編《學苑春秋——20 世紀國學大師檔案》，河南人民出版社，2006 年 11 月版。
153. 任鴻雋著《中國科學社簡史》，中國人民政治協商會議全國委員會文史資料委員會編，文史資料選輯第 15 輯，中華書局，1961 年 1 月版。
154. 任木等編著《假象——震驚世界的 20 大科學欺騙》，上海文化出版社，2006 年 2 月版。
155. 眭依凡主編《學府之魂——中外著名大學校長教育理念》，江西教育出版社，2001 年 9 月版。

156. 沈衛威著《回眸「學衡派」——文化保守主義的現代命運》，人民文學出版社，1999 年 4 月版。
157. 沈衛威著《吳宓與「學衡派」》，河南大學出版社，2000 年 8 月版。
158. 沈衛威、海波、徐蘭珍編著《速讀中國現當代文學大師與名家叢書之胡適卷》，藍天出版社，2004 年 12 月版。
159. 沈衛威著《「學衡派」譜字——歷史與敘事》，江西教育出版社，2007 年 8 月版。
160. 沈衛威編著《「學衡派」編年文事》，南京大學出版社，2015 年 11 月版。
161. 沉毅著《獨立評論》研究，遼寧美術出版社，2008 年 11 月版。
162. 宋振能編著《中國科學院院史拾零》，科學出版社 2011 年 9 月版。
163. 宋廣波編著《丁文江年譜》，黑龍江教育出版社，2009 年版。
164. 諶饌美主編《神奇的中美紅杉樹》，科學出版社，2009 年 6 月版。
165. 邵迎武著《南社人物吟評》，社會科學文獻出版社，1994 年 4 月版。
166.【蘇】若列斯・亞・麥德維傑夫著《李森科浮沉錄》，上海譯文出版社，1980 年 1 月版。
167. 孫之梅著《南社研究》，人民文學出版社，2003 年 9 月版。
168. 孫尚揚、郭蘭芳編《國故新知論——學衡派文化論著輯要》，湯一介主編《二十世紀中國文化論著輯要叢書》，中國廣播電視出版社，1995 年 12 月版。
169. 舒新城編《近代中國留學史》，上海文化出版社，1989 年 4 月影印版。
170. 陶英惠著《中研院六院長》，文匯出版社，2009 年 10 月版。
171. 譚峙軍主編《胡先驌先生詩集（懺庵詩稿）》，國立中正大學全體在臺灣校友恭印，1992 年 5 月 21 日。
172. 覃太祥著《蘇馬蕩的水杉樹》，中國言實出版社，2014 年 5 月版。
173. 談家楨、趙功民主編《中國遺傳學史》，上海科技教育出版社，2002 年 12 月版。
174. 談家楨主編《中國現代生物學家傳》第一卷，湖南科學技術出版社，1985 年 9 月版。
175. 臺灣江西文獻編輯委員會《江西近代鄉賢錄》，江西文獻社，1980 年版。
176. 臺灣國立中正大學前期校友聯誼小組編，國立中正大學前期校友通訊第 118 期，《國立中正大學六十週年校慶紀念特輯》，2000 年 12 月 25 日。

177.《王戰文選》編委會編《王戰文選》，科學出版社，2015 年 5 月版。

178. 王思明、周堯著《中國近代昆蟲學史》，陝西科學技術出版社，1995 年 5 月版。

179. 王世儒、聞笛編《我與北大——「老北大」話北大》，北京大學出版社，1998 年 4 月版。

180. 王世儒編《蔡元培年譜新編》，北京大學出版社，2019 年 10 月版，第 1313 頁。

181. 王諮臣主編《新建文獻五種》，西昌王諮臣新風樓刊本，1998 年 12 月。

182. 王令策主編《文津一葦——王諮臣先生紀念文集》，香港天馬圖書有限公司，2003 年 1 月版。

183. 王海、羅奇祥主編《江西省農業科學院七十週年》（1934～2003），中國農業科學技術出版社，2004 年 10 月版。

184. 王樹林、石慶華主編《江西農業大學校史》，江西高校出版社，2007 年 6 月版。

185. 王文采口述，胡宗剛訪問整理《王文采口述自傳》，湖南教育出版社，2009 年 1 月版。

186. 王雪明著《制衡·融合·阻抗——學衡派翻譯研究》，對外經濟貿易大學出版社，2014 年 8 月版。

187. 王家聲等主編《文人的骨氣和底氣》，世界知識出版社，2011 年 6 月版。

188. 王東傑著《建立學界、陶鑄國民——四川大學校長任鴻雋》，山東教育出版社，2012 年 4 月版。

189. 王鵬、張夷、馬衛中主編《南社社友墨蹟珍藏集》，中國南社文史館 2019 年 1 月版。

190. 王希群、秦向華、何曉琦、王安琪、郭保香編著《中國林業事業的先驅與開拓者——淩道揚、姚傳法、韓安、李寅恭、陳嶸、梁希年譜》，中國林業出版社，2018 年 11 月版。

191. 王希群、董瓊、宋維峰、王安琪、郭保香編著《雲南林業科學教育的先驅與開拓者——張福延、曲仲湘、徐永椿、任瑋、曹誠一、薛紀如年譜》，中國林業出版社，2019 年 10 月版。

192. 王希群、楊紹隴、周永萍、王安琪、郭保香編著《中國林業事業的先驅和開拓者——胡先驌、鄭萬鈞、葉雅各、陳植、葉培忠、馬大浦年譜》，中國林業出版社 2022 年 3 月版。

193. 王希群、傅峰、劉一星、王安琪、郭保香編著《中國林業事業的先驅和開拓者——唐燿、成俊卿、朱惠方、柯病凡、葛明裕、申宗圻、王愷年譜》,中國林業出版社 2022 年 3 月版。
194. 王希群、郭保香編著《中國林業事業的先驅和開拓者——汪振儒、范濟洲、汪菊淵、陳俊愉、孫筱祥、殷良弼、李相符年譜》,中國林業出版社 2022 年 3 月版。
195. 王希群、江澤平、王安琪、郭保香編著《中國林業事業的先驅和開拓者——樂天宇、吳中倫、蕭剛柔、袁嗣令、黃中立、張萬儒、王正非年譜》,中國林業出版社 2022 年 3 月版。
196. 王良鐳、何品編注中國科學社檔案資料整理與研究《年會記錄》選編,上海科學技術出版社 2020 年 12 月版。
197. 汪國權編著《廬山草木隨筆》,中國林業出版社,1990 年 2 月版。
198. 汪國權著《水杉的發現與研究》,江西高校出版社,1999 年 9 月版。
199. 汪國權主編《廬山植物園創建與發展》,中國文聯出版社,2010 年 5 月版。
200. 汪茂湘主編《江西人傑》,江西科學技術出版社,2007 年 12 月。
201. 汪夢川著《南社詞人研究》,上海古籍出版社,2015 年 11 月版。
202. 汪小江主編《芳蘭葳蕤·中國科學院植物研究所建所九十週年(1928~2018)》,2018 年 5 月印刷。
203. 吳德成主編《利川水杉》,政協利川市委員會,利川市林業局編輯,恩施州獻華印務有限公司 2009 年 12 月版。
204. 吳宓著《吳宓日記》(1~10 冊),生活、讀書,新知三聯書店,1998 年 5 月版。
205. 吳中倫著《吳中倫雲南考察日記》,中國林業出版社,2006 年 1 月版。
206. 謝泳著《大學舊蹤》,江西教育出版社,1999 年 1 月版。
207. 謝泳著《儲安平與觀察》,中國社會出版社,2005 年 9 月版。
208. 謝泳著《逝去的年代——中國自由知識分子的命運》,福建教育出版社,2013 年 2 月版。
209. 謝日新主編《新建縣志》,江西人民出版社,1991 年 3 月版。
210. 謝巍編撰《中國歷代人物年譜考錄》,中華書局出版,1992 年 11 月。

211. 蕭傳俊、程應松編纂《新建歷代人物錄》，政協新建縣委員會，2000 年 12 月。
212. 蕭東發等主編《從京師大學堂到老北大》，北京圖書館出版社，2003 年 7 月。
213. 校史編委會編《南京農業大學史》，中國農業科學出版社，2004 年 10 月版。
214. 笑蜀著《蘇聯遺傳學劫難》，廣東人民出版社，2008 年 12 月版。
215. 薛攀臯著《科苑前塵往事》，科學出版社，2011 年 7 月版。
216. 熊式輝著《海桑集——熊式輝回憶錄》，星克爾出版（香港）有限公司，2009 年 8 月版。
217. 熊大桐等編著《中國近代林業史》，中國林業出版社，1989 年 7 月版。
218. 熊盛元、胡啟鵬編校《胡先驌詩文集》（上下冊），黄山書社出版，2013 年 8 月版。
219. 徐仁著《徐仁著作選集》，地震出版社，2000 年 8 月版。
220. 姚果源執行主編《浩氣壯山河——原國立中正大學抗日戰地服務團記實》（上下冊），江西高校出版社，2010 年 11 月版。
221. 姚遠、王睿、姚樹峰等編著《中國近代科技期刊源流》（上中下冊），（1792～1949），山東教育出版社，2008 年 6 月版。
222. 楊毅豐、康蕙茹編《民國思想文叢——學衡派》，長春出版社，2013 年 1 月版。
223. 嚴楚江著《廈門蘭譜》，廈門大學出版社，1990 年 12 月版。
224. 閻淑俠、許軍娥編著《學衡序言按語輯注》，三秦出版社，1998 年 1 月版。
225. 袁永松主編《鄧小平》，紅旗出版社，1999 年 12 月版。
226. 尹益壽主編《一代宗師．垂訓千秋——紀念楊惟義院士百年誕辰》，江西高校出版社，1999 年 5 月版。
227. 鄢鶴齡主編《豫章史纈》，上海科技出版社，1994 年 3 月版。
228. 英國 E. H.威爾遜著，胡啟明譯《中國：園林之母》，廣東科技出版社，2015 年 3 月版。
229. 遊恩國等主編《中國文學史》第四冊，人民文學出版社，1998 年 5 月版。
230. 張建偉、鄧琮琮《中國院士》，浙江文藝出版社，1996 年 12 月 3 月版。

231. 張信江主編《新建縣文史資料（第二、四、五輯）》，中國人民政治協商會議江西省新建83.縣委員會文史資料委員會，1988年6月、1988年、1992年。
232. 張希仁主編《江西教育人物》，江西教育出版社，1989年12月版。
233. 張傳賢、李樹源主編《江西師範大學校史》，江西高校出版，1990年版。
234. 張大為、胡德熙、胡德焜合編《胡先驌文存》上下卷，上卷江西高校出版社，1995年8月。下卷中正大學校友會出版發行，1996年5月。
235. 張卜陽編著《活化石水杉》，中國林業出版社，2000年11月版。
236. 張秀平主編《影響中國的100種文化》，廣西人民出版社，2003年1月版。
237. 張大為主編《江西省立南昌二中校友志稿》，江西省立南昌二中天津校友聯誼會編印。第一集，2002年10月7日，第二集，2004年10月7日。
238. 張源著《從「人文主義」到「保守主義」——《學衡》中的白壁德，生活、讀書、新知三聯書店，2009年10月1日版。
239. 張劍著《科學社團在近代中國的命運——以中國科學社為中心》，山東教育出版社，2005年10月版。
240. 張劍著《中國近代科學與科學體制化》，四川人民出版社，2008月3月版。
241. 張劍著《賽先生在中國——中國科學社研究》，上海科學技術出版社，2018月12月版。
242. 張劍、姚潤澤編注中國科學社檔案資料整理與研究《〈社友〉人物傳記》資料選編，上海科學技術出版社2020年10月版。
243. 張意忠編著《民國大學校長》，北京師範大學出版社，2012年1月版。
244. 張豔國主編《胡先驌教育思想與精神品格》，中國社會科學出版社，2014年12月版。
245. 張憲春主編《臺紙上的植物世界》，中國科學技術出版社，2018年8月版。
246. 張立生編著《謝家榮年譜長編》（上下冊），上海交通大學出版社，2022年12月版。
247. 張守廣著《盧作孚年譜》，重慶出版社2005年8月版。
248. 趙亞宏著《甲寅》月刊與中國新文學的發生，人民出版社，2011年8月版。

249. 趙士洞譯，俞德濬、耿佰介校《國際植物命名法規》(1975年7月第十二屆國際植物學大會在列格勒通過)，科學出版社，1984年7月版。
250. 鄭師渠著《在歐化與國粹之間——學衡派文化思想研究》，北京師範大學出版社，2001年3月版。
251. 鄭師渠著《社會的轉型與文化的變動：中國近代史論》，商務印書館，2006年11月版。
252. 鄭逸梅編著《南社從談——歷史與人物》，中華書局，2006年7月版。
253.《鄭萬鈞專集》編委會編著《鄭萬鈞林業學術思想研究》，科學出版社，2008年10月版。
254. 智效民著《八位大學校長》，長江文藝出版社，2006年1月版。
255. 智效民著《中國近代教育的奠基者——八位大學校長》，臺灣秀威信息科技股份有限公司，2012年版。
256. 智效民著《大學之魂——民國老校長》，中國華僑出版社，2012年5月版。
257. 智效民著《賽先生在中國——18位著名科學家的人生側影》，浙江大學出版社，2017年10月版。
258. 鍾震宇著《贛水情緣》(內部刊物)。
259. 鄭克強主編《贛學》，江西教育出版社，2009年6月版。
260. 朱一雄主編《東南大學校史研究》(第一輯)，東南大學出版社出版，1989年6月版。
261. 朱一雄主編《東南大學校史研究》(第二輯)，東南大學出版社出版，1992年5月版。
262. 朱壽桐著《新人文主義的中國影跡》，中國社會科學出版社，2009年5月版。
263. 朱慶葆、孫江主編《新學衡》第一輯，南京大學出版社，2016年10月版。
264. 朱弘復主編《中國科學技術專家傳略·理學編·生物學卷1》，河北教育出版社1996年7月版。
265. 周俊主編《原本山川，極木草木——中國科學院昆明植物研究所建所六十週年紀念文集》，1998年內部印刷。
266. 周雲著《學衡派思想研究》，甘肅人民出版社，2005年11月版，

267. 周佩瑤著《「學衡派」的身份想像》，福建教育出版社，2013 年 10 月版。
268. 周桂發、楊家潤、張劍編注《中國科學社檔案資料整理與研究——書信選編》，上海科技學技術出版社，2015 年 10 月版。
269. 周雷、錢潔《中國科學院昆明植物研究所 80 週年紀念文集》，2018 年內部印刷。
270. 左玉河著《中國近代學術體制之創建》，四川人民出版社，2008 年 3 月版。
271. 中共中央文獻研究室編《周恩來年譜（1949～1976）》（上下卷），中央文獻出版社，1997 年 5 月版。
272. 中國科學院秘書處編《科學通報》1956 年 8 月號。
273. 中國林業科學院等編《中國植物誌》，第七卷，科學出版社，1978 年 3 月版。
274. 中國林學會編著《中國林學會史》，上海交通大學出版社，2008 年 10 版。
275. 中國林學會編著《中國林學會百年史》（1917～2017），中國林業出版社，2017 年 5 月版。
276. 中國林學會、中國野生動物保護協會、中國花卉協會編《中國名樹名花名鳥》，中國林業出版社，2007 年 5 月版。
277. 中國人民政治協商會議南昌市委員會文史資料研究委員會編《南昌文史資料》（內部發行），第四輯、1986 年 6 月，第九輯、1991 年 7 月。
278. 中國植物學會編《中國植物學史》，科學出版社，1994 年 10 月版。
279. 中國科學院院史文物資料徵集委員會辦公室編《院史資料與研究》1994 年第 1 期（總第 19 期）。
280.《中華民國史檔案資料彙編》（第五輯第二編．教育一）江蘇古籍出版社，1997 年 6 月版。
281.《中國植物誌》（第一卷第六章第一、二、三節）。科學出版社，2004 年 10 月版。
282. 中國科學院動物研究所所史編撰委員會編《中國科學院動物研究所簡史》，科學出版社，2008 年版。
283. 中國科學院植物研究所所志編纂委員會，《中國科學院植物研究所誌》，高等教育出版社，2008 年版。
284. 中國科學院昆明植物研究所簡史編纂委員會《中國科學院昆明植物研究所簡史（1938～2008）》，2008 年 10 月版。

285. 中國科學院昆明植物研究所編《中國科學院昆明植物研究所所史》(1938～2018),雲南科技出版社,2018 年 7 月版。
286. 中國林業科學研究院《吳中倫文集》編委會編《吳中倫文集》,中國科學技術出版社,1998 年 10 月版。
287.《中國林業科學研究院院史》編委會編《中國林業科學研究院院史(1958～2008)》,中國林業出版社,2010 年 9 月版。
288.《中國煙草工作》編著《中國煙草史話》,中國輕工業出版社,1993 年 11 月版。
289.《中國國家地理》雜誌 2019 年第 10 期,總第 588 期,中國地理學會、中國國家地理聯合推出《中國地理百年的發現》。
290. 中國科學院院史編研組編輯《中國科學院學部史冊(1955～2015)》,2015 年內部版。
291. 中國農學會華恕主編《鄒秉文紀念集》,農業出版社,1993 年 9 月版。
292. 中正大學江西校友會秘書處編《中正大學校友會校友通訊》,第 1～29 期。
293. 中正大學南昌校友會秘書處編《中正大學校友會校友通訊》,第 1～31 期。
294. 中正大學貴州校友會編《貴州校友會通訊》第 18、19 期,2006～2007。
295. 中正大學江西校友贛州市工作委員會編《贛南校友通訊》第 11 期,2004 年 6 月 10 日。
296. 中正大學廣州校友會編《廣州校友通訊》第 8 期,2000 年 5 月 10 日。
297.《中正大學南昌大學南昌校友會校友通訊》,1994 年 5 月 24 日。
298. 中正大學南昌校友會編《贛水悠悠》,第 1 集 1996 年 7 月、第 2 集 1997 年 6 月、第 3 集 2000 年 6 月、第 4 集 2005 年 5 月。
299. 劉宜慶著《海洋先驅唐世鳳》,中國海洋大學出版社,2022 年 10 月版。
300. 梅國平、張艷國編《改革開放以來胡先驌研究文選》,中國社會科學出版社,2015 年 9 月版。

二、參考論文

1. 八十卷 126 冊的《中國植物誌》圓滿完成及編研歷程,中國新聞網 2005 年 3 月 31 日 18 時 37 分。
2. 白春超:論學衡派的文學觀,河南大學學報(社會科學版),2005 年 7 月。
3. 秉志著《民國十一年至三十八年的生物學》,1949 年,《東方雜誌》28 卷

13 號。
4. 成驥：中央研究院第一屆院士的去向，自然辯證法通訊，201 年 4 月 1 日。
5. 柴文華、張凜凜：論胡先驌的人文思想學習與探索，2018 年 1 月 7 日。
6. 崔新梅：少年意氣總非非、幾堪損益論為道——胡先驌與近代詩歌評論，攻讀碩士研究生畢業論文，蘇州大學，2002 年 4 月 1 日。
7. 陳華文：大學之魂今安在，博覽群書，2013 年 2 月 1 日。
8. 陳德懋：胡先驌教育思想初探，華中師範大學學報（哲學社會科學版），1991 年 6 月 30 日。
9. 陳德懋：胡先驌與中國近現代植物學，華中師範大學學報（自然科學版），1990 年 7 月 2 日。
10. 陳三立：皇清誥授光祿大夫護理兩廣總督廣東布政史胡公墓誌銘，1925 年。
11. 陳文秀：新建聯圩有個博士村，南昌晚報——南昌地理，A14 版，2009 年 1 月 7 日。
12. 陳文秀：中國生物學老祖宗是南昌人，南昌晚報——南昌地理，B27 版 2008 年 12 月 30 日。
13. 陳文秀：南昌人胡家玉曾倡建北洋水師，南昌晚報——南昌地理，2009 年 8 月 1 日。
14. 段懷清：文化精英主義？文化民族主義？抑或文化保守主義？——試論《學衡》前後胡先驌的思想文化主張，江西師範大學學報（哲學社會科學版），2009 年 8 月 25 日。
15. 鄧濤：胡先驌關於大學教育之主張，中國社會科學報，2015 年 1 月 25 日。
16. 鄧宗覺：先師胡先驌教授事略——紀念南昌大學辦學 65 週年，南昌大學學報（人文社會科學版），2005 年 5 月 25 日。
17. 丁琳琳：回歸「五四」時期的歷史——有關「學衡派」政治理念的評述，法制與社會，2009 年 1 月 15 日。
18. 傅修延：大師胡先驌一讀《不該遺忘的胡先驌》，大江網閱讀，2007 年 1 月 11 日 22 點 50 分。
19. 傅宏星：研究文化保守主義的一部力作——評沈衛威《回眸「學衡派」》，洛陽大學學報，2001 年 3 月。

20. 馮永康、張鈁：國內首篇全面批判「李森科物種理論」譯文的回憶——羅鵬教授訪談錄，中國科技史雜誌，2014 年 3 月 15 日。
21. 馮永康：胡先驌與中學生物學教科書，中華讀書報，2014 年 8 月 20 日。
22. 樊洪業：1956 年：胡先驌「朽」木逢春，科技中國，2006 年第 7 期。
23. 符曉林：胡先驌研究綜述，江西廣播電視大學學報，2016 年 9 月 1 日。
24. 付潔：被忽視的晚清詩文拓荒者——論胡先驌之詩文評，湖南大學學報（社會科學版），2014 年 11 月 28 日。
25. 付潔：南社成員胡先驌的教育思想，南京理工大學學報（社會科學版），2015 年 1 月 20 日。
26. 付立松：胡先驌與胡適論戰始末考論，中國現代文學研究叢刊，2018 年 3 月 15 日。
27. 龔育之：陸定一與樂天宇事件和胡先驌事件，學習時報，2006 年 8 月 21 日。
28. 龔育之：陸定一與青島遺傳學座談會，學習時報，2006 年 8 月 28 日。
29. 高旭東：白壁德中西弟子命運迴異的原因探源，甘肅社會科學，2016 年 3 月 25 日。
30. 關峰：周作人對《學衡》派評價的轉變，南昌師範學院學報，2016 年 10 月 15 日。
31. 梗萱：胡先驌教授水杉歌箋注，海南大學學報（自然科學版），1987 年 4 月 2 日。
32. 國立中央研究院《國立中央研究院十七年度總報告》。
33. 國樹評選——水杉，搜狐新聞，2005 年 7 月 21 日 10 點 57 分。
34. 胡平：水杉不死，江南都市報——江鈴都市新觀察，2004 年 9 月 13 日 11 版。
35. 胡宗剛：從廬山森林植物園到廬山植物園，中國科技史料，1998 年第 1 期。
36. 胡宗剛：雲南農林植物研究所創辦緣起，中國科技史料，2001 年第 1 期。
37. 胡宗剛：靜生生物調查所與中央林業試驗所的兩項合作中國科技史料 2003 年 3 月 30 日。
38. 胡宗剛：中基會與靜生生物調查所，東方文化，2003 年第 6 期。
39. 胡宗剛：胡先驌沒有選上學部委員，中國生物學史暨農學史學術討論會論文集，2003 年 6 月 30 日。

40. 胡宗剛：編纂中國植物誌史事二三則，光明網，2005 年 5 月 23 日 6 點 36 分。
41. 胡宗剛：胡先驌與胡適：「兩個反對的朋友」，中華讀書報，2005 年 10 月 12 日。
42. 胡宗剛：不該被遺忘的胡先驌，生命世界，2006 年 8 月 15 日。
43. 胡宗剛：胡先驌研究二題，江西師範大學學報（哲學社會科學版），2009 年 8 月 25 日。
44. 胡宗剛：北大民國時期錯失引中国社會科學報領生物學機會，中國社會科學報，2013 年 4 月 8 日。
45. 胡宗剛、洪德元：胡先驌與中國植物學——緬懷中國植物學事業奠基人，中國植物學會創建者胡先驌，生態文明建設中的植物學：現在與未來——中國植物學會第十五屆會員代表大會暨八十週年學術年會論文集——大會報告 2013 年 10 月 13 日。
46. 胡宗剛：提攜後學傳薪火，生命世界，2014 年 1 月 15 日。
47. 胡宗剛：引用竺可楨日記研幾中國近現代植物學史小記，中華讀書報，2014 年 7 月 2 日。
48. 胡宗剛：胡先驌序柳詒徵詩集，文匯報，2017 年 1 月 9 日。
49. 胡德明、胡啟南：愛國愛鄉書生——紀念著名植物學家胡先驌先生誕辰一百週年，江西日報 1994 年 5 月 16 日星期一，第六版，科技百花園第 57 期。
50. 胡迎建：耿介學者——胡先驌，江西日報，1998 年 10 月 13 日星期二，第八版。
51. 胡迎建：論胡先驌的詩學批評，江西師範大學學報（哲學社會科學版），2009 年 8 月 25 日。
52. 胡迎建：更斫詩探天地秘——論胡先驌的詩歌成就，中國韻文學刊，2010 年 3 月 15 日。
53. 胡先驌作，胡宗剛整理：近世紀中國農業研究機構概況，習齋社區門戶網，2007 年 6 月 12 日 17 點 36 分。
54. 胡天佑、張亞群：胡先驌的高等教育理念及其當代價值，現代大學教育，2014 年 3 月 20 日。
55. 胡天佑：胡先驌高等教育思想述，論高教發展與評估，2014 年 7 月 25 日。

56. 賀偉：不該如此寂寞的胡先驌，鍾山風雨，2007 年 8 月 10 日。
57. 賀偉：「水杉之父」胡先驌，決策與信息，2009 年 12 月 1 日。
58. 何誠斌：胡適和胡先驌絕交於「不然」，文史天地，2010 年 4 月 3 日。
59. 何友良：熊式輝開辦中正大學的目的和意義，華程網，2009 年 3 月 30 日 13 點 16 分 34 秒。
60. 黄容：胡先驌政治取向研究，華中師範大學，2013 年 5 月 1 日。
61. 黄友泉、謝美華：胡先驌的教育目的觀及其啟示，教育探索，2013 年 7 月 25 日。
62. 黄鍵：胡適與「學衡派」：現代性的兩種範式，湖南科技學院學報，2010 年 11 月 1 日。
63. 黄波：文化保守主義者的命運——以胡先驌為例，書屋，2008 年 1 月 6 日。窗體底端
64. 黄輝白：關於胡先驌一文的補正，同舟共進，2000 年 7 月 20 日。
65. 黄且圓：植物學家和人文主義者胡先驌科學，文化評論，2010 年 4 月 10 日。
66. 黄秀梅：國家圖書館典藏閱覽部《學衡》雜誌創刊始末，中國社會科學報，2011 年 6 月 21 日。
67. 黄國斌：胡先驌文化保守主義溯源，赤峰學院學報（漢文哲學社會科學版），2014 年 3 月 25 日。
68. 蔣書麗：學衡派道法價值，書屋，2004 年第 11 期。
69. 姜玉平：靜生生物調查所成功的經驗與啟示，科學學研究，2005 年 6 月。
70. 姜玉平：靜生生物調查所學術建制研究，中國科技史雜誌，2005 年 12 月 30 日。
71. 姜玉平，靜生生物調查所——中國近代最有成就的生物學研究機構之一，傳記文學，2005，86（3）：100～110。
72. 江飛：胡先驌古典主義文學思想探究，江西社會科學，2010 年 11 月 25 日。
73. 金建陵、張末梅：簡論南社與科學，南京理工大學學報（社會科學版），2015 年 11 月 20 日。
74.《靜生生物調查所彙報》1948 年 1 卷 2 期。
75. 鐵靜、王希群：解密水杉發現過程中的解密，科學時報，新浪網，2007 年 7 月 6 日 10 點 53 分。

76. 江西省譜牒研究會胡先驌文史研究室主辦：江西胡姓簡報，2008 年 10 月 25 日，總期第二期。
77. 羅時敘：點擊大師的文化基因，第二卷第十六章，胡先驌，http://luoshixu.blogcn\com。
78. 羅惠縉：論早期胡先驌的「古典」守望，民族大學學報（人文社會科學版），2006 年 7 月。
79. 羅豐《夏鼐與中央研究院第一屆院士選舉》，光明網，2004 年 9 月 8 日載。
80. 李金雲、陶家柳：胡先驌的政治觀，江西財經大學學報，2006 年第 6 期。
81. 劉東方：關於胡先驌先生教育思想的研究，教育探索，2002 年 11 月 5 日。
82. 劉彬：鄱陽湖畔有個博士村，新華社，2009 年 6 月 25 日。
83. 劉學禮：一代植物學大師——紀念胡先驌誕生 100 週年，百科知識，1994 年 4 月。
84. 劉學禮：中國近代生物學領袖，植物雜誌，1999 年第 3 期。
85. 劉敏：胡先驌與 1917 年南社唐宋詩之爭考述，華中師範大學研究生學報，2017 年 3 月 15 日。
86. 劉啟振、王思明：再論胡先驌選址廬山創辦植物園的動因，中國科技史雜誌，2014 年 6 月 15 日。
87. 劉為民：文壇名家胡先驌，科學，2012 年 11 月 25 日。
88. 劉金：他們與廬山綠色共久長——胡先驌、秦仁昌、陳封懷三位先師往事追記，植物雜誌，1994 年 8 月 20 日。
89. 劉四旦：《中國植物誌》人與事，中華讀書報，2009 年 9 月 23 日
90. 羅自梅：胡先驌，江西社會科學，198 年 12 月 27 日。
91. 羅惠縉：論早期胡先驌的「古典」守望，中南民族大學學報（人文社會科學版），2006 年 7 月 20 日。
92. 柳志慎、胡啟鵬、李紅：原國立中正大學首任校長胡先驌博士的風範——緬懷永遠的老師，江西農業大學學報（社會科學版），2010 年 3 月 30 日。
93. 柳志慎、李紅：此生最大願，惟欲報國家——記土壤學家黃野蘿，江西農業大學學報（社會科學版），2011 年 12 月 30 日。
94. 李天潔：淺談胡先驌與國立中正大學生物系，黑龍江史志，2015 年 4 月 8 日。

95. 李劍亮：民國詩詞中的愛因斯坦，浙江工業大學學報（社會科學版），2016年3月25日。
96. 李德成、方卉：胡先驌政治思想芻論，江西師範大學學報（哲學社會科學版），2009年8月25日。
97. 李昂：20世紀30年代中國生物學發展方向的一場爭論及其文化根源，科學文化評論，2009年6月10日。
98. 李歡：走向白壁德：學衡派之「前史」——以梅光迪、胡先驌為例，中國現代文學研究叢刊，2016年1月15日。
99. 李德成、方卉：守望傳統回歸人文——胡先驌人文主義思想芻論，華東理工大學學報（社會科學版），2010年6月15日。
100. 李真真：中國科學院學部的籌備與建立，自然辯證法通訊，1992年04期。
101. 廖太燕：再評胡先驌——兼論現代文學批評史的重寫，海南師範大學學報（社會科學版），2015年4月30日。
102. 廖太燕：胡先驌及其曾祖信函二種，中華讀書報，2017年12月13日。
103. 林建剛：沉默·抵制·反抗——胡適思想批判運動中的「學衡派」文人，齊魯學刊，2017年11月15日。
104. 林建剛：胡先驌的思想卓見與人格風範，經濟觀察報，2014年6月23日。
105. 黎聰：略論吳宓與胡先驅肅詩學主張之異，同漢語言文學研究，2013年9月15日。
106. 馬金雙：水杉未解之謎的初探，植物雜誌，2003年第3期。
107. 馬金雙：水杉的故事，植物雜誌，2006年11月。
108. 馬金雙：水杉的未盡事宜，雲南植物研究，2006年5期。
109. 馬金雙：新書介紹：《胡先驌先生年譜長篇》，植物分類學報，2008年9月15日。
110. 馬菊霞：20世紀初國粹派與學衡派之異同比較，西安聯合大學·學報，2004年第5期。
111. 馬克平：不該被遺忘的人——評《胡先驌先生年譜長編》，全國新書目，2011年2月5日。
112. 馬運朋：胡先驌高等教育理念與實踐的現實啟示，蘭臺世界，2015年4月6日。

113. 毛江凡：凌霄有巨木、千載留蔥蘢——記已故植物學大師、著名學者胡先驌，信息日報，2001 年 7 月 16 日 A11 版。

114. 閔定慶：胡先驌佚文《蜀雅序》考釋——兼論胡先驌詞學觀念的文化守成主義傾向，華南師範大學學報（社會科學版），2011 年 8 月 25 日。

115. 歐陽侃：論胡先驌的教育思想，江西師範大學學報（哲學社會科學版）》，2000 年 03 期。

116. 逄金龍：胡先驌文教思想簡論，河北師範大學，2007 年 6 月 1 日。

117. 潘建民：新發現胡先驌致鄭曉滄書一通，檔案春秋，2005 年 9 月 10 日。

118. 潘多靈、夏成：論胡先驌對白話文運動的批評，柳州職業技術學院學報，2013 年 12 月 15 日。

119.《世界最古老的「水杉王」的故事》，新華網 2007 年 4 月 15 日 17 點 21 分。

120. 宋占業：論胡先驌的教育思想，漯河職業技術學院學報（綜合版），2005 年 4 月。

121. 宋聲泉：重估胡適「文學革命八事」與南社關係的問題，南京理工大學學報（社會科學版），2017 年 10 月 20 日。

122. 斯行健：評胡先驌與錢耐著「山東中新統植物群」，中國科學，1951 年 3 月 2 日。

123. 沈衛威：作為文化保守主義批評家的胡先驌，江西社會科學，2005 年 3 月 25 日。

124. 沈衛威：「學衡派」史實及文化立場，社會科學戰線，2006 年 5 月 25 日。

125. 沈衛威：面對「新潮流」的順勢與逆反——新文化運動中兩派勢力的較量，中山大學學報（社會科學版），2016 年 7 月 15 日。

126. 孫紹振：「五四」新詩：胡適與胡先驌，江蘇行政學院學報，2002 年第 10 期。

127. 孫啟高，胡先驌的古植物學情結，植物雜誌，2003 年 10 月 20 日。

128. 孫啟高：胡先驌與中國植物學會的成立與學術期刊的創辦，搜狐公司，2009 年 2 月。

129. 孫啟高：關於北京植物園修建水杉亭的建議（初稿），2009 年 3 月 24 日。

130. 孫啟高：關於追論胡先驌先生為中國科學院院士的建設（全文版），2009 年 5 月 30 日。

131. 孫紹振：「五四」新詩：胡適與胡先驌，江蘇行政學院學報，2002 年 3 月 25 日。
132. 孫英寶、馬履一、傅德志：胡先驌的《任公豆歌》——簡介馮澄如繪畫《任公豆圖》，武漢植物學研究，2009 年 4 月 15 日。
133. 施滸：水杉歌——記中國植物分類學奠基人胡先驌，植物雜誌，1999 年第 05 期。
134. 施滸：中國生物學界的老祖宗——胡先驌，中國科學技術專家傳略，2005 年 12 月 20 日。
135. 邵鴻、黃志繁：《哥倫比亞大學巴特圖書館所藏熊式輝檔案介紹》，《田野與文獻》第 44 期，2006 年。
136. 陶家柳：簡論胡先驌教育思想，江西師範大學學報（哲學社會科學版），1998 年 2 月。
137. 陶家柳、王燕萍：胡先驌科學思想與實踐探討，江西師範大學學報（哲學社會科學版），1999 年 5 月。
138. 陶家柳、王燕萍：走近胡先驌，江西師範大學·教學科研，2004 年 4 月 25 日。
139. 陶水平：胡先驌新古典主義文化詩學的現代性價值及歷史地位，文化與詩學，2017 年 7 月 31 日。
140. 臺灣大學前期校友通訊第 118 期，國立中正大學之十週年校慶紀念特輯，兩岸教育學術研討會論文。1999 年 10 月 31 日。
141. 萬紹芬：緬懷中國植物學之父胡先驌，創作評譚，2009 年 11 月 5 日。
142. 王希群、郭保香：鄭萬鈞授與我國第一部珍稀植物科學普及片《水杉》，中國林業教育，2011 年 1 月 15 日。
143. 王思明、劉啟振：胡先驌農業思想及其現實啟示，農林經濟管理學報，2014 年 2 月 20 日。
144. 王剛：近代知識轉型背景下的胡先驌及學衡派的文化保守主義，江西師範大學學報（哲學社會科學版），2009 年 8 月 25 日。
145. 王先霈：胡先驌的生態思想，「美學與文化生態建設」國際論壇論文集，2010 年 9 月 1 日。
146. 王雪明：在情感與理性間遊走：「學衡派」與浪漫主義詩歌的譯介，山東外語教學，2012 年 6 月 15 日。

147. 王克勇：學衡派現代性支點下的本土化尋求，內蒙古師範大學學報（哲學社會科學版），2008 年 11 月 25 日。
148. 王諮臣記錄，王令策整理：廬山暑期學術講習一日記（摘錄），1946 年 7 月至 11 月。
149. 王諮臣、胡德熙、胡德明、鍾煥懈：植物學家胡先驌博士年譜（一），海南大學學報（自然科學版），1986 年 4 月 2 日。（二）1986 年 7 月 2 日。
150. 王亞輝著《習近平向全球創新學院贈水杉，係中國高校首個在美實體校區》發稿時間：2015-09-2412：26：00 來源：中國青年網。
151. 汪國權：胡先驌與廬山，一、深情獨鍾廬山；二、理想實現廬山；三、搶翠掴綠 73.長眠廬山。江西科技報，井岡精英分三期連載，1995 年 6～7。
152. 汪國權：胡先驌骨灰在廬山植物園安葬，植物雜誌，1984 年 10 月 15 日。
153. 汪樹東：「學衡派」的反現代性文化選擇，北方論叢，2016 年 3 月 15 日。
154. 吳強：胡先驌兩次留美經歷，書屋，2016 年 12 月 6 日。
155. 溫江斌：論胡先驌的文學改良思想，江西教育學院學報，2009 年 12 月 15 日。
156. 伍木、寵燕雯、尹傳紅：科學在強權之下呻吟：李森科事件，讀者，2006 年 10 月。
157. 徐綏之：胡先驌：敢唱反調的詩人科學家，博客。
158. 謝泳：史海鉤沉：胡先驌與「學部委員」失之交臂，新浪觀察，2003 年 9 月 17 日 13 點 51 分。
159. 謝泳：陳寅恪和胡先驌在學部委員選舉中的遭遇，中外論壇，1999 年第 4 期。
160. 薛攀皋：樂天宇事件與胡先驌事件，院史資料與研究，1994 年第 1 期。
161. 薛攀皋：「雙百」方針拯救了植物學家胡先驌，炎黃春秋，2000 年 8 月 4 日。
162. 肖志兵：林紓與「學衡派」之關係考證福建工程學院學報，2016 年 4 月 25 日。
163. 蕭軼：胡先驌眼中的近代三大著作，經濟觀察報，2015 年 5 月 4 日。
164. 蕭軼著「胡先驌因何請辭國立中正大學校長」，南方都市報【微博】，2015 年 07 月 02 日。
165. 謝日新：胡先驌：南昌走出的植物學泰斗，江南都市報——人物週刊，江西傳奇，2004 年 4 月 22 日 B27 版。
166. 謝泳：胡先驌為什麼沒成為學部委員，同舟共進，2000 年 3 月 20 日。
167. 熊衛民：不應忘記胡先驌，書屋，2010 年 8 月 6 日。
168. 徐文梅：靜生生物調查所的創辦和貢獻，生物學通報，2009 年 5 月 20 日。
169. 徐文梅：我國生物學界老前輩胡先驌，生物學通報，2012 年 9 月 20 日。
170. 許懷林：胡先驌的文學改良觀與實踐，江西師範大學學報（哲學社會科學版），2009 年 8 月 25 日。
171. 薛偉平：一部跨世紀完成的科學巨著，文匯報，2016 年 11 月 7 日。
172. 葉青：胡先驌文學批評散論，老區建設，2009 年 9 月 25 日。
173. 俞德濬：胡先驌教授，植物雜誌，1984 年第 05 期。
174. 楊萌芽：京師大學堂詩人群與近代宋詩運動，殷都學刊，2010 年 12 月 15 日。
175. 楊勇：「新派中的舊派」——變動時代下的知識人——以胡先驌為例，華東師範大學，2016 年 5 月 1 日。
176. 楊小明、楊波：胡先驌——科學與人文融匯的典範，廣西民族大學學報（自然科學版），2016 年 2 月 15 日。
177. 楊波：胡先驌科學活動及科學思想探究，東華大學，2016 年 1 月 11 日。
178. 姚前：一鱗半爪話從前——《胡先驌先生年譜長編》讀後，書屋，2015 年 8 月 6 日。
179. 章詩依：一個植物學家的《甲申三百年祭》經濟觀察報，2015 年 9 月 14 日。
180. 趙黎明：一種「文化偏至」，兩種「人文教育」——青年魯迅與胡先驌教育思想之比較重慶師範大學學報（哲學社會科學版），2011 年 6 月 25 日。
181. 趙家晨：論胡先驌的詞學批評——兼評其文化民族主義傾向，九江學院學報（社會科學版），2017 年 6 月 15 日。
182. 朱壽桐：中國新人文主義文人群體的確認，福建論壇．人文社會科學版，2006 年第 1 期。
183. 周維新：胡家玉傳，江西文物，1941 年 1 卷 2 期。
184. 周云：學衡派的政治觀念與西方保守主義，廣東社會科學，2008 年 5 月 15 日。

185. 周軍：縫合中西方文化的舊體詩寫作——以《學衡》舊體詩詩人群落為視角，武陵學刊，2018 年 5 月 10 日。
186. 周佩瑤：何謂「學衡派」？魯迅研究月刊，2010 年 5 月 20 日。
187. 周紹模：植物學家胡先驌在中學植物教學上的貢獻——胡先驌誕辰一百年紀念，植物雜誌，1993 年 10 月 15 日。
188. 周紹武：胡先驌鑒定水杉綜述，貴州商專學報，1993 年 7 月 2 日。
189. 張偉：胡先驌：碰壁的獨立，讀者，2007 年 4 月。
190. 張軍、馬躍明著《始終牢記總書記的殷切囑託——浙江踐行「綠水青山就是金山銀山」綜述》，2015 年 05 月 08 日 08：46，來源：人民網——中國共產黨新聞網。
191. 周蕙秀：新人文主義在中國的首次倡導——重新評價胡先驌的文學觀，江西師範大學學報（哲學社會科學版），1995 年 01 期。
192. 周蕙秀：論胡先驌的教育觀——胡先驌逝世 35 週年祭，江西師範大學學報，2003 年 4 月 25 日。
193.《中國科學社第十八次年會紀事》，《科學》民國二十三年二月。
194. 中正大學江西校友會贛州市工作委員會《贛南校友通訊》，2004 年 6 月 10 日第 21 期。
195. 中央研究院總辦事處秘書組編印《中央研究院史初稿》。
196. 中國科學院植物研究所紀事《1949～1980》）記載。
197. 中國社會科學院近代史研究所圖書館《胡適檔案》2343-1。
198.《中央日報》1944 年 3 月 9 日，第 2 版。
199. 智效民：民國時期的科學家（之四），中國植物分類學之父胡先驌，社會科學論壇，2015 年 4 月 10 日。
200. 智效民：生物學界的「北胡南陳」，民主與科學，2014 年 8 月 20 日。
201. 智效民：胡先驌：植物學之外「遺產」，中華讀書報，2005 年 10 月 12 日。
202. 曾春紅：胡先驌詞學觀，廣東廣播電視大學學報，2008 年 6 月 20 日。
203. 曾春紅：胡先驌詩詞研究述評，廣東廣播電視大學學報，200712 月 20 日。
204. 曾祥金：本土傳統、域外支持與現實策略——胡先驌古典主義文學思想溯源及其他，華中師範大學研究生學報，2016 年 9 月 15 日。
205. 曾祥金：論胡先古典主義文學思想的表現，樂山師範學院學報，2017 年 7 月 15 日。

206. 曾祥金：淵源、表現與意義：胡先驌古典主義文學思想研究，南昌大學，2016 年 5 月 30 日。
207. 曾祥金：科學方法與科學本體——胡適與胡先驌對於科學理解的比較，唐山師範學院學報，2016 年 7 月 20 日。
208. 鄭大華：重評學衡派對五四新文化運動的批評，廣州大學學報（社會科學版），2005 年 01 期。
209. 張興文：小平南巡提到的那棵樹——紀念水杉正式命名 50 週年，民族團結，1998 年 02 期。
210. 張珍珍：胡先驌高等教育思想探究，邢臺學院學報，2016 年 12 月 1 日。
211. 張亞飛：胡先驌人文主義美學思想研究，蘇州大學，2016 年 4 月 1 日。
212. 張金林：論胡先驌的華僑教育思想，黑龍江史志，2009 年 11 月 8 日。
213. 張元卿：胡先驌的宋詩觀，中國社會科學報，2015 年 10 月 12 日。
214. 張書美：建國以來胡先驌研究論文成果計量分析，內蒙古科技與經濟，2016 年 3 月 31 日。
215. 張國功：胡先驌與《學衡》，科學家的人文編輯實踐，現代出版，2015 年 9 月 10 日。
216. 張禮永：重溫師範大學制的「孟胡之爭」——孟憲承與胡先驌關於師範大學制的論爭之探析（1925），華東師範大學學報（教育科學版），2014 年 6 月 20 日。
217. 張源：高度歸化的《學衡》譯本與白壁德「儒者」形象的生成，東方叢刊，2009 年 6 月 15 日。
218. 張偉：胡先驌：碰壁的獨立，中國青年報，2007 年 1 月 17 日。
219. 鍾軍紅：「學衡派」與新文學者詩學理念異同論——以胡先驌與胡適為代表，華南師範大學學報（社會科學版），2008 年 6 月 25 日。
220. 鍾健：學術與政治：抗戰時期國民政府與國立高校關係初探——以胡先驌執掌國立中正大學為例，江西師範大學學報（哲學社會科學版），2012 年 4 月 25 日。
221. 鄭師渠：新人文主義與胡先驌的教育思想，江西社會科學，1996 年 1 月 25 日。
222. 朱曉梅、趙黎明：「漢字革命」派語文知識的「選擇性錯誤」——以「東方文化派」對「漢字革命」論的批判為例，人文雜誌，2014 年 6 月 15 日。

補遺一

1921 年 2 月 26 日，蕭純錦致郭秉文信函。

鴻聲先生大鑒：

奉到二月三日大函，並由胡步曾先後寄來聘書，委任鄙人為貴校商科政治學、經濟學、經濟思想等課教授。鄙人於以上諸科雖曾研究有年，惟才識簡陋，終虞損越，但期教學相長，則亦未始鄙人之私幸。應聘書一件，已簽名寄由胡君轉上，此因家事未能剋期啟程，抵寧時恐略有稽遲，尚希鑒諒。詳情想可由胡君面達也。

專此，敬復

大安

弟 蕭純錦 謹上 二月二十六日〔註 1〕

1921 年 3 月 14 日，南京高等師範專科學校郭秉文校長致教育部范源廉部長信函。

為呈請事。

竊本校教員胡先驌，係江西省新建縣人，襄曾留學美國植物學專科，回國後曾任江西廬山森林局副局長暨江西實業廳農林技術員，於民國七年九月來校任職。去歲北京大學、北京高等師範、瀋陽高等師範與本校發起採集植物標本，公推為採集主任。先往浙江採集，

〔註 1〕胡宗剛著《胡先驌籌謀赴哈佛大學留學經過》，公眾號註冊名稱「近世植物學史」，2023 年 08 月 08 日。

著有成績。刻胡教員希望以官費名額續往美國研求植物學高深學科，並往哈佛大學鑒定植物標本，暨與世界著名植物學分類學家聯絡，以為將來研究中國植物之預備。並擬採集所有關於中國植物之記載與書籍，以為將來獨立研究植物學之預備。竊謂我國科學尚在幼稚時代，胡教員力求深造，將來於科學上當多貢獻。又查本校前奉令將教育、農、工、商四專修科改建東南大學，將來師資似當先事綢繆。茲聞江西省有留學生蕭純錦在美留學，業已畢業。擬請即以胡教員頂補蕭純錦留美官費原額。或即在江西省派遣留美官費額中指撥一名，俾資深造。除由胡教員逕呈江西省長公署，並由校將胡教員履歷書、志願書暨四寸照片函達江西省公署外，理合備文呈請查核備案。

謹呈 教育部總長范

校長 郭秉文 三月十四日〔註2〕

1922年12月25日，胡先驌致東南大學校長郭秉文信函。

鴻聲校長惠鑒：

弟赴美事，以種種關係改遲半年，前生物系同人及金陵大學陳煥鏞君，頗勸弟在美國時可將哈佛大學中國植物標本攝影全份，以便編一植物圖誌。估計一切除人工外，需洋四五千元。當與鄒秉文兄商酌，意欲在生物系預算中增列此費。秉文以為預算前途不可知，不如另設他法。當即草擬一規則，親自赴滬與商務書館總編輯王雲五先生面商，王君極為贊許，惟對於條件稍有商榷。據云此事成本太大，編譯所雖贊成，總務處、印刷所、發行所恐或有異議。悉知先生為商務書館副經理，總經理鮑君又為先生至戚，令弟又任發行所事。若先生主持此議，則十九可成云云。此事關係植物學前途者甚大，久在同人計劃之中。前本擬一切經費由學校擔任，今若能使商務書館擔任此事，亦即所以減輕學校擔負之道。且弟擬之條件中有一條，於學校特有利益。即弟赴美兩年期內之薪俸，本蒙允照舊支給者，今在此條件中乃列為學校為此舉特盡之義務，而求得一種

〔註2〕胡宗剛著《胡先驌籌謀赴哈佛大學留學經過》，公眾號註冊名稱「近世植物學史」，2023年08月08日。

相當之報酬。此乃使學校得意外利益之道也。下星期三商務書館職員大會，王君即將提議此事，玆將計劃條約一份寄上，即乞開會時一力主持，無任盼禱。蓋此事不成，則仍須學校擔負此種經費也。

耑此。敬頌

公安

弟 胡先驌 拜

十二月二十五日〔註 3〕

1923 年 3 月 20 日，東南大學、商務印書館、胡先驌三方簽訂協議，合作出版《中國植物圖說》具體如下：

合印《中國植物圖說》契約

南京東南大學、東南大學教授胡先驌（以下省稱著作者）與上海商務印書館（以下省稱發行者），訂立合印《中國植物圖說》條約如下：

一、胡先驌於二年內，擔任在美國哈佛大學阿諾德森林院、英國克由皇家植物園、德國柏林國立植物園、巴黎國立植物園，躬自拍攝中國植物標本圖影三千種，並以中英文字詳為說明，俾成全書。

二、所用之底片係 5×7 軟片，沖洗、複印皆由胡先驌擔任。

三、發行者擔任輔助胡先驌攝影及赴歐旅費，共計銀　千五百元。

四、東南大學擔任胡先驌兩年之薪俸，共五千二百八十元。

五、此書完成後，應永久歸發行者刊行。

六、全份影片歸著作者及發行者公有，由發行者保管，除供《中國植物圖說》之用外，並可由發行者摘取其中一部分製作幻燈片及映相，或零星用此影片編纂他書，但不得將全部影片編製一類似《中國植物圖說》之書。

七、東南大學亦得請求發行者根據此項影片代製幻燈片及映相，但不得將此幻燈片映相發售。發行者承擔此項幻燈片映相，只可收回工料，不得索取版稅。

〔註 3〕胡宗剛著《胡先驌放洋哈佛擬拍攝中國植物標本照片》，公眾號註冊名稱「近世植物學史」，2023 年 08 月 16 日。

八、發行部數與書價由發行者定之。

九、發行大小、版本、式樣、紙張由發行者與作者議定之。

東南大學

東南大學 教授 胡先驌

上海商務印書館代表人×××

中華民國十二年三月二十日訂立〔註4〕

1923年5月15日，譯《吳偉士教授治蝗談》，吳偉士講，文章在國立東南大學農科編輯，商務印書館發行的《農學雜誌》(第1卷第1期，第28～31頁）發表。摘錄如下：

江蘇省昆蟲局局長吳偉士教授，在美國加州治蝗最有成績，世人多稱道之。昔留美時，嘗聞加州某地以蝗蟲為害，農人相繼遷徙，後得吳教授授以防治方法，其害遂免，該地農人，至今歌頌不衰。吾蘇蝗害，不亞於美之加州，屢年驅除均少有根本解決方法。今得吳教授主持其事，前途希望無窮。記者特就吳教授所談，略為記述。至其在加州治蝗成績，為世界昆蟲家所稱頌者，吳教授則無一言以表白之。蓋吳教授不特為世界著名，其謙德之高，更為人欽仰不置云。胡先驌識

世界上無論何地，均有多種之蚱蜢，其集隊飛行者，普通謂之蝗蟲。蝗蟲之發生有一定之地點。如歐洲大陸，除其東南部外，絕無蝗蟲。又如美洲僅發現於洛基山脈之左右兩側。由此而推蝗蟲之產生於其他各地者，亦有一定之範圍。但中國產生蝗蝻之地，現尚未能確知。因普通之人，往往不能分別常見之蚱蜢與能飛行之蝗蟲也。查有蝗蟲之各國，其中蚱蜢之種類雖多，而蝗蟲只有一種。而加州蝗蟲最少，亦有四種。惟在一時一地，所發見者亦不過一種而已。

蚱蜢與蝗蟲之分別，惟在其習性。蝗蟲往往遺卵於荒山空地，倘天氣適宜，必滋生繁衍，結成大隊，飛往耕地，食害各種作物，至盡而止。然後應時代謝。惟其留存於荒野者，乃復繁殖蔓衍。數年之後，蟲多且盛，遂又能再圖侵食，為害於農田也。

〔註4〕胡宗剛著《胡先驌放洋哈佛擬拍攝中國植物標本照片》，公眾號註冊名稱「近世植物學史」，2023年08月16日。

加州氣候，各地殊異。而蝗蝻種類，又復眾多。每年中必有一地之天氣，適宜於某種蝗蟲之繁殖。故其地實最宜於研究防治蝗蝻之法。鄙人歷年曾躬與此事，且曾防治之。雖因各種天氣地勢之不同，亦頗有成效。故確信蝗之為患，無論何地及何等情形，皆可以防治之也。惟當大群蝗蟲，驟然飛集田間，則頗不易為力。在蝗蟲眾多之國，往往有此種困難。加州治蝗最有成傚之法，即教育人民，俾一有蝗蟲，即能將其發生詳細情況，報告處理害蟲之機關。向不注意天然觀察者，以為蝗蟲忽然而生，忽然而大，或以為其具有神秘之魔力，實則不然。在熱帶蝗蟲，每年能繁殖數次，加州及其他溫帶之地，今夏所產之蝗蟲，其子均為去夏所產。其數不能較去年所產之子少有增加也。

凡今所見之蝗蟲，其飛跳於田畝間者，均先在荒野經過其幼壯之年。其後有一集群時期。各方蝗蟲，附集一處。最後愈集愈多，以至無可容身，乃成群飛去。其方向卻無一定，惟永不歸其原處。

加州研究蝗蟲之經過，在研究其生活史，由卵化以至於成蟲之經過情形，並發明其各種特別行動，及其所以異於普通蚱蜢之理由。

苟飛蝗之團體不致過大，未始無撲滅之方。惟最良法，莫若於其未離繁殖地之前。此時設法撲滅，其事至易。因蝗蟲之麕聚，為缺乏食料。其麕聚也，匍匐而行，故甚為遲緩。當此麕聚之際，即撲滅蝗蟲最佳之時也。欲殲盡之，亦屬易事。然不殲盡，亦不妨害。要在減少其數。俾留剩者，安居足食，不思遊行他處，即不能為害矣。

今夏（民國十一年夏），南通發現蝗蟲，然其數甚少，與加州生產蝗蟲情形相比，誠不及其千分之一。加州昔年蝗害之烈，世界任何國家恐亦無以過之。南通今年實不能謂為有蝗害。

蘇省徐海金陵二道，與皖魯豫毗連。陵阜起伏，滿目荒野，最為蝗蟲繁殖之地。每年春季，本局當遣派技師往該處各地詳細查勘。遇有本年發生蝗蟲之地，則翌年春季，尤須特別調查。若遇大批蝗蟲發現，根據各地情形，規定辦法，商同地方人民撲滅之。今年查勘蝗蟲發生之時期已過，但能於秋季派員查看大概情形。俾明春早事預備，亦未始非補勞之計也。〔註5〕

〔註 5〕吳偉士講，胡先驌譯《吳偉士教授治蝗談》，《胡先驌全集》（初稿）第十三卷

1923 年 6 月 6 日，文德博士講，胡步曾先生譯，陳家祥記《歐美防治蚊蠅方法》文章在天津《益世報》發表。摘錄如下：

數十年前，人民對於蚊蠅，不過視為擾害者而已。故當夏秋蚊蠅甚多之時，僅以紗網罩窗戶以避其接近，從未有設法撲滅之者。近年以來，始知蚊蠅不但擾害人畜，並能傳播疾病，為害甚大。如蚊能傳播瘧疾、黃熱病、象腿病等。蠅能傳播痢疾、霍亂、傷寒等症，及數種危險之眼病。吾人知此等疾病均甚危險，又知均為蚊蠅所傳播，則蚊蠅為甚危險之害蟲，毫無疑問。防除蚊蠅，即所以防治上述各病也。

欲防治蚊蠅，必須先知其生活史。蚊產卵於不流動或流動甚緩之水中，不久即變孑孓，由孑孓變蛹（俗稱大頭蟲），由蛹變蚊。蠅產卵於糞穢、垃圾與腐敗物等，孵化後即白色之蛆，由蛆變蛹，由蛹變蠅。即知其生活史之大概，即可設法防治之矣。

防治蚊蠅，以阻止其發生為上策。故家中缸內無用之積水，均宜除去之。即花瓶、痰盂等，久不換水，亦能生蚊。應勸導人民各自注意。城中之陰溝與鄉下之水溝，均不可使水留積，並宜使之速流。故現時美國溝渠多用水泥築之，即為此也。且用水泥築溝渠，不但可免生蚊，且又不漏水，對於灌溉亦為有益。若池塘等必須蓄水者，則可養魚其中，以食孑孓，尤以在水面覓食之魚為佳。若池塘之面積甚小，而生孑孓甚多者，可噴洋油於水面，使成一薄層，以隔絕孑孓之呼吸，則不久即死。此皆以防蚊之發生也。若欲免其接近，則於窗戶設網以阻止其飛人可也。〔註 6〕

1923 年 6 月 7 日，文德博士講，胡步曾先生譯，陳家祥記《歐美防治蚊蠅方法》（續）文章在天津《益世報》發表。摘錄如下：

有瘧疾之人，須從速醫治之。（譯者按：中國人對於瘧疾，每有一種誤會，謂必須任其發作數次後方可醫治。此實大誤，不得不鄭重聲明之。因醫治愈早，則病勢輕而易愈也。）更與無病之人隔

從英文翻譯成中文的文章與書籍，第 62～63 頁。

〔註 6〕文德博士講，胡步曾先生譯，陳家祥記《吳偉士教授治蝗談》，《胡先驌全集》（初稿）第十三卷從英文翻譯成中文的文章與書籍，第 64 頁。

離，以免傳染，因瘧蚊僅咬無病之人，不至傳染瘧疾故也。總之，歐美防治蚊蟲方法，不外三種。即（一）不積無用之水於池塘，或者養魚，或噴洋油，以防孑孓發生。（二）窗戶設網以避其接近。（三）隔離病人，以防其傳染是也。

阻止蠅類之發生，最好將糞穢、垃圾等善為處理，使蠅不得產卵於其間。數年前美國軍營中發明一法。將馬糞曬乾，或埋入坑中，上覆以土，以隔絕蠅類。至蠅類產卵期過，乃啟而用之。又用藥治之亦可。如糞上撒以石灰，則蛆可殺，而肥料價值不減。南京去年吳偉士博士用少許之青化鈉【著者注：氰化鈉】溶液施糞缸中，亦能殺蛆，亦無損於肥料價值，其法甚佳。欲免蒼蠅之接近，亦可於窗戶設紗網以隔絕之，則蠅類自不能飛人。又患傷寒痢疾等病者，亦宜從速醫治，以防蔓延。傷寒亦可預防，以防傳染，猶種牛痘以防天花也。

關於歐美防治疾病，有下之數例。（一）意大利有一地方甚潮濕，人民多苦瘧疾，幾不能居住。後意政府知瘧疾係蚊所傳染，乃用鉅款，將水盡皆排去，蚊即不能發生。現此地居民甚樂，絕無瘧疾發生。且昔之低濕無用之地，今則變為肥沃之土矣。（二）巴拿瑪運河，初係法人所鑿。其地多蚊瘧，工人死者甚多，因是不能繼續開鑿。其後由美國承辦，美國政府於未開河之先，即請許多衛生工程師，開溝排水以除蚊。又職員工人等所住房屋，均以網罩之。更廣設醫院，以醫治病人。由是工人之死者，遠較他處為少。而運河亦因此而成。（三）南美古巴國內，黃熱病危害甚烈，死者每年以數萬計。近年知黃熱病亦由蚊所傳染，故急設法防治之，今則死者亦甚少矣。中國各地，均多蚊蠅，因此而死者亦必不少。凡歐美之所能為者，中國亦能為之。防治蚊蠅，固需經費，但所費有限，而所得之利益則無窮。故政府人民，均宜竭力為之，庶可以免除居民之大害矣。〔註7〕

1929年8月，國立北平圖書館委員會、國立北平圖書館購書委員會、國立北平圖書館等職員錄名單出版，包括職務、姓名、名字、籍貫、住址、電話

〔註7〕文德博士講，胡步曾先生譯，陳家祥記《吳偉士教授治蝗談》，《胡先驌全集》（初稿）第十三卷從英文翻譯成中文的文章與書籍，第64～65頁。

等內容。胡先驌當選國立北平圖書館購書委員會西文組委員。

國立北平圖書館委員會（職員錄）：委員長：蔣夢麟；副委員長：傅斯年；委員：周詒春、胡適、陳垣、秦德純；委員兼會計：孫洪芬；當然委員：蔡元培；當然委員兼書記：袁同禮。

國立北平圖書館購書委員會：中文組主席委員：陳垣；中文組委員：胡適、傅斯年、孟森、顧頡剛、徐鴻寶；中文組委員兼書記：趙萬里。西文組主席委員：張准；西文組委員：葉企孫、胡先驌、陳寅恪、梁思永、顧毓琇、嚴文郁、謝家聲、張印堂、姚士鼇、葉公超、袁同禮；西文組委員兼書記：顧子剛。

國立北平圖書館：館長：蔡元培副館長：袁同禮。

總務部：主任：王訪漁。文書組：組長：王祖彝；兼組員：顧華；組員：李玉鈞；助理：陳震華。會計組：組長：宋琳；助理：馬龍璧、趙炳璋。庶務組：組長：金守淦；組員：徐俊、李世昌；發電廠管理員：閻庭芝。

採訪部：主任：徐鴻賓。中文採訪部：組長：趙萬里；組員：爨汝僖、胡英、宋友英、趙靜和；助理：劉樹楷；書記：趙耆康、孫長振。西文採訪組：組長：孫述萬；組員：楊永修、李鍾履、顏澤霮、賀恩慈、劉桐鳳；臨時助理：強一恒；書記：趙廣文。官書組：組長：徐家璧；組員：胡英（兼見中文採訪組）。期刊組：組長：孫述萬（兼見西文採訪組）；組員：於炳照、馬萬里；臨時書記：朱正樞。

編目部：主任：吳光清。中文編目組：組長：吳光清（兼見前）；組員：袁湧進、張秀民、徐崇岡、賈芳、王樹偉、趙興國；助理：王芷章、索恩鋥；書記：嚴壽田、劉福者、張垂天、李廷春、李炳寅、方夢龍、劉際堯、高凌漢、鄔占鼇、李德芹；臨時書記：潘炳琦、王談恕。滿蒙藏文編目室組員：彭色丹。西文編目組：組長：何國貴；兼組長：徐家璧（見官書組）；組員：曾憲文、李永安、玉欽騫、佘靄鈺、賈賓成、王錫印、吳文海、岳梓木；書記：萬玉琛。索引組：組長：王育伊；組員：張增榮、袁仲璨、侯植忠；助理：吳藻洲；書記：玉廷燮。

閱覽部：主任：王訪漁（兼見總務部）。閱覽組：組長：顧華

（兼見文書組）；組員：金裕洲、王錆祥、丁濬（兼見参考組）、張乾惕、韓公遠、陳同文；助理：蘇春暄、張家樾；書記：德玉葆、趙炳勳、嚴文錦，陳洪凱、玉少雲；臨時書記：單書楨、鄧何。参考組：組長：莫余敏卿；組員：鄧衍林、丁濬、玉宜暉、萬斯年、許國霖；臨時助理：趙啟明；書記：李興輝。度藏組：組長：韓嵩壽；組員：楊伯長、張志仁、向仲、黄祖勳、王政；助理：馮則謙、李純敏；書記：胡漢雲。

善本部：主任：徐鴻寶（兼見採訪部）。考訂組：組長：趙萬里（兼見中文採訪組）；組員：李耀南、趙錄綽、陳恩惠、張孟平。

寫經組：組長：孫楷第、組員：朱福榮。

金石部：代理主任：謝國楨；館員：范騰瑞、梁啟雄；書記：黄仲。

輿圖部：代理主任：賀昌群館員：茅乃文、金勳；助理：趙蔭厚。

編纂室（略）。〔註 8〕

1941 年，朱自清評胡先驌《南征》長詩。

朱自清與蕭公權在抗日戰爭之前，同執教鞭於清華大學，過從甚密。抗戰軍興，朱自清流亡至雲南昆明，蕭公權則避亂於四川成都。一九四一年朱自清休假一年而來成都居住，遂得與蕭公權重聚。蕭公權《問學諫往錄》有記：「佩弦住在東門外環境清幽的報恩寺，我住在西門外的光華村。兩處相隔約二十華里，因此我們面談的時候不多，彼此覓句有得，便交郵寄出，每星期至少一次」（學林出版社，1977 年，第 150 頁），如此一來，唱酬不斷。在他們的來往函件中曾談到步曾之詩。

步曾者，胡先驌之字也，其號懺庵，著名植物學家。一九四一年四月蕭公權向朱自清抄示步曾《南征》長韻，朱自清讀後覆函云：「步曾先生作亦見氣力，但若不能割愛，且不免廊廟（引者按：廊廟即廟堂）氣。因知老杜《北征》固不易到耳（妄論勿示人）。」（《朱自清全集》第 11 卷，江蘇教育出版社，第 193 頁）由此可知朱蕭之

〔註 8〕此原稿內部印刷，由龔循謙先生提供。

間交誼深厚，故有如此率真之語。此函覆於一九四一年四月十八日，是日朱自清《日記》有記：「蕭君示我胡步曾長詩《南征》，係散文詩。給蕭君去信時批評得太嚴厲。」(《朱自清全集》第10卷，第115頁）朱自清與胡先驌雖無交往，然於其詩則早有注意，並有佳評，在此通致蕭函中也云：「胡先生近體似頗精練，弟曩者屢得讀之」。此係指胡先驌《學衡》時期的作品。

蕭公權早年出自清華留美預備學校，一九二六年畢業於康乃爾大學，回國後教授於南北各名校。著有《中國政治思想史》，其影響至今不衰。一九四九年去美，受聘於華盛頓大學，一九八一年逝世。其與胡先驌之交遊，餘不得而知，僅悉他們同籍江西，蕭公權之堂兄蕭純錦與胡先驌關係則甚切。在《問學諫往錄》中蕭公權言其添入南社，與胡先驌同列，稱胡為社會名流，顯然是敬愛有加。

《南征》記述作者自北平南下之經過，沿途所見日寇對民眾之蹂躪，面對山河破碎，民族苦難，故對抗擊日本侵略者的將士的勇敢倍加歌頌，也表達了作者對抗戰必勝的信念。胡先驌在寫作《南征》之前，本作留守北平，潛心學術，以維持靜生生物調查所於敵戰區之打算。然而為創辦雲南農林植物研究所和出席中央研究院評議會會議，曾多次前往後方，這引起日人的懷疑，被列為抗日分子，故而不得不離開北平南下昆明，親為主持雲南農林所工作，即有《南征》之作。胡先驌《自傳》有這樣的記述：「上海抗日戰爭發生後，我認為蔣介石是抗日戰爭的領袖，對他極為崇拜，故到昆明後作了一首兩千五百字的《南征》長詩，去歌頌他的抗日功勳。這首詩我寄與在重慶的羅時實（引者按：羅時實（1903～1975)，字佩秋，江西南昌人，時任國民政府軍事委員會侍從室第三處主任)，羅轉送與蔣介石。我寫這首詩的動機，一方面是我愛國熱誠的表現；一方面因為我來自淪陷區，必須有這種表示，方能使國民黨對我不存在懷疑的態度，我雖沒有做官的思想，欲想與他發生聯繫。後來我請陳果夫、請蔣介石補助雲南農林植物研究所的經費，蔣介石批軍需署每年補助兩萬元。」(手稿）這是胡先驌向新政府交代其歷史問題。不過今天看來，如此行事，本無可厚非；但如此作詩，則難求藝術完美，必然降低其詩學價值。朱自清的批評不失其鑒賞家的眼光。

一九六一年胡先驌囑錢鍾書代為編定《懺庵詩稿》，此詩被刪除。上世紀末，海峽兩岸胡先驌之中正大學之門生，編輯胡先驌文存和詩集，又被重新刊布於世，且倍加推崇，蓋不悉此詩之本事耳。〔註 9〕

1949 年 6 月 23 日，參加在靜生生物調查所召開的植物學會會議。

1949 年初北平易手，改名北京。新中國成立在即，一切當重新開始。是年夏，人民政府將在北京召開全國科學代表大會籌備會，植物學會將派何人參加？而植物學將如何發展？全國科學會議之前，6 月 23 日中國植物學會在會長張景鉞主持下，於靜生生物調查所召開一次座談會。有北京大學、清華大學、華北農學院、靜生所、北平研究所植物所等機構人員出席，即徐緯英、湯佩松、張肇騫、李繼侗、高惠民、沈其益、羅士葦、楊舟、林鎔、唐進、樂天宇、胡先驌、張景鉞、劉慎諤。據《會議記錄》所載，與會者對今後研究甚為憧憬，以為在新政府支持下，他們開闢之事業將得到發展，因此提出不少建議，藉此亦可悉其時植物學會之情形。抄錄如下：

1. 羅士葦先生報告復員本會復會情形。前年冬平津分會成立，去年承研究院院士會之便，與南京、上海各會員接洽，恢復總會。由耿以禮、裴鑒、羅宗洛、鄧叔群、鄭萬鈞、秦仁昌、方文培、殷宏章、羅士葦等九人會員負責常理，李先聞、蔣英、魏景超候補。

2. 劉慎諤先生提議參加科學會議是否由總會或分會推舉代表？

3. 沈其益先生說明代表由總會推舉。

4. 樂天宇先生說明本會更重要任務是如何組織健全及確定工作方向。

5. 胡先驌先生建議本會過去有英文與中文刊物，現在植物學各項人才頗多，對於英文刊物宜恢復，刊載專題研究。中文雜誌屬於通俗，發刊後極的社會之好評，亦宜恢復，適合社會之需要。

6. 唐進先生建議由舊理監事負責徵求新會員，以後召集大會推送代表。

〔註 9〕胡宗剛著《朱自清評胡先驌〈南征〉長詩》，公眾號註冊名稱「近世植物學史」，2022 年 08 月 21 日。

7. 湯佩松先生建議請李繼侗、張景鉞、胡先驌三先生與羅士葦先生共同負責，召集大會推送代表。

8. 李繼侗先生提議由羅士葦先生負責召集會議，討論辦法，以後通知總會理監事，得其同意以後，召集大會，推選代表。

9. 張景鉞先生提議監事與來平理事羅宗洛等及羅士葦再加入科學籌備會，在平植物學者負責共同恢復總會。

10. 李繼侗先生補充理監事函聘科學籌備會，共同負責。

11. 本會推舉胡先驌、張景鉞、李繼侗、劉慎諤為發起人，向政府申請發函。

12. 聘湯佩松、劉慎諤、樂天宇、沈其益、錢崇澍先生參加，共同負責恢復總會，張肇騫為本會臨時秘書。

13. 胡先驌先生建議政府：(1) 盡早成立經濟植物研究所，據美國農部統計，中國有二千餘種經濟植物，其他未知者，尚不計其數，如頭髮菜、高仙未等。蘇聯甚注意此事，早有此機構，用助教二千多人。中國夾竹桃科、蘿藦科、大戟科等在橡膠業甚屬重要；如絡石之乳汁，見水凝固，想有價值。蘇聯在安達斯採集耐寒馬鈴薯種，搜集中國大豆五千餘品種。(2) 標本製造所，在國民黨時代，用人不擇適當人才，終無結果，今政府可請專家主持其事，主辦切片、臘葉標本等，又掛圖亦甚重要。(3) 編著《中國植物誌》，過去我國無此，致由美人 Walker 發起中美合作，晚近東亞各國僅我國無植物誌，不過我人慾求編著詳盡之植物誌，決非一蹴可成。如目前計，先初步編著一植物誌，將來逐步改善。據個人估計，我國植物學家，可有力量整理中國植物之半數。我人可準備十年、十五年，先編英文之植物誌，同時也可編地方植物誌、樹木誌，得花廿年完成，對農林界裨益甚大。

14. 唐進先生建議中國植物誌由中國人辦，不必請外國人參加。

15. 劉慎諤先生建議編著總以中國人為主，有時請外國人協助，亦無妨。(1) 調查工作過去甚不夠，如苦豆泡水多時則無毒，書籍參考常有錯誤；故編著工作有標本即可著手，但注意調查。(2) 收集圖書統籌集中。(3) 有組織採集，分區進行。(4) 專家合作，群策群力，向同一目標邁進。(5) 分類學為基本科學，解決此問題，則裨益其他科學甚大。(6) 著教科書。(7) 創設博物館，從前李石曾先生在萬牲園擬設一博物館，但後經市府接收。(8) 植物園亦須成立等，對於民眾教育極為重要。(9) 在國外原種標本之攝影。

16. 胡先驌先生說明，早在日本舉行太平洋學會時，與翁文灝先生有此提議，後以種種困難未果。殆水杉發現，美人頗感興趣，國民黨政府曾組織水杉保管委員會，但戰事關係，亦無後果。近年來發現水杉、臺灣松，在華中造林事業上，有極大影響，故國家公園之議，實迫不及待。過去由佛寺之力保存古老之樹種，以後由國家之力量保存之。

17. 劉慎諤先生說明，如銀杏、水杉、落葉松等均係古老，適應環境之力量甚弱，故造林尚須研究。

18. 樂天宇先生建議，學會必須有推動力量，所以 (1) 確定學科範圍，研究方向極為重要，本會為民主集中制，其領導必極正確。如真菌學、育種學、栽培等均宜列入植物範圍，使本會範圍擴大為全面的，不走偏向，能取他人之所長，如此則純粹與應用發生聯繫，則貢獻較大。(2) 會址設法有，會址靠近大街。(3) 請各專家講講，交換知識，大家學習。(4) 機關聯繫問題，加強聯繫時必需的，本會宜做這種聯繫工作，推動大規模力量。(5) 給科學家一種娛樂機會，故植物學會在改良農業工作上極為重要。

19. 胡先驌先生建議，個人努力，互相觀摩。學會多做通俗工作，如廣播、暑期講學會等等。國家博物院能建立，大量採集，大量與外國交換，成為世界性博物院。

20. 本會推張景鉞先生為召集人。

中國植物學會成立於 1933 年，這份談話記錄是存留下來最早之檔案。此前之檔案，不知何故，存於南京耿以禮處，此時曾催問，擬將其歸於北京，也不知是否交來，最終不悉下落。此談話記錄還甚為珍貴，因談話背景甚為特殊，不知新政府將如何發展科學，所言皆為試探性。此對幾位發言人政治背景稍作介紹：樂天宇為早期會員，但其後往延安，在革命根據地從事植物調查，此率領在解放區成立之華北農學院進駐北京，因無房舍，而接管胡先驌所主持靜生生物調查所，擬將該所納入該學院。此時以勝利者自居，擬在中國推行米丘林、李森科之育種學，故其強調植物學研究方向，增加中國植物學內容；而其所言實屬於農學範疇。胡先驌此前政治舉張係第三條路線，現自知受到歧視；但其以科學為職業，為學界領袖，1934 年首先倡導編撰《中國植物誌》，此又重提；且其歷來重視經濟植物，此提議仿傚蘇聯，設立經濟植物研究所。劉慎諤為純粹科學家，對胡先驌提議編撰《中國植物誌》甚為贊同，同時提議成立博物院；此也為胡先驌所舉張。〔註 10〕

1952 年 8 月 13 日，胡先驌著《對於我的舊思想的檢討》。

對於我的舊思想的檢討

我出身於官僚地主的家庭，封建思想自幼便根深蒂固地生長在我的意識中。因為我自幼便接受了中國的封建的舊文化，我的思想便無法擺脫這封建文化的影響。我「立志」甚早，幼年便有「為國為民」的志向，但這個「為國為民」是站在統治階級立場的「為國為民」，不是站在人民立場的「為國為民」。由於家庭出身的關係，我的思想總是落後與進不上時代的。由於祖先做過滿清皇帝的大官，我自幼時便有為滿清皇朝服務的志向。

我在十二歲考科舉進學，更加深了這種志向，在那時連民族主義的思想都沒有。進中學後，受了《新民叢報》的影響，改良主義的思想漸漸萌芽，深惜戊戌政變的失敗，以為若戊戌變法成功，中國可能走上明治維新變成富強的國家的道路；同時受了《國粹學報》的影響，漸漸有了民族主義的思想，但這思想並不濃厚，所以對於孫中山的革命運動漠然視之，毫無關心。

宣統元年，聽見清朝的攝政王罷免了袁世凱，我還對於新皇朝寄以莫大的希望。自我進了京師大學堂預科之後，我當被學校選去送西太后的殯，在後門外跪候。我當時不但不引為恥辱，反以為光榮。後來看見朝政日非，革命運動愈演愈烈，感覺到滿清皇朝必被推翻，但個人對於孫中山的革命並未熱情參加，且以為像我這樣家庭出身的人是不應該參加的，並聽了我母親的教訓，想學中醫來維

〔註 10〕胡宗剛著《一份珍貴史料——1949 年中國植物學會談話會記錄》，公眾號註冊名稱「近世植物學史」，2023 年 09 月 05 日。

持生活，做滿清皇朝一個遺民。這種落後的腐朽的封建思想站在中國人民的立場來看，是多麼可恥。

一九一二年袁世凱篡竊了孫中山小資產階級的革命果實，我對於孫中山並未表同情，心中佩服的人是改良主義派的梁啟超。

暑假中，我考取了江西省的官費到美國留學，年底啟程。

一九一三年入加利福利亞大學，先入農藝系，後轉入植物系，抱著純技術觀點來獲得專門的知識，以外國大學的學位做敲門磚，以求得到一個鐵飯碗。

一九一六年回國後，想到北京大學來教書，所謀未成；第二年得到進步黨一個議員的介紹信回江西，任廬山森林局副局長，後來調任實業廳的技術員。這一年半的時間，很不得意，便以做宋詩來消遣，對於政治不聞不問。

我在美國的時候，對於一九一三年孫中山的革命失敗，無動於衷，對於袁世凱的稱帝雖不贊成，亦不痛恨，而我的不贊成帝制與後來對於倒袁世凱運動的勝利覺得愉快，多少這是從下意識中的遺民思想出發。那時候我對於孫中山是不瞭解，而且多少是厭惡的，正如同我在一九二七年大革命後畏懼與厭惡共產黨一樣。

一九一八年我到南京高等師範學校農業專修科當教授，從此便獲得了我所希求的鐵飯碗，便以純學術觀點去服務，絕對不問政治。我雖然痛恨軍閥，但沒有革命情緒。對於張勳的復辟，我認定了是會失敗的；但假如復辟成功了，溥儀重做了皇帝，而政治能清明，我是會接受的。由於我的封建思想的根源，我以為稱溥儀為宣統皇帝，在我心裏會舒服些，這便是我的正統觀念在作祟。我是承認了滿清皇朝為正統，便不願意承認袁世凱，或孫中山為正統；所以我雖認定了復辟會失敗的，但對於張勳多少表點同情，而稱讚他的忠義。我的反對軍閥也是因為我不能承認他們為正統的緣故。那時我以純技術觀點去服務，而不問政治，多少還是我的「大隱在朝市」的一種封建的遺民思想。

我的反對五四運動，一方面是由於我不認識這一偉大的政治運動，一方面是由於我的保衛我們中國的崇高的文化的「衛道」思想。我雖是一個科學家，但對於中國舊學有相當深的研究，所以我十分珍惜這種封建文化。我認為胡適、陳獨秀這些人竟敢創造白話文，來打倒文言文，我雖不問政治，但對這個毀滅中國民族的崇高文化的運動，是不能坐視的。胡適諸人欺侮林琴南等老先生不懂英文，我卻引經據典，以西文的矛來陷胡適的西文的盾，在當時我是自鳴得意的。我同梅光迪、吳宓辦《學衡》雜誌，在東南大學造成了一個強有力的，富於封建文化氣息的學派，在今日以革命的眼光來看是毒害了許多青年，對於革命運動是起了巨大的障礙作用的。在這一個時期，我對政治是無興趣無主張的。

我第二次從美國回來，受到了進步刊物《民族》的影響，對於政治、經濟、外交、時事都發生了興趣，使我相信了改良主義的社會主義。在此以前，我對於孫中山的三民主義都是有偏見不接受的，只幻想一種賢人政治。這時我相信了計劃經濟，於是我漸漸贊成孫中山三民主義主張，耕者有其田及節制資本，但我所信的是英國費邊式的與北歐式的社會主義，是以資產階級立場來緩和階級鬥爭的不徹底的社會主義。我所以相信這種社會主義，完全是由於我的家庭出身的影響。這是我後來勸蔣介石向「左走」思想的根源，也是我寫「經濟之改造」，在十六教授宣言上簽名的思想根源。我以為我的思想是向左的，是進步的。在去年交代歷史的時候，二次思想改造學習的初期，我還以為我的思想是左的，直至學習了斯大林與威爾斯談話那文件以後，才認識到我所主張的改良主義是右傾的，是為資產階級服務的，是反人民的。我在南昌對多數學生講演我的改良主義的社會主義，迷惑了許多青年，減低了他們的革命情緒，確實是替反動統治階級服務，是應該嚴厲批判的。

我當初對於孫中山聯俄容共的政策都是本能地厭惡的。

一九二六年中國科學社暑假中在廣州開年會，我曾赴會，看到廣州的一切設施都有新氣象，漸漸對國民黨有點好感。北伐時，看見北伐軍掃蕩軍閥的部隊如同摧枯拉朽，於是感覺到驚異，但仍然抱旁觀的態度。我對於程潛封閉東南大學一事有極大的反省，後來看見國民黨在奪得政權後，政治設施種種腐敗與紊亂，蔣介石與宋美齡結婚時鋪張浪費的行為，以及連續不斷的發生的內戰，我認為新軍閥與舊軍閥為一丘之貉。我對於蔣介石觀感的轉變起於他積極從事建設，以鞏固他的政權的時候。他在各省修建公路，修建浙贛鐵路，粵漢鐵路，改良兵工廠，創辦中央研究院等等，我對於他漸漸有點佩服了。

但我們埋頭於從事我的科學工作，不問政治。我同國民黨初次發生政治關係在一九三〇年熊式輝做江西政府主席的時候。那時熊式輝邀請蕭純錦回江西任職，蕭來徵求我的意見。我慫恿他回江西，並寫了一封長信與熊式輝，建議了些對於省政的興革。

後來熊式輝邀我到南昌，我便替他計劃創立江西省農業院，並替他介紹董時進做院長。後來又與農業院合作創辦廬山植物園。這種關係是後來熊式輝推薦我為中正大學校長的一種原因。我在過去標榜不問政治，但這次與熊式輝發生關係，便有了過問政治與往上爬的野心，不自覺的有了高抬身價，待價而沽的思想。

一九三七年的春天，我出席中央研究院評議會議。江蘇省政府的秘書長羅時實寫信給我，要我到鎮江去看陳果夫。我因為無意參加政治活動，未往鎮江，仍回北京。後來他又打來電報請我去，於是我去鎮江，陳果夫已去南京，羅時實便同我去南京，同他談過一次話，他便介紹我去見蔣介石。我對國民黨的種種錯誤作了深刻的批評，我說國民黨以三民主義相標榜，而實際上，為人民謀福利還趕不上英美等資本主義國家。我說國民黨要免除共產黨的威脅，必須要「向左走」。我當時認為，敢於批評蔣介石是我的清高大無畏的精神，其實我說這話的動機，還是為反動派政府出策，希望他能以改良主義的設施來沖淡人民革命的情緒，反於革命的事業發展是極端的有害的。我回北京後，當即發表了一篇《南遊雜感》，對於江蘇省的政治大為稱讚，對於中央政府翁文灝、蔣廷黼、張公權、吳鼎昌都很恭維，對國民黨的各種政策亦有直率的批評，而主張以合作為基本經濟政策，期望中國效法北歐各國造成一種無大資本、大工業的溫和社會主義的最高文化。

我自來即有狹隘的愛國主義，對於日本帝國主義尤為痛恨。九一八事變後，我便認識了中日的衝突不能幸免。十八路軍在上海抗戰，我是十分興奮的，而且使我有了抗戰必勝的信心。

七七事變起，京津淪陷，我仍留在北京，因為靜生生物調查所是美庚款所辦，日本人在未與美國決裂以前，還不敢干涉。那時日本人設立東亞文化協會，我的老朋友東京帝國大學的理學院院長中井猛之進由東京寫信邀我加入此會，我回信斷然拒絕了。他到北京來與我會談，我更坦然地表明了我的態度。於是日本人便認為我是抗日分子，常常對王克敏說：像燕京大學、靜生生物調查所之類抗日分子為甚麼不封閉？有一次南滿鐵會社寫信來，要買靜生生物調查所的辦公大廈，我急了，便找司徒雷登，去請美國大使館出來干涉，還請傅涇波介紹見了王克敏，誘他幫忙，使得靜生所終算無事。

一九三九年春天，中央研究院在重慶開評議會，我由天津坐船到香港，再坐飛機到重慶，我第一次見到陳立夫，也見到孔祥熙與張群，在香港見過宋子文，向他們報告了北方的情形。

後來由重慶飛到昆明，視察雲南農林植物研究所，再由海防回到香港，而北歸。日本人對我此次旅行很懷疑，曾質問過王克敏。王克敏說我去重慶是接洽經費的。

一九四〇年我在北京不能安靜了，我便再由天津到香港轉重慶而到昆明，便不擬回北京了。上海抗日戰爭發生後，我認為蔣介石是抗日戰爭的領袖，對他極為崇拜，故到昆明後作了一首兩千五百字的《南征》長詩，去歌頌他的抗日功勳。這首詩我寄與在重慶的羅時實，羅轉送與蔣介石。我寫這首詩的動機，一方面是我愛國熱誠的表現；一方面因為我來自淪陷區，必須有這種表示，方能使國民黨對我不存在懷疑的態度，我雖沒有做官的思想欲想與他發生聯繫。

後來我請陳果夫、請蔣介石補助雲南農林植物研究所的經費，蔣介石批軍需署每年補助兩萬元。那時我不瞭解抗日戰爭是共產黨領導的，而將我的熱情的詩句去歌頌一個反動派的頭子，而且想求他補助我的事業，在今日看來真是慚愧得無地自容。

一九四二年我無意中做了一件最壞的事，這事在交代歷史時，我已向組織上交代過。先是靜生所有一個練習生，名叫桂愛義，是所裏會計桂念典的侄孫。他在北京淪陷以後，他便去學日文，與日寇勾結。後來他把這事告訴我，說他是想做抗日地下工作。我當時激於愛國熱誠，很鼓勵他。他說他曾替共產黨的白司令搜集情報，後來他在日本憲兵隊做事，據說他曾營救過國共兩方面的地下工作人員，那時他並沒有加入國共兩方面的地下工作組織。一九四一年正月，他護送我的家眷到泰和，他說他要到重慶找事，我便寫了三封介紹信，介紹他去見翁文灝、陳立夫與任鴻雋，說他如何愛國，做地下工作。他去重慶一個多月，有一天有一個姓喻的（名字已忘了）來看我，他說你曾經介紹一個桂洵到重慶找工作，你能寫保證書，保證這個人靠得住嗎？我說可以，便寫了一保證書，保證他不是日本的間諜。我那時候並未問明是什麼組織要這保證書，以為這保密的事，不應該過問的。後來他回到泰和，才知道陳立夫的特務組織頭子徐恩曾不看重他，而軍統方面知道他在北京的活動，極力拉攏他。他得了我的保證，便加入了軍統。他回到泰和後，我的愛人因為在北京還有幾大箱衣裳沒有帶來，便同他回到北京。到北京以後，我愛人喘病大發，不能旅行，便在北京住了三年才再次回到內地、桂洵回到北京後的活動，我因為在泰和無法知道、勝利以後、他便到東北行營工作，後來在華北工作，我對於他的活動不其明瞭，只知道他做了長春的醫察局副局長。東北解放後，他便回到北京（一度將靜生所石驗馬大街的舊所址用東北行營的名義借作辦公之用）。後來聽靜生所繪圖員碼證如說他還奉命製造假人民幣，以圖擾亂解放區的金融。

在解放前，他勸我去臺灣，他還勸我將靜生所遷到臺灣，他在天津預備了一隻船，說可供我遷所之用：我當時也心動了，曾向劉士林商量借木箱裝圖書標本，後來因為不放心，又因為愛人病，而最重要的是接見了共產黨地下工作人員，他勸我不要走，我才決定留下。我同桂澗沒有政治關係，但有私人關係，他還向我借過錢做生意，始終沒有還我。我當初激於愛國熱誠，鼓勵一個青年人去做地下工作，後來介紹他到重慶去找事，糊裏糊塗替他寫證明書。他加入了特務組織，這使他能夠發展到做種種妨害革命的罪惡。我雖同他沒有政治關係，卻仍保存著私人關係，後來幾乎把靜生所憑者他的力量遷往臺灣。他的種種罪惡與我無關，但推動禍始，都是我寫那封介紹信所引起的。我一生中沒有做過一件比這再壞的事，我沉痛的心情向諸位同志面前低頭認罪。

這一年，熊式輝在江西泰和籌備辦一所大學。熊式輝辦這所大學的意圖是要培養他的幹部，起先他要把這所大學算作省立，陳立夫堅決不肯，才成為國立的。在這年的秋天，熊式輝推薦我做中正大學校長，我以為在戰時能在家鄉創辦一所紀念抗日戰爭的偉大領袖的大學，是件有價值與光榮的事，而且也達到了我向上爬的欲望，便答應了。

到了重慶後，我以為我既做了紀念國民黨的領袖的大學校長，便不能不加入國民黨，於是陳立夫、朱家驊二人介紹加入國民黨。我知道國民黨內陳、朱他們有小組織，我不願加入他們的小組織，所以我特請陳、朱二人介紹入黨，便是表示我不願參加他們小組的意思。

我和熊式輝在以前有過關係，但並無濃厚的友情，他雖推薦我做校長，但並不要我馬上就職。他要過代中正校長的癮，我沒有通知他，便到了江西來就職，他是很驚訝的。他把院長、系主任、總務長、教務長、校長秘書、會計員、出納員都聘任好了，教授也聘好了好多，他要我做一個有名無實的傀儡校長，我自然不高興。我算聘用了一位訓導長和農學院長，是我的朋友與學生。他想把他的勢力插進這大學來，尤其是通過文法學院馬博庵來完全控制這個大學，這是使我不甘心的。我一心一意辦大學，學生對我甚為推崇。熊式輝認為我是拉攏學生，他曾對人說他推薦我為中正大學校長是啞子吃黃連，可見得我與他關係是如何不好。

一九四二年文法學院院長馬博庵鼓動風潮，迫得訓導長朱希亮辭職。我到了暑假使馬博庵及政治系其他兩位教授也解了聘。這時熊式輝已到美國去了，他派在大學裏的親信人物大部分都離開了。

在我辦大學的三年半期間中，我不許黨團分子來到大學內活動，也因為黨是熊式輝的黨，團是蔣經國的團，我不願意受他們的控制的。我不要學生參加活動，且要他們把業務搞好。因為學校內沒有黨團的氣氛，教授與學生都誠心教學，所以成績不差，而我也得到學生的擁護。

這年夏天，日寇自浙西侵入贛東，學校有遷校的計劃，便在贛州設立了一個分校，招收一年級學生，後來一年辦得很有成績，便引起蔣經國想奪取學校的野心。日寇未退時，歷史系教授姚顯微發起戰地服務團，到前線慰問將士，途中碰到日寇，姚教授與一個學生被殺，五個學生被抓到南昌去了。《民國日報》對於遷校與姚顯微被殺兩事，都做了攻擊大學的社論，這便種下二年學生打砸日報的原由。

一九四三年春間，我被召往重慶中央訓練團受訓，引起了我很大的反感。我認為調訓大學校長，實在是侮辱大學校長；而且要寫自傳得肄業文憑，尤其是不能忍受的。我曾對人說在我這年紀再不能做天子門生了，我便沒有寫自傳得文憑。我在蔣介石召見大學校長時也說了很真切的話，與反對了蔣介石將中正醫學院與國立中正大學合併的主張。

正在中央訓練團結業以後，江西傳來消息，說中正大學學生打毀了《民國日報》與總報館，陳立夫叫我趕快回校處理。此事後來聽說蔣介石還下了手諭，要嚴懲學生。我回校後，知道了這次風潮根本是《民國日報》記者惹起的，錯不在學生。我在訓斥了學生之後，宣布不開除一個學生，但參加了此次打報館的學生要自動簽名，於是有一百七十幾個學生自動簽了名。我對於簽名的學生各予以記大過兩次的處分。大學裏有左派學生經常活動，我本可以借這個機會將他們開除幾個，但我不肯如此做。後來陳立夫來泰和視察，對於《民國日報》賠償了五萬元，而此款在大學經費裏扣除。我如此處理此事，學生對我更加愛戴。我這愛護學生的舉動，在表面上是熱誠的愛護青年，但實際上還是我的宗派主義的表現。我認為我的學生是我的群眾，我敢於抗拒蔣介石的意旨，便是我要博得學生的擁護，這是從我的個人主義和宗派主義出發的。

我在鼓勵學生埋頭用功，搞好業務，與團結學生這一方面雖是有點成績，但在學校行政方面卻是失敗的。由於我的封建官僚主義，我便盡可能的引用我的子侄親戚同學與學生。我用了久在官場裏混的一位親戚作總務長，由於我的官僚主義，我以為他很能幹，便把一切總務上的事都由他作主，全不過問。他卻不管公事，而私人經商，以至帳目紊亂，公事積壓。後來他辭了職，後任的總務長也是我的親戚，我的繼任者蕭校長到任後，他繼續任用我的總務長與會計，卻不許他們與我辦交代，直到蕭校長辭職，因為我的交代未清理也不能辦交代，他得等我的交代辦好。這是由於我的封建主義官僚主義所得到的沉痛教訓。

在我處理打報館風潮不久，蔣經國請我到贛州去，款待甚為殷勤。他說他父親本意是要把中正大學設在贛州，隱隱露出他要我將大學遷往贛州的意思。我在那時沒有察覺到他要奪取此大學，以完成他自幼稚園到大學的教育系統的動機，便淡淡地說了幾句遷校困難的話，於是他便有了逼我去職的意思。我以學生在贛州過夏令營，參加統一招生的考試，大學看試卷及發榜太慢，使他受了窘，他更恨我。他在那年冬天辦冬令營的時候，便說若胡校長去了職，中正大學便可遷來贛州了。於是乎向他父親進讒言，下手諭逼我辭職，在全體教授都打電報挽留都無效，我便在一九四四年春天辭了職。這件事陳立夫是不願意的。我後來聽見人說，陳立夫為了此事曾說過：「伺候一個人已經夠了，難道還要伺候人家的兒子嗎！」他便要他的親信貴州大學校長張廷休寫信給我，說我要往重慶路過貴陽時，請我到他那裏去談談。我因為三年多的時候，目睹國民黨的貪污腐化，而此次逼我辭職，又是如此無公道，使我十分灰心，我便回覆張廷休說：我不到重慶去。秋間我便留在本校住，時約講座。

後來日軍沿贛江北竄，大學遷往寧都，我避亂到永豐。我因為對當時對政治灰了心，便想寫一部中國改革的方案，書叫《中國之改造》，此稿在《龍鳳》月刊上繼續發表，其中《政治之改造》《教育之改造》都印成單行本，一時頗為人所傳誦。

《經濟之改造》是在《觀察》上發表的。我在《政治之改造》中主張顧及全民的利益，而不可僅顧及某一階級如士大夫階級或勞工階級的利益，這樣便主張了要顧及官僚買辦地主等剝削階級的利益。而不知剝削階級與被剝削階級利益根本上是衝突的，顧及了剝削階級的利益，就不能顧及被剝削階級的利益。我還誤談了英美資本主義國家的宣傳，則於蘇聯十月革命有嚴厲批評。

勝利後我回到南昌，便在中正大學演講我的《中國之改造》，宣傳我的改良主義的社會改革方案。在當時還是有不少青年到現場上來，聽我的演講。我在他們的腦中散佈了毒素，沖淡了青年人革命情緒，替反動派服務。若站在人民的立場來批判，這是不可恕的。但是我一直到思想改造運動初期，還對我的改良主義沾沾自喜。自深刻研究斯大林與威爾斯談話一文件以後，才認識到我的錯誤。這些時候仔細學習了列寧、恩格斯幾本偉大的著作，更加強了我這種認識。

我《教育之改造》一文中，雖有些進步思想，但也有資產階級的反動思想。我講過：「人類之智力不同，其智商之差別，不可以道里計，通常城市居民較鄉村居民之智力為高，同在城市之中，上等社會之人，其智力較無產階級亦相去甚遠，通常之社會階層，實為智力差別之自然結果。」這全是統治階級的極端反動思想。解放後在報紙上看到無數的工業和農業勞動模範驚人的成就，反使我受過洋化教育的知識分子感到萬分慚愧，同時體會到勞動人民的智力，決不在知識分子之下，而社會階層並不是智力差別的自然結果，而是環境的結果。在這次三反五反及思想改造運動，我深切認識到資產階級與知識分子的思想是如何腐朽而黑暗，而工人階級思想是如何的前進而光明，使我認識到了無產階級人格遠高於資產階級與知識分子的。我強調宗教信仰在教育中之重要性，是因為我的思想是唯心的，故未認識到宗教是統治階級用以麻痹被剝削者，使之相信命運，減少其抵抗與革命的思想的工具。我主張不干涉教會學校宣揚基督教教義，是因為我是受了洋化教育的影響，使我不能認識教會學校根本是帝國主義文化侵略的機構。我稱讚德國已實現多種優生法令，這是我站在統治階級立場的反動思想，不知道所謂優生學，便是統治階級用作藉口，以壓迫人民的假科學。我強調做嚴母良妻為女子的最高標準，還是我的封建主義歧視女子的腐朽思想。在今日看見女航空員與火車上的女司機的驚人的表現，使我體認到那種思想的錯誤。我反對增加大量的新學校與粗製濫造的教育，這是我的資產階級的思想，不知道人民對於教育與政府對於各種幹部大量的需要，故有這種不切實際的主張。三年來可見教育的驚人的進步與工農中學、業餘學校、成人教育、夜校以及各種幹部學校與訓練班的大量出現，使我知道我的教育主張是如何不切實際了。我主張雙軌制的教育與天才教育，也是由於我是站在統治階級的立場，以為勞動人民只配受職業教育，而正規的大學只有統治階級才能進的。自我主講了兩年速成訓練班，我才知道工農幹部如何渴求知識，與他們的進度是如何之速，我才體認到我的天才教育主張是如何的錯誤。

一九四六年我回到北京，恢復靜生生物調查所，以後有時到南京出席中央研究院各種會議，我對於國民黨接收大員貪污的罪行，深惡痛絕，故不肯參加政治活動。

蔣介石在宴請中央研究院評議員和院士的時候，特別找我說了幾句話，有一次要我去見他。我因厭倦政治，不肯和他親近。國民黨登記黨員時，重發黨證，我沒有登記，於是就算脫了黨，心裏頗覺得舒服。後來他們籌辦國民代表大會，陳立夫的親信李中襄勸我參加競選新建縣的國大代表，我也謝絕了。但是我卻請託吳鼎昌幫忙，為靜生所請到五億法幣作基金，得以維持到解放的時候。

在這時期，我曾在《三民主義》半月刊寫過一篇文叫做《國民黨的危機》，對於國民黨當時種種腐敗情形赤裸裸的寫了出來，但是這不是反對他們，而是愛護他們，是以「直言敢諫」的態度而求得反動政府改進。我對於共產黨始終沒有認識，也從未讀過毛主席一篇文或一本進步的書籍，總想設法團結國內有進步思想的人士組織第三種力量。胡適、張伯苓諸人組織了一個市民治健進會，我也參加了。我還勸胡適組黨，組織一走第三條路線的黨，但是他沒有組黨的勇氣。那時候便有北京大學某些教授，如崔書琴、張佛泉、朱光潛等組織了一個「獨立時論」社，寫社論批評時政，每一篇都在全國各報館同時發表，我也寫了不少的文。我們雖名為獨立，實際上是為反動政府劃策，以改良主義反對共產黨。

在我第一篇《要順潮流亦要合國情》中，我便講集權政體與共產制度最不合於中國之國情，而民主政治與民權主義，亦不易實現於中國，今日吾人必須爭取政治自由與經濟自由，但是民主政治與集權政治兩潮流中，則不得不認前者為吾人所必須迎合的制度。無論為德日意法西斯主義或蘇聯之共產主義，皆為人所揚棄者也。這表示我始終是英美的民主主義的。

《論今後我國之外交政策》，我雖擁護聯合國，期能實現聯合國世界和平，但實質上仍是反蘇聯的。故認美國扶植日本，在使日本可以抵禦共產主義之潮流，寧有一有抵抗蘇聯之能力之友邦日本，而不願有一為蘇聯所征服而共產主義之日本，然而在蘇聯指揮下之共產主義化之日本威脅中國之生存遠較美國扶植之日本為大。可見我那時敵我不分到了何種嚴重的程度。

《美國對於中國所應負之道義責任及所能援助中國之道》之中，我譴責美國以大量物質供給蘇聯，以少數物質與中國，和助蘇聯訂《雅爾達協定》，與中國簽訂所謂《中蘇友好條約》，遂令外蒙領土拱手讓人，帝俄時代之特權又復活。這篇文章把我的反動思想赤裸裸表現無遺了。

在《論檢察院革新》政治收拾人心，為建議懲治貪污，提高行政效率，調整開支，改革賦稅四條方案。明知反動派政府已得不治之症，而想把死馬當做活馬醫，開了些不能實現的方案。今日看來，實在是無聊已極。

在《今日自由愛國分子之責任》中，我響應了司徒雷登所發表的致中國人民書，希望自由愛國分子能領導民族，能組織一新政黨，在新憲法之下，積極盡其責任，以解決國家問題。認為新憲法告成，民權之基礎已立，正自由愛國分子領導民族以實現民主，為平民謀福利之時，我認為今日中國所需要者，為認清共產主義之威脅，而又不肯與腐化分子同流合污之知識階級人士組織一類似英國工黨之左翼政黨，不用陰謀或叛敵以圖推翻現在之政府，無寧協助政府以謀在政治經濟與土地政策作重要之改革。這簡直是青天白日作改良主義的迷夢。我那時候不知道在中國改良主義派是沒有社會基礎的，也不可能有社會基礎的，想建立一個類似英國工黨之左翼政黨是不可能的，想反動政府採取任何緩和社會改革的改良主義的社會政策都是不可能的，主張任何改良主義便是幫助反革命，而我一貫所寫的改良主義的文章，都是幫助反革命的。

後來王聿修寫了一篇《中國之出路》又名「社會黨政綱」，就是所謂十六教授宣言，我也簽了名。這些政綱都是改良主義的社會黨的政綱，還主張與英美等西方帝國主義國家訂立軍事同盟，這是徹頭徹尾的反共反蘇的。這篇文章在全國各報同時發表，是很能搖惑人心的。最痛心的是，後來反動政府竟將此文印為傳單，用飛機在解放區的上空散傳。這件事在事前雖沒有得到我的同意，但這企圖妨礙革命烈火，我是應該負責的。十六教授宣言簽名的動機都是畏懼革命與反革命，一方面知道反動政府已失盡人心，一定要失敗；一方面妄想走第三條路線，來挽回這個局面。自己雖沒有藉社會黨以做大臣的意思，但假如走第三條路線能夠成功，我的許多政治主張可以實現，我的科學事業也可以格外發展的。我是不願離開我的科學崗位的，所以我在當大學校長時，還兼著靜生所所長。但若是政府給我一個顧問的名義，我是會接受的。

我在那時候完全沒有認清局勢，直到北京圍城時，才知道北京一定會被解放，所以當傅作義請吃飯的時候，才勸他和平解放北京，犯不著為蔣介石犧牲。

由於我有濃厚的封建思想，使我有極嚴重的個人英雄主義與宗派主義。因為我自小聰明，後來做事又是一帆風順，所以我是自高自大的。因為過分的自高自大，所以我雖承認蔣介石為正統，我雖然歌頌他，稱他為天人，然而我還敢當面批評他、反駁他，違反他的命令，我也不屑為陳立夫或熊式輝的私人。這並不是因為我是清高的，而是由於我有自高自大的個人英雄主義，我的各項成就，使我贏得生前身後名之感。因為我有特殊的個人英雄主義，便高不見群眾，一切唯我獨尊，這就使我有濃厚的宗派主義。我所有的不是狹隘的宗派主義，而是廣袤大的宗派主義。凡不投到我的門下的，我便不肯幫助，而有意無意的打擊他，因此便不能團結所有中國的植物分類學工作者，來搞好中國植物分類的工作，而且散佈了不團結的毒素。

解放後思想漸有轉變。當決定將靜生所與北研的植物所合併的時候，文教會派人來瞭解我是否一定要當所長，我表示只要有研究的機會，不要當所長。後來錢先生來當所長，我尤其高興，因為他同我是有宗派關係的。

當我已經懂得要擔任編著《中國植物誌》的重大任務，非集體工作不可，故我很願團結全國的植物分類學工作者共同完成此項任務。我到科學院工作以後，由於我的自高自大的思想，使我又發生功臣思想。我以為我將我創辦經營二十多年的靜生所與廬山、昆明兩個工作站，不保留的送與科學院，我是有功的。我常說我的陪嫁好，我總覺得我應該受優待。我全沒有想到，我辦的幾個機關的經費，全是人民的血汗換來的。而我所領導的科學研究工作究竟對於人民的利益有什麼貢獻，仔細檢討起來，真是令我十分慚愧。

因為我自高自大，我崇美的思想是很少的，我瞧不起美國的拜金主義，瞧不起美國庸俗文化和腐爛生活，痛恨他們的種族歧視。然而因為我是在美國受教育的，確有親美的思想。

我在哈佛大學得了博士學位之後，阿諾德森林植物園的園長佘堅特博士便向我表示，他願意捐款與我，在中國創辦植物園。他是美國的百萬富翁，他如肯捐款，為數一定不少，但不久他就死了，這事沒有實現。

我辦了靜生生物調查所二十餘年，其經費出於美國退回庚款所辦的中華教育文化基金董事會，所以我辦的事業是替美國的文化侵略政策服務的。

而我在主持靜生所二十餘年中，一直是與阿諾德森林植物園有密切聯繫的。我經常接受他們的補助金，採了標本便送他們一份，他們花不了多少錢，便得到十分珍貴的標本。

我們發現了水杉的種子，分送全世界一百七十九個農林植物研究機關，大大的出了風頭，這真是死心塌地的為帝國主義服務。

靜生所發刊的《彙報》與各種專門刊物，都是用英文刊布的，自己說是要爭取在國際學術界上建立靜生所的威信，實際還是以博得外國人的稱讚，而全沒有想到是為誰服務。這全是殖民地與半殖民地的買辦階級的奴才思想。在今日檢討起來，真覺得汗流浹背，無地自容。我辦靜生生物調查所二十多年，只領導了周漢藩寫了二本《河北習見樹木圖說》是對人民有用的，在今日想起來，是多麼可羞。

我過去對於共產黨毫無認識，從沒有讀過毛主席一篇著作，所聽見的盡是反動政府的反宣傳，所以我在北京將要解放的時候，還想去臺灣。後來有人介紹共產黨地下工作人員與我見面，送了我一些文件，我讀了毛主席的《新民主主義論》，我才開始瞭解共產黨的政策。但在解放之初，我對於共產黨，對於人民政府還是抱一種周總理所謂「觀察」的態度。現在卻是事實擺在眼前，使我不得不五體投地的佩服。物價終於穩定了。政府建立了最健全的財經制度，解放軍無比的英勇鬥爭，終於把整個中國大陸解放了，解放軍在新疆、西藏進軍屯墾開發的英雄事蹟，證明中國的軍隊在共產黨領導之下，是世界上最優秀的軍隊。兩年多以來，全國工業的恢復，治淮與荊江分洪及其他水利建設的成績，成渝鐵路的修築，皆以證明中國如何不必依賴馬歇爾計劃與第四點計劃，而能自力更生。教育之以革命方式而突飛猛進，盡善盡美的少數民族政策的執行，這都是超人的成就。

在土地改革，鎮壓反革命與抗美援朝三大運動開始時，我雖不無彷徨之感，但不久即體識到土地改革乃推翻封建制度，建立民權的必要革命手段。土豪惡霸不能徹底消除，幾千年來的剝削制度不能推翻，新秩序不能建立。雖我有少數親友被捲入這革命浪潮中，也是愛莫能助，而不能影響到我對於這一革命運動的擁護。鎮壓反革命是澄清社會的必要的工作，其有裨益於新秩序之建立，自不待言。

在抗美援朝運動發動之初，平心論之，我是看不清社會的。吳征鎰先生要我向《人民日報》發表意見，我沒有敢答應，我說我看不清，卻是過了抗美援朝戰爭一週年，敵我雙方始終膠著在三八線左右，而中朝軍越戰越強，這不能不說是奇蹟，這也證明共產黨所領導的中國志願軍已經發揮了中國軍人最高的美德與能力。

三反運動與思改運動，證明共產黨不但要創造新的生產機關，還要創造新的社會與新人。這些一個緊接一個的運動，對於我這並非不問政治的人，不能不有所感動。一方面使我十分興奮，一方面使我彷徨。自經過了這長期的學習，使我認識了我的本質，因為我的家庭環境，封建主義成為我的思想主流，改良主義、個人英雄主義皆由我的封建主義衍生而來。我認識了我的錯誤，我否定了我的過去，因而也引起了我的彷徨。我因為過去犯了許多錯誤，到了現在便事事小心，本來不會明哲保身的也要學明哲保身，不敢妄作主張了。而且過去居於領導地位多年，今日即退居於被領導的地位，也得避嫌，不便多所陳說。加以近年來多病，尤其使我陷於某一程度的消極，自認為是過去的人物，並且有退休的思想，只想從事著作，以為我在業務上的貢獻。

可是在另一方面，我覺得過去許多我的政治改革的主張，從前想依靠統治階級而不能實現的，在革命成功，人民取得政權後，以革命的精神，人民的力量，這些政治改革不僅已經實現，而且遠遠超過我的期望。在這次思改運動中，我不但研究了頒發的文件，還看了些重要書籍。我不是不問政治的，我對政治肯虛心學習，自問也還容易瞭解與接受新的學說。雖然我的封建思想有五十多年根深蒂固的基礎，我的個人英雄主義如此的特出，我的改良主義與親美思想有二十多年的歷史，要在短期內將這些腐朽思想完全除盡，不是容易的事。然而因為我對於過去並無留念，我自來即有深厚的愛國主義與為人民服務的熱心，現在既已建立了正確的為誰服務的觀念，我雖年老，還能接受新的學術思想，在業務上配合政府的號召，為生產文化建設而服務。我願努力不斷的提高我的政治思想水平，仔細研究馬克思主義與毛澤東思想，不斷的培育新我，以與舊我鬥爭，克服我的消極思想，一心一意盡可能的做一個為人民服務的科學家。〔註 11〕

1952 年 8 月 18 日，胡先驌著《對於我的舊思想的再檢討》。

對於我的舊思想的再檢討

我上次檢討是不夠深入的，儘管說了許多事實，並沒有認識清楚我自己的思想根源。經過幾日的思考，並同志們的幫助，總算對於我的主導思想有了認識，一切其他的思想都是由此主導思想發展而來。今日再在諸位同志面前徹底檢討一次，如果還沒有把根源挖出，請諸位幫我挖。

我因為出身於大官僚家庭，自小便有做官的封建思想，雖立志為國為民，是站在統治階級的為國為民，也就是說與人民是根本對

〔註 11〕此文是胡先驌於 1952 年 8 月 13 日在中國科學院植物分類研究所「思想改造運動」檢討會上做的書面檢討。原文存於中國科學院植物研究所所藏胡先驌檔案。《胡先驌全集》（初稿）第十五卷人文科學文章，第 629～640 頁。

立的。我自小便承認滿清王朝是正統，這個封建思想一直根深蒂固的盤踞在我的腦子裏，所以一直是反對革命的，連孫中山的資產階級革命，在最初的時候，我都是厭惡的。

後來學了科學，便抱著純技術觀點而服務。這時雖沒有政治活動，但腦子裏還充滿了封建思想，而表現在反對白話文與辦《學衡》雜誌，與當時《新青年》《新潮》派的進步思想是對立的。三十年來，直至最近，自己對於這段活動，還是自鳴得意。實際上是為封建文化作護法，在青年們的思想中，起了反革命的作用。據我自己所知道，遺毒在今日還存在，這是首先要檢討的。

我第二次自美國回來，吸收費邊式的社會主義，有了一套政治思想，這便加強了我的封建思想，可以說是如虎添翼，使我更不能接受進步的思想。我過去是不問政治的，現在便有過問政治的意思了。但是我有很好的科學事業，而素來又是自高自大的，統治者若不下問，我是不肯湊上去的。這時我有為做王者師的抱負，以為統治者肯三顧茅廬，我是可以為之劃策的。翁文灝、蔣廷黻等加入政府，使我心裏有點小小波動，以為統治者或者將有下問的可能。

那時便可把我的政治主張陳說出來，而希望見於實施，我也可以因而得到高的名位了。果然熊式輝便請籌劃設立江西省立農業院，幾經波折，農業院算是成立了。熊式輝本來要我擔任院長，我因鑒於地方情形的複雜，又不肯丟掉靜生所的事業，我便介紹董時進去做院長，我只做了一個理事。這也是我想做王者師的手段，我替統治者劃策，卻不肯負正式的責任，既參加了政治，又保全了我的清高，以科學上的成就，做政治上的本錢，以政治上的關係，來便利我的科學事業的發展，這便是我特殊的向上爬的手段。

果然因此關係，我便與江西省農業院合辦了廬山植物園，後來我創辦雲南農林植物研究所也是用同樣的手法，這樣我的名譽便越來越高了。這實在是一種科學政客的投機取巧的方法，以便在適當的時間一躍而取得高位，這完全是由於我的往上爬的觀念出發，並沒有絲毫為人民服務的思想。

陳果夫託人徵詢了我對設立文化部的意見，便想與我談話。當我在南京出席中央研究院評議會的時候，江蘇省政府秘書長羅時實寫信邀我去鎮江，去見陳果夫，我不去而回北京。他來電相邀，我才去鎮江。由鎮江我同羅時實到南京，陳果夫親自到旅館裏同我談話，我很高興，以為他能來旅館裏來看我，我又顯得清高了。後來他引我見了蔣介石，我批評了他許多過失，勸他向左走，這也還是我的王者師的思想在作祟。我有我穩固地盤，不求急進，我對他直言敢諫的態度，替他劃策，使他對我發生了欽敬之心。我這時無求於他，但是我曉得在適當的時期，我是可得到他的幫助。我與蔣介石這次談話的動機有兩點：第一，因為我一貫是反蘇反共的，但是看見國民黨政治的腐敗，認為若政治不革新，國民黨必定會失敗，故希望他能藉革新政治來鞏固他的政權；第二，我對他敢於如此直接進言，表示我無求於他，因而在他的心目中，提高了我的身份，這是我以退為進的一種策略。並不是有為人民服務的思想。

我在昆明寫《南征》那首長詩，歌頌蔣介石，那是我公開擁護他的一種表示。我自在南京與他談話之後，心裏已經很崇拜他。在抗戰發生以後，我對他的崇拜更到了狂熱的程度。這次抗戰是鴉片戰爭以後第一次全國性的大規模戰爭，而且是對一個極為強大的帝國主義作戰。以一個積弱落後的國家，居然能與日本抗戰兩年多，同時還一面抗戰，一面建國，這使我心悅誠服的承認他為英明的領袖。我這首長詩便表明了我的態度，若不是他抗戰，我是決不會歌頌他的。但是，我還是無求於他的，我若有做官的思想，我在重慶是很容易達到我的目的的。我還是保持我的清高身份，決不求人，因為我還有我的事業。

我創辦雲南農林植物研究所便是我預料到中日必定要作戰，才及早營謀的一個退步。

但是為往上爬的目的便因我的獻詩而達到了，熊式輝推薦我做中正大學校長，正是一個最適合的機會。那時候陳立夫本來是想任命吳副院長去做校長的，而我卻是蔣介石所特別賞識的人。我對於做官沒有興趣，此次卻做了第一任紀念國民黨領袖的大學校長，我是引以為榮的，所以我便毫無遲疑地接受了這個任務。

我向來不肯入黨的，這回也便毫不遲疑的加入國民黨，準備實心實意替反動派頭子服務。我以我在學術界的地位，執行了蔣介石的文武合一、術德兼修的反動教育政策，十分重視軍訓。

在第二年校慶的那日，熊式輝檢閱學生的兵操，十分滿意，認為在軍事學校成績也不過如此。我熱愛學生，我以我廣博的知識炫耀於學生之前，博得學生的信仰，因而引得學生走入歧途，使許多可愛的青年，做了反動政權的思想俘虜。

我又迎合熊式輝政教合一的主張，敦促文法學院的學生研究實際的地方政治，以備為新縣政實施時的幹部，因此吸收了一批優秀的學生入政治、經濟與社會教育三系，這些畢業生在江西省政府與縣政府服務的很多。有的在東北行營服務，有一個學生在廈門大學工學院修業兩年完畢，再轉入中正大學政治系一年級肄業，畢業後便在熊式輝部下服務。有一個學生竟做到行政專署的專員，在江西解放時作了俘虜。這些有為的青年，因為我領導錯誤，不但未能參加革命，反而為反動政府服務，為害人民，仔細想來，我是應該認罪的。

我雖然被蔣經國逼迫辭職，雖然不滿意於蔣介石黑暗的統治，但始終不肯站到人民這邊來，與這反動的政權作鬥爭。我雖然不肯到重慶去，然對於重慶方面傳來說反動政府要我去做美國訪問團副團長，或做中央大學的校長等消息，我還是關心的。但我還是要維持我的清高的學者身份，要我到重慶去鑽營，我是不去的。如果政府自動與我以一個高的位置，我是肯考慮的。

我在永豐寫我的《中國之改造》，一方面是炫耀我的博學，一方面也是替反動政府劃策。過去是零星的發表文章，這時是寫一本有系統的著作，我發表我的政見，以求獲得反動政府的採納。那時我一直沒有忘記為反動政府效力，反動政府也沒有忘記我。有消息傳來要我出山，我是期待著的。我從未想到投入人民的懷抱裏來，因為我是一貫反蘇反共反人民的。

在這幾年中，我對蘇聯的看法有過幾種轉變。

在抗戰初年，英美兩國對於中國沒有物資的援助，蘇聯卻以大量的軍火與物資援助中國，並派空軍協助中國作戰，這時候我對蘇聯是抱著熱烈的感激心情的。後來因為國共兩方摩擦的厲害，蘇聯對於反動政府便取了不友好的態度。我聽了反動政府的宣傳，說宋子文到了莫斯科，斯大林要中國割讓新疆、蒙古與東北，我便認為蘇聯仍然要執行帝國主義的侵害政策。但是在美蘇合作的情形下，我認為由於聯合國的機構，世界和平可以保，我認為中國的外交政策，一方面固應親美，一方面也應親俄。

我在《政治之改造》文中，論外交政策說，中蘇兩國之交誼必須與美國、與加拿大兩國等，方為亞洲與全世界之福。我說蘇聯在十月革命成功以來，其對於我之外交即一反過去帝國主義之所為，而抗戰以還，有助於我者亦良厚，故我國必須以極親睦之友誼，以建立永久之邦交。但東北解放以後，蘇聯延不撤兵，而又將工業設備搶走，又要恢復帝俄時代的權利。我又認蘇聯的行為為侵略行為，沒有認識這一切都是為中國解放有益的策略。我對蘇聯的看法是：若蘇聯幫助反動政權，我便擁護他；否則，我便反對他。我的反蘇思想是由於我的反共的思想，歸根結底是反人民的。

我在勝利後到解放前，這幾年思想有很多的變化。最初是戰事結束了，抗戰勝利了，中國代替了日本，成為五強之一，已經是東亞第一個強國了，將來利用外貿來工業化，不久便變為一個有近代工業與愛好和平的國家。在聯合國保衛世界和平與人類福利的目標下，與世界各民族共同邁進，以達到大同之治。然而不久，我的不切現實的迷夢是無情被打破了。首先是反動政府派來上海、北京等淪陷區接受時貪污黑暗的行為給我當頭一棒。同時宋子文宣布法幣與偽幣的比例為一比二百，掠奪了收復區人民巨量的財產，這把我對反動政府的信念減了一半。及至馬歇爾來調處國共兩方，希望成立政協，我又感興奮，我極盼政協能夠成立，國共可以合作，共謀國是。後來馬歇爾在八上廬山之後，絕望而去，內戰開始，我是異常失望的。我那時所聽到的消息是蔣介石是贊成成立政協的，而二陳與戴季陶等頑固分子堅持反對政協。我意味到他們反對政協是懼怕共產黨的組織能力與艱苦樸素作風，他們怕共產黨參加政府之後，以共產黨做事的刻苦與國民黨的腐敗相對照，不久人心便要歸到共產黨去。共產黨既有大量嚴密組織的黨員，一經公開活動，勢力必將迅速發展，使國民黨無法與之競爭，所以國民黨反動派的核心人物，無論如何不肯與共產黨成立政協。但是同時，我認為共產黨也沒有真正成立政協的誠意。共產黨的要求是一個統一的國家所不能忍受的。國民黨反動派發動內戰，是不得已的，所以我不反對所謂戡亂。仔細分析我的思想根源，還是站在反動統治階級的立場，怕革命因而反革命。雖然認識了國民黨的腐敗，但仍怕共產黨奪得政權。政協能成立固然是好事，政協不能成立，反對派政府既然發動內戰，要求戡亂這也是不得已，希望戡亂之後，再來作種種政治上的改革。但是我對國民黨反動派已經是失望了，所以不再想參加政治。蔣介石屢次想拉攏我，我都避開。

我到南京，有一次二陳曾請我與胡適之吃飯，他們的黨徒我認識的不少，他們要我參加國大的選舉，我拒絕了。國民黨重新登記黨員，我也沒有登記。

我那時是希望有一種第三種力量，能獲得政權來澄清政治。我勸胡適之組黨，便由於這種思想，在那時似乎有這種可能性，因為國內對於國民黨反動派不滿，而又怕共產黨革命成功的人都希望有進步思想的人士組織第三種力量，來獲得政權。美國人也是如此希望的，胡適之便是美國所寄以希望的一個人物。蔣介石要擁護胡適之做總統，後來還是他的黨徒恐怕萬一選出來不是胡適之，則結果更壞，蔣介石才自己競選的。我願意胡適之當選總統，我並不是佩服胡適之。我認為他太保守了，而且我也知道胡適之雖當總統仍是一個傀儡。但是他是一個名流，他當選總統，可以一新社會的耳目，一些進步人士可以獲得一部分政權，政治實施總可會有些進步。這實在是糊塗思想，那時我一方面不知道人民的政權已經如此的壯大，革命的洪流是不能抵擋的；另一方面也不知道反動政權是垂死也要掙扎的，絕不肯讓位於中間路線的政客的。我最大錯誤，尤其是沒有認識到中間路線是沒有社會基礎的，想走中間路線便是幫助反動派，便是反革命、反人民。

我寫獨立時論社那些文章是因為我們發表政論的方法在中國是新穎的，而有很大的力量的。一篇文章在國內各省幾十家報館同時發表，是可以獲得廣大的讀者群眾的。我認為這真是我發表政論最有效的方法，由此或可團結我所謂的進步力量，而組織一中間路線的黨。我那些文章是起了很多的反革命的作用的。

我聽說某大學國文教授勸學生讀這些文章，我寫了《要順潮流，亦要合乎國情》那篇文章也包括在內。有一次一個南開大學的學生特地來看我，表示他贊成我的政治主張，可見我所寫的文章，如何毒害了青年人的思想。我在那個時期，雖然對於國民黨及反動派認為不可救藥，但十分懼怕共產黨革命成功，所以我希望中間路線的人能獲得政權。我知道美國那時對於國民黨不滿意，希望所謂自由愛國的分子能團結起來組織一個中間路線的黨來挽回危局。

我知道這是美國的主張，我以為有美國的支持，這組織中間路線的黨是可以成功的，所以我寫了《今日自由愛國分子之責任》一文，以響應司徒雷登所發表的《致中國人民書》。我是一貫親美反蘇的，我在認識國民黨反動派一定要垮臺的時候，還是那樣的積極的寫文章，我還是想憑藉美國的支持來組織一個中間路線的黨，來攫取政權，我的許多政治主張便可以實現，我的政治地位也會提高。我不願負實際上的政治責任，我常希望我以學者名流的資格，一方面保持我的科學崗位，一方面以委員或顧問的名義，甚或不要名義參加政府，以便隨時發表我的政見，以左右政局。我對於拉斯基在英國工黨中的地位是羨慕的，這全是我個人自私自利的思想。但是假如中間路線的人士不能獲得政權，我寧可依賴反動政府，而不願翻身，這便是我的反革命、反人民的真面目。我當初以為我的思想是進步的，實際上經過仔細的分析，才知道我的思想與我所發表的文章妨害革命的成功，比赤裸裸的反動思想還要利害，這是我要嚴格批判而低頭認罪的。

我在上次檢討時，我說我沒有崇美的思想，而有親美的思想，實際上親美思想還是以崇美思想出發的。我雖對美國有種種的不滿，但我是喜歡所謂的美國生活方式的。我對美國的工業成就是崇拜的，我尤其崇拜他的物力，所以我主張親美，希望藉美國的幫助來建設現代化的中國。我沒有體認到美國這樣一個帝國主義的國家，不會誠心誠意幫助中國來建設工業的。我們若利用美國的資本，便會斷送我們的經濟命脈，把中國變成美國的殖民地。我現在要承認這不但不是愛國的思想，簡直是美國的思想。

我在解放以後，我的思想沒有改變，我還站在與人民對立的立場，並沒有誠心誠意為人民服務的決心。我以為我把我手創的事業無保留的送與人民政府，我表示了我的進步思想，但是我還沒有積極的表示爭取為人民服務。一方面我有避嫌的思想，一方面仍有我的反動思想，以為我現在既不被重視，我便以做客的態度，苟且偷安，而不肯站在人民的立場，以主人翁的態度，爭取主動為人民服務。我在反動政權的時候，自己雖遭到挫折，但是一篇篇的文章不斷發表，恨鐵不成鋼的替反動政權劃策；而在解放以後，人民政府如此重視科學，我倒一直保守沉默。這一對比，顯然顯示我還是有反動的思想。這種思想若不徹底清除，是不能好好地為人民服務的。

但是三年來，我對與共產黨與人民政府是逐漸有了深刻的認識，在這八個月思改運動中，我的思想也提高了許多。我認為共產黨的偉大，便是站在人民立場，發揮人民的力量，以積極為人民服務，所以才能有一系列的驚人成就，這是在中國幾十年的歷史上所未有的。照這個方向做去，若經過了十年建設，一定可以走向共產主義的道路。而國家的富強，也是無可比擬的。我在徹底批判了我的反動思想以後，我決意要虛心學習，積極研究馬列主義與毛澤東思想，以不斷提高我的政治思想，一面要繼續不斷吸取蘇聯的先進科學思想，理論聯繫實際，誠心誠意積極為人民服務。〔註 12〕

1952 年 9 月 4 日，胡先驌著《對於我的舊思想的第三次檢討》。

對於我的舊思想的第三次檢討

我上兩次的檢討很不深刻，對於我的思想根源還有認識不清的地方，自己還有避重就輕，為自己辯護的意思，還沒有站在人民的立場，將自己的反動思想徹底批判。經過上次諸位同志深刻的批判與熱情的幫助，又經過幾位同志在會外的幫助，同自己多天來的思考，對於自己黑暗腐朽思想有了進一步的認識，今日再在諸位同志面前徹底檢討一次。因為限於思想水平，可能還有不徹底不深刻的地方，還請諸位同志與我以熱情的幫助，使我能徹底覺悟，回到人民的隊伍中來。

〔註 12〕此文是胡先驌於 1952 年 8 月 18 日做的第二次書面檢討。原文存於中國科學院植物研究所所藏胡先驌檔案。《胡先驌全集》（初稿）第十五卷人文科學文章，第 641～646 頁。

我經過多方的考慮，以為我的思想可分為四個階段。

第一個階段是在未做中正大學校長以前。我因為出身於官僚地主家庭，封建主義成為我的基本思想，無論如何發展，這是萬變不離其宗的。我幼時便有為滿清皇朝盡忠的心。在庚子年慈禧幽禁光緒，立大阿哥的時候，我母親告我這個消息，我曾大哭一次，以為我年紀太小，不能為太子盡忠。這種思想真是荒謬絕倫，不容易找到的。

我自幼即崇拜屠殺人民的劊子手曾國藩與左宗棠，認為是中興滿清皇朝的大英雄，當然認為太平天國革命是造反。我很久厭惡孫中山的資產階級革命，便是認為孫中山與興中會還是洪楊的餘黨。我因而崇拜康梁，第一，他們是開明的士大夫，而且他們主張保皇，而不是主張革命的。

民國五年倒袁運動，我認為是蔡鍔與梁啟超的功勞，國民黨是掠人之美。我對於宣統復辟，雖預料到一定會失敗，但對於張勳、康有為諸人多少是表同情的。我的老師沈乙庵在那時做了學部尚書，他死後，我曾作詩弔他，有句云：「愛國同忠君，國俗古如此。共和假名義，坐見綱紀弛。十載疊膠擾，禹域遍虎兕。豈徒耆舊哀，志士亦切齒。清季政日乖，外患促顛圮。袁氏起竊國，操莽未足擬。陰奸獎奔競，廉隅等敝屣。美新有黨人，奇例開往史。亦有舊顯達，黃冠逐朝市。不夷復不惠，真苦不遄死。強藩肆恣睢，策士極詐詭。高論雖激昂，齊民若充耳。六朝與五季，禍亂行未已。寧止易代哀，恐有滅國恥。所以七十翁，海濱復蹶起。觥觥維新魁（公首與康有為創立強學會），乃與殷頑比。奉新果何物，亦知無幸理。鹿死不擇蔭，臣心如此爾。吾哀吾師遇，狂言探微旨。身雖共和民，愛國有同軌。孤忠在天壤，敢效薄俗毀。同茲漆室憂，痛淚寄哀誄。」我的封建思想嚴重到使我完全喪失了民族氣節，更談不到為人民著想了，像我這樣有濃厚封建思想的科學家的確是少見的。

諸位同志說我有法西斯思想，我先不承認，但是經過了仔細檢查，我才認識我有嚴重的法西斯思想。我強調人類智慧的不平等，主張對少數天才施以極高的教育，使之為統治階級服務。我本有法西斯思想的根源，而又受到孟德爾、摩爾根遺傳學和加爾得優生學的影響，以為我的思想找到了科學的支持，同時英國一個動物科學家加雷爾也給我很大的影響。

加雷爾是研究生理學的，在他的《未了知之人類》書中，強調歐美現代民主政治的缺點，主張由國家選數十個極優秀的天才青年，研究各種科學二十五年，使其學問淵博，見識卓越，用這些人做政府的智囊團，一切政治、經濟、文化的興革，都由這些人擬定方案，由政府執行，結果必比現在的代議制為好。我服膺這種學說，而且還把這種思想發揮在我的政論中。這種只看見少數統治階級的智慧，極端輕視群眾的思想，不是法西斯思想是什麼？我拿這種思想毒害青年，作為反動統治階級理論上的支柱，其遺毒之大，實難計算。

我對婦女問題的看法，也充分暴露了我的法西斯思想。我以我的生物學的知識作憑藉，強調男女分工。婦女最大貢獻還是做良妻賢母，因此便忘記了這個婦女代表中國一半的人口，他們在數千年來封建統治下，受盡了種種的壓迫。在解放後的中國，婦女是迫切要求翻身的，今日當務之急便是盡速求將中國半數的人口在封建禮教下解放出來，以從事生產建設與文化建設。解放後的婦女在生產事業上發揮了偉大的力量，正證明了我輕視婦女是如何錯誤。往昔婦女在事業上的成就不如男子原因，便在婦女在舊社會裏受著雙重壓迫，沒有機會發揮他們的智慧。我過去對婦女的看法完全是替法西斯主義做宣傳，這是應該批判的。

我自從相信了費邊式的社會主義以後，我自己以為我有了一套進步的政治思想，這實在是錯誤。因為我有濃厚的封建思想與法西斯思想，便是費邊式的社會主義思想在我的思想體系中也不是生了根的。我出身於沒落的官僚地主家庭，對勞動人民的生活沒有實踐的體驗，所以對勞動人民的思想與感情也不能有深切的體驗。我不過把費邊式的社會主義當作一種口號作為我幹說權要的一種策劃，以為我做帝王師的一種工具，一面來披著改良主義的外衣來欺騙青年、欺騙群眾。

我的改良主義是預備為反動政府劃策，以期消滅革命的，所以當蔣介石第一次與我會見時，我便勸他向左走，以便消滅共產黨的威脅。這種獻策的動機完全是因為我一貫是站在反動統治階級的立場，我的利益是與反動統治階級的利益符合的。我懼怕革命損害及我的利益，所以替反動政府劃策，完全不是從人民的利益出發的，而口口聲聲說是為國為民，的確是自欺欺人，這不是動機不純，而是妨害革命的，這是應該嚴刻批判的。

我第二個思想階段是在中正大學校長這個時期。

在這時期，我已由思想言論而實際行動了。我做了紀念反動頭子的大學校長，替他執行了法西斯思想的教育政策，使許多青年走入歧途。我出賣了我的學者身份，替竊國大盜幫兇。我對於革命事業的毒害，實在是難以估計的。正因為我在表面上是愛護青年，因而博得青年學生的信任。一方面隨時隨地發表反蘇反共的言論，使青年受到潛移默化的毒害，而不自知。

記得在香港淪陷時，孔二小姐飛機運狗事件，引起了浙江大學的學生的憤怒與抗議。消息傳來中正大學，學生們也是憤怒無比的；但是由於我與熊式輝的花言巧語，便把這風潮平息了。打報館的風潮本有革命性，我後來聽說延安的廣播特別重視這事。我若順從蔣介石的意思用高壓手段處理此事，風潮必至擴大，但我用了保全學生的方法，得到學生的歡心，這一次革命運動又被我破壞了。

我標榜專心求學，不讓黨團在學校公開活動，也是博得學生擁護一個原因。沒有反動勢力的赤裸裸的壓迫，便不會發生廣泛的反感，所以在我治校時期，進步學生的活動是不容易發展的。直到林一民校長的時代，三民主義青年團在校內猖狂迫害學生，學校當局又極端壓迫進步教授，這才使大學裏的學生運動轟轟烈烈的展開起來。可見得我怎麼樣麻痹了青年人，對革命起了如何嚴重的妨害。自人民的立場來看，我所沾沾自喜的愛護學生正是我的罪惡。

我在辭職之後，繼續在本校任教授。在永豐的時候，我覺得蔣匪幫種種倒行逆施的黑暗行為，所引起的不是我的憤怒，而是我的悲觀。照那時的政治情況發展下去，蔣匪幫的統治一定會崩潰，我沒有覺得勝利前夕的興奮，而反覺得禍延眉睫的恐怖。所以在我失意的時候，還要寫《中國之改造》，以為反動政權起死回生之妙藥。在這些文章裏，我一面開些騙人的社會主義方案，一面散佈法西斯思想毒素。

勝利之後，我回到南昌，在大學裏對著千百青年演講，我這一套反動的思想，並把這些謬論印成單行本來，毒害社會起了嚴重的反革命影響，甘心替反動政權作義務代言人，徹頭徹尾地站在反動階級的方面，企圖反革命到底，這是何等反革命反人民的行為。

我的第三個思想階段是回到北京後，為獨立時論社寫文章的時期。這時我對蔣匪幫愈來愈感到失望了，雖有美國支持，反動政府還是不能振作。我那時的感覺是蔣匪幫的行為竟不是想維持他們的統治權，而是積極搜刮人民的膏血，以便在樹倒猢猻散時，供作流亡費之用，這樣引起我的絕望與恐怖。論理眼看革命就要成功，人民就要解放，我若是站在人民的立場，正應當歡欣鼓舞；然而，我那時對於蔣匪幫的駑劣無能感到絕望，對於領導人民解放革命的共產黨感到恐怖，於是和一批反革命的知識分子組織評論社，大作其反動文章，希圖能挽回大局。一方面認定蔣匪幫不可避免的會失敗，一方面還希望在美帝國主義的支持下，由胡適等反動分子出來組織像李承晚一般的傀儡政府，自己也可以從中取利，依靠美帝國主義的勢力，以達到我的政治欲望。論理以我一個在政治上是已經失意的人，並且已經看準了蔣匪幫要失敗而不想與之靠近，便不轉向革命陣營，至少也應該保持緘默，何況在蔣匪幫面臨傾覆的前夕，倒是加倍活動，極力寫反動的文章，為反動派劃策呢？這便是由於我一貫是反蘇反共親美之故，我在此處要將我的這些思想根源再仔細挖掘批判一下。

我的反蘇思想有長久的歷史。第一，我一向是對於俄羅斯的帝國主義，是特別憎恨的。以我的歷史學知識，我認為俄國是一千多年的拜占庭帝國專制政體的繼承者，又受了蒙古帝國數百年專制政治的統治，專制思想深入人心。所以在十月革命以後，我所見到帝國主義的報章雜誌所載種種對於蘇聯的誹謗，我都信以為真；因而在我的寫作中，便不惜輾轉傳佈這些謠言。在勝利以後，我又看了幾本美國人所著誹謗蘇聯的書籍與美國出版的《讀者文摘》這一類雜誌，其中發表了許多的反蘇的文章，誣衊蘇聯是赤色帝國主義，藉第二次大戰的成果，來擴張它的勢力到巴爾干與東歐，還有席卷西歐的意思。我認為蘇聯的目的在東亞是要使中國變為他的一個衛星國家，這一切都是反蘇的思想根源。使得我對於蘇聯一貫抱有錯誤的認識。

但是解放以後，我看見蘇聯對於中國在工業建設上，在農業改進上，教育改進上，把他們先進技術與經驗毫無保留的傳授與我們的工作者，使我們在各方面都有劃時代的進步，最重要的還是《中蘇友好條約》，使中蘇兩國能合力抵禦外來的侵略，這使我對於一貫的反蘇成見，感到無限的慚愧。我一向羨慕蘇聯的科學，但並不知到他的內容。現在我讀了幾本蘇聯的科學著作以後，我感受到蘇聯的科學家掌握到馬列主義以研究科學，處處有新的觀點與新的成就，為資本主義國家的科學家所不及。我多年來的反蘇思想與反蘇言論，不僅在政治上起了嚴重的反革命作用，便是在文化上，也引了重大的阻礙。

我的反共思想起源在我的封建主義與我的法西斯思想，所以我一直是不贊成革命的。最初我對於孫中山的資產階級的革命都是厭惡的，我因為一貫有反蘇的思想，所以對孫中山聯俄聯共的主張都是不贊成的。北伐成功後，聽說漢口有打倒孔家店的遊行，曾引起我的不滿。第六軍在南京的暴動以及預備在上海發動的八十萬工人的暴動引起我的恐怖，所以我贊成蔣介石的「攘外必須安內」的說法。我一直是站在反動統治階級的立場，所以越到革命接近勝利時越怕革命會成功。看到蔣匪幫要垮臺，便希望胡適在美國的支持下，能挽回危局，阻止革命成功。

我曾在美國留學六年，有很濃厚的崇美親美思想，我非常崇拜美國的物質文明。實際是美國的資本主義早已發展到了帝國主義的階段，佔領夏威夷和菲律賓便是帝國主義的表現，對於中國也一直有帝國主義侵略陰謀，尤以其文化侵略為惡毒，使我們這些受到奴化教育的人甘心做其工具。我對於這些也不是完全不知道的，但因為一貫反蘇反共，看到世界上民族解放運動的發展，認為要抵禦共產主義的革命，只有依賴美國。所以在抗日戰爭中，希望得到美援，在內戰時期，也希望得到美援，而在反動派要垮臺的時候，便希望美國支持胡適等人來挽回大局。

反蘇反共與親美這是我這時期的主要思想，所以在革命前夕，我自動的做了許多反革命文章。我根本沒有把人民的疾苦放在心上，相反的是不希望人民獲得解放，完全站在反動統治階級的立場。因為懼怕革命，不惜乞援於美帝國主義，因為懼怕革命，便贊成蔣匪幫的戡亂，全沒有想到這個戡亂的口號下多少人民被屠殺。反蘇反共與親美便是反人民，便是替反動派與美帝做幫兇，這種罪惡在今天想起來是應該沉痛懺悔的。

我的第四個思想階段是在解放以後到今日。

在北京將要解放的時候，我會見了共產黨工作人員，讀了些文件，我便決定留在北京了。我那時對於共產黨與華北區人民政府便抱了如周總理所說的「觀察」態度，在靜生所歸併入科學院以後，我知道將來植物分類學有充分發展的機會，我感覺快慰。我安心做植物分類學的業務工作，同時院中對我個人和生活多方照顧，那時我的感覺是以我過去的歷史，以及反動行為，人民政府卻對我非常重視，可見得共產黨是重視科學與科學工作者的。我過去在政治上是失敗者，又有過許多反動行為與言論，現在正可杜門養晦，從事研究與著述。對於政治是抱著旁觀者態度來觀察，但是對本所的事業還是願意積極參加的。後來錢老來任所長，我尤感高興，我對於所中的同人，卻是想誠心團結，一同作集體工作的。

但是，我的反動思想在這時還不能徹底肅清，我對於人民政府的施政，終是會在偏差上留意。對於經濟政策，在理論上我是贊成發行公債的，甚至在必要的場合徵收一部分的資本，我也是贊成的，但是在人民政府第一次發行公債時，我便特別留意執行政策時所發生的偏差，而表示不滿。但是發行公債的結果甚好，政府能照章到期還本付息，一方既能吸收遊資穩定物價，一方又能獎勵儲蓄，而且三年來再未發行第二次公債，到今日國家的經濟已經好轉，國營經濟有了巨大的成績，政府根本不需要再發行公債了。

我對於土地改革運動是擁護的，雖然我所主張的土地改革方案與人民政府的土地改革是根本不同的，但在瞭解人民政府的土地改革政策，我也接受了我自己的土地被徵收，我是心悅誠服的。尤其是在劃分階級的辦法中，像我這種政府幹部與自由職業者，不算是地主，我是感到僥倖的。但是，我聽見在土改工作中發生了偏差，使我覺得不滿意，尤其是我知道了我大哥家中所受到的遭遇，不免感到同情。後來我的女兒與侄兒都參加了土改，在同他們談話與通信中，我對於土改的意義更有了深切的瞭解。我瞭解土改是民主建設的必要的政治革命手段，地主階級若不打到，幾千年來根深蒂固的封建制度不能推翻，新社會不能建立，人民民主專政無法實現。為要達到這個偉大的革命目的，少數的偏差是值不得掛齒的，所以我對於土改這一個運動是絕對擁護的。

我對於鎮壓反革命運動，更是無條件擁護的。報章所發表反動道會門與天主教反革命分子的罪惡活動，使我震驚，完全出於我意想之外。至於青紅幫與哥老會等，本來是封建惡霸流氓地痞的地下組織，與反動道會具有同樣的性質，對於建設新社會是十分有害的。這次來一個全國性大刀闊斧的鎮壓，一舉而推陷廓清之，對於澄清社會，除舊布新獲得莫大的效果。尤其是鎮壓天主教反革命分子有迫切的需要。天主教在中國傳教已有幾百年的歷史，一向是帝國主義的侵略先鋒，而其勢力深入民間窮鄉僻壤，無孔不入，因為他是一種世界性的大宗教，有國外的經濟來源，又辦學校、醫院與其他事業，不將其反革命分子予以無情的鎮壓，其對於革命事業之為害，必遠在反動道會門之上。中國舊社會藏污納垢在任何國家之上，只有人民政府有徹底肅清帝國主義與這些反動分子的決心與魄力，所以在短短的三年中，能將腐朽黑暗的社會予以根本的革新，這是使我衷心感激的。

抗美援朝這個運動發生之初，我是恐懼的。我只知道美國有優越的武力，而且用的是聯合國的名義，力量更加強大，同時美國的軍閥現在已赤裸裸揭開了他們的法西斯面孔，我們抗美援朝可能把戰爭惹到中國本土來。我們的志願軍雖然是超人的英勇，但是以血肉和無情的炮火相搏，是否有勝利的把握呢？中國經過八年的抗日戰爭與三年的解放戰爭，瘡痍未復，若再將戰爭引到中國本土來，如何支持？若因此引起第三次大戰，結果何堪設想，萬一美帝用起原子彈來，中國的美好都市豈不要遭到廣島長崎同樣的命運；而且與美帝作戰，我們的經濟受到了這種消耗嗎？然而，志願軍在抗美援朝戰役中，英勇無比的表現，以及美軍的無能，使我的恐懼之心漸減；尤其是我們的經濟竟沒有受到影響，國防反而比以前更堅強多了。打了兩年多，中朝人民軍節節勝利，便是美軍所發動毀滅人性的細菌戰，也被我們控制住了。我的恐美思想由於我的崇美思想而來，完全因為我不瞭解人民的力量是無比的偉大的，解放了的中國人民是不會被帝國主義所嚇到的，中國的志願軍有無比的英勇與無比的智慧，這種軍隊是美帝國侵略軍所不能比擬的。因為我不瞭解人民的偉大力量，所以使我有怯懦卑鄙的恐美思想，這是應該嚴格批判的。

在三反五反運動發生之初，報上所發表的一些新聞，使我震驚。我先以為在解放以後的三年中，國家的建設已有突飛猛進的成就，社會到處有蓬勃的新氣象。抗美援朝都不至影響我們國家的穩步前進，這種太平思想麻痺了我的思想。我沒有料到資產階級的腐化分子對於無產階級的進攻在統一戰線的口號下，篡奪領導權不惜用五毒的手段來腐蝕政府幹部，其手段的毒辣出於我的想像之外。同時，各大學與本院的三反展覽會，使我體驗到資產階級的黑暗腐朽思想妨害國家與人民到了何種程度，我不禁憤怒與嗟歎。但因為我思想落後，對於群眾鬥爭所發生的偏差，心中免不了非議，以為打擊資產階級過甚；殊不知一面團結，一面鬥爭，本是統一戰線的基本政策。在中國社會中，黑暗勢力有幾千年的基礎，尤其是在蔣匪幫的黑暗統治之下，四大家族掠奪行為，在資產階級思想中，留下了極壞的影響，何況不少的資本家本與官僚資本有甚深的關係，無時無刻不在想爭取領導權，而以腐蝕政府幹部為其毒辣手段。在這種險惡的情況下，只有以革命的精神，發動一次全國性的激烈鬥爭，才能清除五毒的毒害；只有共產黨才有這種大無畏的精神來澄清社會的黑暗、腐朽的毒素。我對於三反五反運動得到了必要的教育，使我的思想提高了一步。

誠於思想改造運動我起初是以為不太需要的，因為我自高自大，所以不承認我的思想有改造的必要。我以為我的聰明高人一等，我看文件容易懂，沒有嚴格學習的需要。但周總理的講話，對於我有莫大的啟發作用。而在學習文件的時候，不斷使我發生正確的認識。在思改的初期，我還以為我的思想是進步的，是「左」傾的，我以為我的政治主張與新民主義以及人民政府的設施只能程度的差別。後來，看了斯大林與威爾斯的談話，才知道我的錯誤，才知道立場不對，滿盤皆非，才知道改良主義的毒害。

我讀了毛主席《在延安文藝座談會講話》這個文件，尤其使我對於「為人民服務」這句話有了更深刻的認識，《實踐論》與《矛盾論》給予我極大的影響。《實踐論》使我認識教條主義的錯誤，《矛盾論》使我瞭解社會不是靜止的，不是一成不變的，是繼續不斷的前進與發展的，人類的前途是不可避免的走向共產主義的，共產社會無階級無剝削的社會，是人類社會最高發展形態。我將《聯共黨史》從頭到尾仔細看了一遍，使我知道了蘇聯在革命前後具體情況，使我知道蘇聯的社會情況同中國有如何之不同，因而更體會到毛澤東思想的偉大，而認識到中國必須在毛主席的領導下，才能穩步前進；反過來，我認識到我過去的思想如何落後與反動，我必須不斷的改造與提高我的思想才能，為人民服務。

我在解放後的三年中，對於人民政府的一切設施是深切注意到的。首先是看到解放軍與志願軍英勇無比的英雄事蹟與剛健中正的美德，如何在西藏、如何興建康藏公路，如何自新疆越過崑崙山到西藏會師，如何在新疆屯墾，如何在朝鮮幫助朝鮮受苦難的人民。這一切的表現，不但證明了解放軍與志願軍是世界上無可比擬的優秀軍隊，而且說明了在共產黨領導下的中國軍隊不但表現了最高的軍人品質，而且充分發揮了中華民族的品德智慧與才能，養成這樣軍隊的國家是無敵的，是有無限光明前途的。

再則我看到人民政府對於財政經濟一系列的設施，如何的賢明而有效。在蔣匪幫濫發鈔票的政策下，所引起的通貨膨脹終於克服了，物價並終於穩定了。過去各機關經營小家務的惡習是徹底剷除了。在解放後短短一年間，全國的交通完全修復了，破壞的工業也完全恢復了，尤其是馬上便與修治淮這樣大的水利工程，並且設計如此周詳，執行計劃如此正確，使水利專家稱之為奇蹟。農業突飛猛進，使我們竟能以大批糧食接濟印度，這是何等的光榮！這在團結亞洲的兄弟民族起了何等的作用。各大行政區都舉行了物資交流大會，使得貨暢甚流，「無遠弗屆」，從來沒有到過北京的果品，也廉價在市場上出現了。各地滯銷的貨也都找到了銷路了。工商品下鄉，提高了農民的生活水準，擴大了工商品的市場，加強了國營經濟的領導。這在短短三年內的經濟上的收穫是在過去反動政權統治下不能夢想的。

在另一方面盡善盡美的民族政策的執行，使數千年來在大漢主義下的受盡了壓迫的少數民族真的翻了身，並且執掌了政權。這在民族團結上起了何等的作用，同時表示了中國共產黨如何的偉大。以革命的手段推行教育，使在廣大的農村中萬萬的農民得到了受教育的機會，並且使他們有了正確的政治思想。工農速成中學與人民大學的教育成果，使我體驗到正確的政治覺悟，在教育上能發生莫大的作用，祁建華的速成識字法指示著新的教學法所能發生的偉大作用。醫藥下鄉與衛生知識的宣傳，使萬萬的農民得到了生命的保障，無數的嬰兒避免了夭折的命運。

這一切的驚人成績，都是在短短的三年之內湧現出來，這意味著中國人民的力量是無比的偉大，祖國的前途有無限的光明。我在「觀察」了三年之後，我的思想是不會不受影響的。然而在初期，我還抱著旁觀而賞的態度，有一位老先生說，共產黨的政治技術高明，我也以為然。我未站在人民的立場來看這些新的事物，自己並不覺得這些新的事物與我是血肉相關的。後來，雖然思想逐漸在轉變，然而熱情還不夠，還沒有體會到我的利益是與人民的利益是結合的，所以還多少抱有消極的做客的明哲保身的態度。這是由於我的反動思想還沒有徹底肅清，我在思想上還沒有站穩人民的立場，這是不能容忍的。

我現在經過同志們的熱情幫助，對於我自己的反動思想有了比較深刻的認識。我決心否定我的過去，決心不斷的與我的反動思想作鬥爭，決心培養我對人民的事業熱情，無保留地忠誠為人民服務，決心虛心學習，積極研究馬列主義與毛澤東思想，以不斷提高我的政治思想水平，決心繼續不斷的學習蘇聯的先進科學思想，以充實我的學問，好做一個人民的科學家。〔註13〕

〔註13〕此文是胡先驌於1952年9月4日做的第三次書面檢討。原文存於中國科學院植物研究所所藏胡先驌檔案。《胡先驌全集》（初稿）第十五卷人文科學文章，

1954年6月9日，成俊卿致廬山植物園信函，希望提供廬山木材標本一套，供研究。

成俊卿所在之安徽大學已自蕪湖遷至合肥，且其農學院單獨成立安徽農學院。其森林系為得到一套廬山木材標本，致公函於廬山植物園。有云：「我系為得配合教學和研究工作，大量在外搜集木材標本。廬山樹種很多，為搜集標本最好之區域，至希貴園能寄贈我系木材標本一套，如無現存，請代採集，不勝感謝。」其時，廬山植物園接受國內科研院所、大專院校此類來函請求援助者甚多，其原由是該園創建於1934年，雖然也曾遭受抗日戰爭之破壞，但其引種之植物多保存下來，此時已蔚然成林。此時國內建設，百廢待興，各地需園藝林木種苗者多，而能提供者少，廬山植物園能滿足一定之需求，故其聲譽漸隆。但對安徽農學院所請，非一時可以完成，即以人手不夠，而予以謝絕。〔註14〕

1954年7月5日，陳封懷致廬山植物園信函。幫助成俊卿，要求廬山植物園提供本園木材標本。

安徽農學院森林系成俊卿先生，欲在廬山搜集木材標本一套為研究之用，我園人手不夠，一時難以應付，惟隨時遇有此項材料，代為搜集，藉以可協為成先生之研究工作，且能為我園補充標本材料，請與成先生聯繫為要。

此致

敬禮

廬園同志

陳封懷 七月五日〔註15〕

1954年9月9日，成俊卿再次致廬山植物園信函。

廬山植物園負責同志：

前我系函請貴園採贈木材標本，繼後得悉覆函，略謂人手不

第647～654頁。

〔註14〕胡宗剛著《成俊卿弛函廬山植物園徵求木材標本》，公眾號註冊名稱「近世植物學史」，2023年08月14日。

〔註15〕胡宗剛著《成俊卿弛函廬山植物園徵求木材標本》，公眾號註冊名稱「近世植物學史」，2023年08月14日。

多，不能代採；而我系亦遠處安徽，不能前來採集。後和陳封懷先生多方研究，他的意見是由貴園凡有機會時（如修林間伐），隨時採集，積少成多，並囑與貴園聯繫。俊卿認為這已是一個較好的辦法，不知貴園同志意見如何？茲特將陳先生介紹函附上。木材標本的採集，以來自大的主幹為佳，儘量避免採自樹枝，因為材性不同也。凡是廬山貴重的、普遍的樹種，則在樹木的胸徑處採一市尺長的木段一段，供作陳列之用。一般的樹種，則採五寸長的圓木段，或在木段上劈下長五寸，厚一寸的木塊亦行，這樣可以減少郵寄費用。標本上編寫號次，另外在紙上寫下號次，並注明學名和中文名及當地俗名等有關項事，則尤佳。

此致

敬禮

成俊卿 敬上 九月九日〔註16〕

1958年7月，成俊卿著《中國裸子植物材的解剖性質和用途》一書出版，致謝胡先驌。

1956年成俊卿去北京之後，也曾向前靜生所所長，時為中科院植物所研究員胡先驌請教。1958年成俊卿出版《中國裸子植物材的解剖性質和用途》一書，書之前言云：「本書曾寄請胡先驌先生改正，胡先生特別在對於穗花杉屬和鐵油杉屬在分類方面提出寶貴意見，謹此致謝！」不知其後，成俊卿是否曾往石駙馬大街拜謁胡先驌否？〔註17〕

1981年3月，胡先驌幼子胡德焜致中國科學院植物研究所函，要求落實房屋居住、抄家的字畫等歸還，及胡先驌骨灰安葬廬山植物園事宜。

報告

（中國科學院）房產處：

胡先驌生前是我所一級研究員，在國際國內享有一定聲望，對

〔註16〕胡宗剛著《成俊卿弛函廬山植物園徵求木材標本》，公眾號註冊名稱「近世植物學史」，2023年08月14日。

〔註17〕胡宗剛著《成俊卿弛函廬山植物園徵求木材標本》，公眾號註冊名稱「近世植物學史」，2023年08月14日。

我國植物學研究方面作出了卓越貢獻。胡先驌在文化大革命中受到極左路線的衝擊，身患重病，於 1968 年底去世。

胡先驌住新文化廳 58 號，此院文化大革命前住了 3 戶。胡住 150 平方米。文化大革命開始後，就只住二間（26 平方米）了，後來房產處又用 9 平方米的一間和一間廁所換去了這 26 平方米二間房，所以直到現在 3 口人，仍住在這 9 平方米的房間裏。居性條件也很差，室內湖濕、低窪，而且由於地震，還有一定危險。根據以上情況，希望院裏能在住房這一問題以給上落實政策。另外由於胡先驌生前是知名的植物學家，所以經常有外賓來探望遺物、遺作等，還有大量書籍，經落實政策，取了回來，但無法存放，甚至造成有關資料的損失，鑒於以上一些具體情況，希房產處盡快給予解決住房的問題為盼。

此致

敬禮

（中國科學院植物研究所）

1981.3.26

附錄：目前胡先驌家屬住房情況的詳細說明

文化大革命前後，我們的住房有很大變動，今將情況簡述如下，希望領導從速落實政策，及時合理地解決我們的困難。

我父親胡先驌和我同住本市新文化廳 58 號，至今已有 33 年之久。此房原係靜生生物調查所草創時期的所址，靜生遷至文津於後，此地改為標本呈（陳）列室，其後又改為靜生職工宿舍。1946 年我們即在此居住，靜生歸併到（中國）科學院科學院以後，此房又改為科學院宿舍。

1966 年以前，共有三家住戶（朱德蘭、汪志華、胡先驌）。父親的書籍和其他東西較多，居住面積較大（約 120 平方米），1959 年他患心臟病，病後，組織照顧，在家工作，又增加了約 30 平方米做為標本室和研究室。

1966 年夏，文化大革命開始後，父親被衝擊，多次受到批鬥、抄家。植物所（中國科學院植物研究所）把全部圖書、標本以及傢俱衣物等生活用品的絕大部抄走。勒令我們三天內騰出大部分住房。

當時植物所的造反派給我們留下了正式住房兩間（26 平方米）、廁所一間（14 平方米）（衛生設備拆去），廚房三小間（一間 5 平方米，兩間各為 7 平方米，後兩間是危房，地震時一間倒塌。1977 年冬重蓋，已分給別人）。其餘的住房由植物所朱穎民，倪瑞生。李守全等人分占。另外還有兩間空房，當時無人居住。

1968 年夏，地理所寇新和來看這兩間空房，看後不滿意，便串通當時管房子的牛貴峰，用 9 平方米的一間小房，換我們兩間 26 平方米的大房，強迫我們搬出來。從此我們的住房就剩下 9 米的一間，和那間暗無天日的廁所。

我們現住的這間廁所，根本不是住人的房子，沒有窗戶，終年不見陽光，夏季牆壁冒水，非常潮濕，房頂下沉，地震時很危險（地震相間，科學院曾有人來看過，認為有危險，但至今無人修理）。夏季年年漏雨，衣被傢俱發黴。室內由於拆去了口桶，地下管道和地面出口均未做任何改修，又因和緊隔壁的另一間廁所相通，經常泛出惡臭。

後院 9 平方米的住房（寇新和看不上的），由於無屋簷，太陽直射室內，又無後窗通風，夏季奇熱無比。而且地勢低窪（前年在後院蓋了三間房，地基比我們這間要高出一尺，夏季全院雨水無處宣洩，都集中我們這塊低地上，簡直成了龍鬚溝。

我們就在這樣的環境中，生活了整整十一年。真希望領導同志能下來看看，看看一個國際知名的老科學家身後慘狀和家屬的處境。

1971 年落實政策時，不顧這種歷史情況，不管有沒有地方安放，只催我們領回抄去的東西。

由於實在沒有地方放，經植物所同意，將部分東西暫放在院內一間空房。因為那個院子是靜生生物調查所舊址，過去只住三戶，比較整潔安靜，現搬進十幾戶，院內破敗失修，非常雜亂擁擠。更兼無處接待，只能將外賓引入 9 平方米的小房內（除床、桌、櫃、椅等外，毫無迴旋餘地，就座後連門也開不了），外賓見到此景，無不搖頭。有的說「靜生已經變成這個樣子？！」有的說「胡先生如果現在從國外回來，大概狀況會好得多。」儘管我們多方解釋，但事實比空話有更強的說服力，其影響，可想而知，落實政策有一條就是消除不良影響，這樣的不良影響難道不應該來取些切實的措施來消除嗎？

我父親由於藏書、傢俱、衣物較多，原來使用面積較大（約 120 平方米）。抄家時把這些東西絕大分抄走，因而大大壓縮了住房面積，父親一去世，更進一步壓縮，除 9 平方米的一間住房外，就是那間廁所。後來落實政策時，卻不顧這種歷史情況，不管有沒有地方安放，只催我領回被抄去的東西，由於實在沒有地方放，經植物所同意，將傢俱衣物等暫借放在院內一間空房裏，（當時院中還有幾間空房）後來這房歸力學所管理，在他們將管理權交與院房產處之後，才通知我們，此房已分給別人。明知會產生難以解決的矛盾，卻偏偏如此做，實屬有意欺侮人。至於東西如何存放，植物所，力學所，房產處都不管。結果全部東西被扔到院子裏，被大雨沖毀。（當時正是雨季）

書籍也是暫存親友家，後因屋內進水被泡壞了很多；搶出來的一部分（大約十大書箱）託植物所圖書管代管（其中有不少有價值的書籍和父親的手稿）。後來因別人要用那間房，又被扔到一個地震棚中，現在仍在地震棚中，無人過向。這些書現在成了什麼樣子，只有天知道！

最近我們接到文學家辭典編委會來函，要求我們提供我父親作為知名文學家的各種情況，但是大量有關文學方面的資料仍堆在那個地震棚中，無法發揮作用，使這件工作，受到極大的影響。

這種「鐵路警察各管一段」的落實政策，有關人員好像都「完成了任務」，實際上是落而不實，甚至比不落實更糟；損壞了許多有價值的資料圖書；作為被落實對象的家屬的心情，不僅不舒暢，反而背上了沉重的色袱！

尊教的領導同志，我父親的種種情況想必您們是很清楚的。他一貫是熱愛祖國的，抗日戰爭時期，日本人要他當漢奸，他拒絕了。解放前夕，當國民黨反動派準備把靜生物調查所搬到臺灣，並要他同去時，他斷然拒絕了。他接受了地下黨的爭取和領導，（當時做為地下黨的代表，向他宣傳黨的政策，積極爭取他留下來的樂天宇同志仍在），使靜生生物調查這個當時國際知名的研究機構完整的回到人民手中。解放後一直積極努力工作。像他這樣一個作為黨爭取留下來的知名學者，竟落得為此下場，是否合情合理？如此對待其身後之事和家屬，是否盡情盡義？黨的政策是愛國不分先後，為什麼早愛國的人慘遭迫害，晚愛國的人卻奉若上賓？由於他的影響所致，持此疑問者就決不止個別一兩個人了。

解放以來，思想改造等政治運動對他的教育，祖國科學事業蓬勃發展對他的鼓舞，特別是周總理、陳毅副總理對他的關懷與勉勵，給我們留下了難忘的印象。

所以現在只要切實做好政策落實工作，我們自然會更好地體會到父親晚年的遭遇決非出於黨的一貫政策，而是由「四人幫」倒施逆行所致。對親友，特別是居住國外的親友也有很大的說服力。

為了積極配合組織作好這項工作，我們有以下幾點想法：

1. 父親遭受的種種違反黨的政策的待遇，根源在「四人幫」。

2. 完全相信組織會歷史地、實事求是地對他做出正確結論。

3. 本著向前看、不糾纏細節的精神，促使善後工作進行過到的文好更快，盡營還存在著許多未解決的問題（例如，父親生前求葬廬山之事，補發工資的數額問題，衣物大量毀壞，首飾、書籍的遺失，音樂唱片、錄音帶、照片等物的下落，以及上述物品收購價格的問題……）。

目我們只提請組織至少及時解決以下幾項：

第一、也是最迫切的。給我們調換住房（不一定要求科學院宿舍），以解決實際困難。以免外賓來時，過分出醜。並創造條件，將父親的存書、資料、手稿等加以整理，使之發揮作用。

第二、我姐姐由於和我父親同住，受了不少牽連，被抄家、打罵、剃頭，受盡了凌辱。她目前沒有正式工作，希望組織協助解決。

第三、家中所藏許多字畫，文物全部被植物所抄走，1971 年落實故策時，以極低的價格強行收購，其中有一部元、明、清和近現代名人字畫。（如趙子昂、文徵明、翁同龢、吳大澂、陳豐丁、齊白石等人的字畫），碑帖，圖章、瓷器等。

這些文物在當時是四舊，公家徵購，我們雖有不同意見，但不敢表示異議。我父親一生除了一些書籍字畫外，別無它物，這些紀念品對我們子女來說是十分寶貴的。希望將原物歸還，留做永久的紀念。（植物所有清單）當時收購時，所付代價極低，此款在收到原物時，一定奉還不誤。

第四、歸還被抄走的書信，手稿（主要有陳毅副總理的親筆信：父親的一個獎狀、父親的手稿，胡昭靜的手稿）。

第五、歸還1969～1970年被無名抄去的十餘噸煤。當時因地理所寇新和大量盜用我們的煤，由鄰居反映到植物所；不但不令偷盜的人賠償我們的損失，物歸原主，反而把所有煤做為公家財產，強行拉走。至使寇新和至今揚言說我們盜用公家煤，是非顛倒，一玉拾此。冠並口口聲之說他與植物所通氣，同以威者欺壓我們。這件是非至今不明，要求領導主持正義，澄清是非。其餘的事，只要按一般慣例處理即了。

尊敬的領導同志，您們可知道，以上的一點事，我們在下面奔波了十幾年了。浪費了不知多少時間和精力，但是一無所寂。對「鐵路警察」真是領夠了。懇切希望黨委能統一處理，一抓到底。否則「落實」又會變成落空。

一旦這些問題得到妥善解決，對我的來說，簡直如積重負，如獲新生，我們必將全力投入工作，為實現黨的中心任務獻出全部力量！

致此

敬禮

北大數學系

胡德焜

目前通信處：大連外語學院、留學預備部

我姐姐通信地址：本市新文化廳58號，或文物出版社。〔註18〕

〔註18〕此原稿為手稿，由龔循謙先生提供。

補遺二

居廟堂之高　處江湖之遠——江西籍最後一位宰相胡家玉

胡啟鵬

（一）

胡家玉（1808～1886），原名全玉，又稱鈺，字琢甫，號小蘧，晚號夢與老人。今新建區聯圩鄉鸕鶿口治平洲中胡村人。生於嘉慶十三年（1808）戊辰十一月初五，光緒十二年（1886）丙戌逝世，終年 79 歲。祖父歷代以牧鴨、漁業為生。家境較為貧苦，新建縣鄉村中至今流傳他小時候故事。有一次去姑姑家作客，當時姑姑家生活條件較好，但對小侄子招待卻一般，家玉離開姑姑家時，在牆上作詩云：「兩手空空去看姑，腰裹無錢親也疏。梅嶺街上禁了屠，公雞頭上畫圓符」。未幾，姑姑把家玉來家做客和寫的詩一事告訴從外地做官回來的丈夫，丈夫聽了妻子所講故事，認為小侄子這麼年輕，能寫出如此詩文，能深刻洞察社會，長大後必有大作為。道光三年（1823）童生試，道光三年（1823）至十年（1830）；道光十二年（1832）就讀書西昌書院；道光六年（1826）縣試三十名外，府試第 9 名入邑庠；道光七年（1827）廩生。年輕的胡家玉後在其恩師，叔父胡元〔註 1〕的指點、教育、啟發下，道光十五年（1835）乙未恩科

〔註 1〕胡元，又名元父，字順之，號子惠，生性沉篤，讀書勤敏。剛成年便入縣學，道光五年（1825）己酉拔貢，朝考一等，簽歷四川知縣，以雙親年老，請求就近安排，改調安徽，初任黟縣知縣。有富戶胡某家一名僕婦失足墮樓而死，僕家誣富戶是有意殺害。胡元得知富戶胡某受冤，免除其刑獄。任婺源知縣時，適逢該地舉行縣試，某富家子請求列為前茅，胡元嚴辭卻之。春夏之交，婺源穀價昂貴，貧苦百姓叫苦不迭，胡元開倉出粟，使民賴以救濟。當地有人抗糧且毆打公差，準備治之以法，既而又道：糧固然不可抗，公差哪有可毆打之理？

中第七十二名舉人，經過寒窗苦讀。道光二十一年（1841），中式第191名，覆試二等，辛丑恩科龍啟瑞榜，殿試一甲第三名（即探花）。胡家玉中進士，官授翰林院編修，上御太和殿傳臚。一甲龍啟瑞〔註2〕龔寶蓮〔註3〕、胡家玉、三人賜進士及第。二甲何若瑤等九十六人進士出身。三甲吳榮楷等一百三人同進士出身〔註4〕。該科是為慶賀道光帝慶六十大壽特設恩科，共取進士202

其人認罪，便予以寬大處理。旌德縣城牆年久失修，將傾塌。胡元來此上任，率先捐資一千五百金作為倡導，其他士民亦聞風而動，紛紛捐獻，共籌集數萬兩銀子，城牆終於修理竣工，其他如梟山書院，膏火義倉，穀石養濟院，節孝祠，縣署大堂，不數年亦次第整理，敕封文林郎。時有陳某暗中勾結大守宋國經施詭計謀胡元職位。旌德縣百姓一致請求撫臺、藩臺開復，未獲准，胡元亦因老母去世離任而歸，隨後父卒，胡元亦相繼而逝，贈光祿大夫。

〔註2〕龍啟瑞（1814～1858），字翰臣，又字輯五。廣西臨桂（今桂林市）人，是清代音韻學家、文字學家、文學家、目錄學家，也是廣西桐城派五大古文家之一。道光二十一年（1841）狀元。授翰林院修撰。道光二十三年，出任順天鄉試同考官。道光二十四年，出任廣東鄉試副考官。道光二十七年，察考翰林詹事列二等，升為侍講。出任湖北學政。治古文辭宗桐城，工書能篆、籀，善畫山水，袁爽秋有題其山水畫冊七古。花鳥亦佳。但頗自矜重，故流傳者少。卒年四十五。作有《寒松閣談藝瑣錄、粵西先哲書畫集序》。著有《經德堂詩文集》、《小學高注補正》、《經籍舉要》等。《經籍舉要》（袁昶增訂，光緒癸巳仲冬重刊於中江講院），為國學書目舉要之先行者。

〔註3〕龔寶蓮（1815～1856），字印之，號靜軒，順天府大興（今北京）人。清道光二十一年（1841年）殿試第一甲第二名進士（榜眼）。授翰林院編修。官至詹事。龔寶蓮參加道光二十一年會試，會試主考官是王鼎、祁雋藻、文蔚、杜受田。考題是《約我以禮》《君子依乎能之》《詩云王赫天下》、《師直為壯》得「平」字。會元是蔡念慈。龔寶蓮也被選入，參加殿試。道光二十三年，出任雲南鄉試主考官。道光二十五年二月，龔寶蓮充任會試同考官。咸豐元年，龔寶蓮出任江西鄉試副考官。咸豐二年，再次出任會試同考官。咸豐三年，龔寶蓮遷侍讀。四月，在上書房行走。九月，龔寶蓮授孚郡王讀，歷官司經局洗馬。咸豐四年四月，署日講起居注官。咸豐五年，龔寶蓮出任廣東學政，在主管考試時，勤於稽察，杜絕槍手冒替等種種科場弊端，端正考試風氣。龔寶蓮官至詹事府詹事。

〔註4〕道光二十一年（1841年）辛丑恩科殿試金榜

賜進士及第

共3名

龍啟瑞　龔寶蓮　胡家玉

賜進士出身

共96名

何若瑤	張金鏞	徐棻	俞長贊	蔡念慈	高鴻飛	周宗濂
賀霖若	徐墉	曾廣淵	曹源	何國琛	賈樾	陳洪猷
潘曾瑩	劉琨	趙昀	王大宗	夏承煜	盧定勳	洪毓琛
汪堃	郭禮圖	吳祖昌	李希彬	趙培之	陳啟邁	孫耀先

人，狀元是廣西臨桂人龍啟瑞。後授一甲一名進士龍啟瑞、為翰林院修撰。二名進士龔寶蓮、三名進士胡家玉、為翰林院編修。聽當地的老人說，胡家玉當時成績排第一，由於道光皇帝看到他一表人才，長相漂亮，就欽點為探花。受咸安宮教習。道光二十一年（1841）至二十七年（1847）翰林院編修。道光二十八年（1848）至咸豐二年（1852），方略館協修。

道光二十三年（1843）至二十七年（1847），胡家玉提督貴州學政。道光二十七年（1847）至二十九年（1849）散館，以主事用，分刑部，任刑部主事。道光三十年（1850），胡家玉人胡南省鄉試副考官、王泚正考官。道光二十八年（1848）至咸豐二年（1852）；咸豐七年（1857）；咸豐十一年（1861）至同治四年（1865）；同治四年（1865）至五年（1866）任軍機章京。

胡家玉參加殿試題目是：「問治人治功、實心實政之道」。〔註 5〕

陳慶松	田樹楨	高延綬	葛景萊	童以炘	孫鏘鳴	麒慶
劉齊銜	邵秉中	王瑞慶	單懋德	徐玉豐	吳若準	許兆培
甘晉	高本仁	楊裕仁	梁逢辰	朱錫珍	覃振甲	葛高嵩
梁紹獻	楊式穀	文瑞	徐臺英	余錦淮	張振金	張宗世
蔡徵藩	鄧元資	李湘華	張桐	劉廷榆	吳艾生	錢寶青
邊葆淳	丁璜	寶珣	顧文彬	陳桂籍	趙樾	章瓊
陳象沛	袁廷燮	張晉祺	梁國瑚	郭鳳岡	徐楊文保	劉齊衢
張樾	沈壽嵩	胡焯	盧慶綸	廉昌	蔣達	吳之觀
賈廷藩	冼倬邦	彭涵霖	吳鼎昌	郭廷肇	牛樹梅	陳壽圖
王鳳翔	馬品藻	劉芳雲	張煒	曹汝賡		

賜同進士出身　共 103 名

吳棨楷	譚承禮	張興仁	張衍重	王維桓	劉兆璜	沈大謨
謝廷榮	宗室載齡	朱恒	楊德懿	顏培瑚	青麟	汪藻
鄭芳蘭	張堉	胡廷弼	陳濬	尉光霞	李光彥	李瑞章
宗室秀平	李芬	楊興林	葛良治	楊元白	姚光發	王范
龔衡齡	萬兆霖	薩克持	張彥雲	鄭邦立	王錫振	張承諫
張自植	聯捷	張炳堃	鍾世耀	多仁	張舒翰	孫鑾
常山鳳	宗室錫齡	孫德耀	李仲祁	畢道遠	趙文瀛	劉步亭
王銘鼎	張兆辰	張寶鎔	陳鑑	馬振文	夔達	鄭於蕃
齊德五	秦聚奎	葉逢春	徐良梅	楊安國	郭汝誠	姚錫華
趙林成	喻秉醇	朱汝鵬	吳調元	吳世春	馬映階	湯成彥
馬晉如	吳啟楠	聯凱	吳性成	張建翎	陳鑑	何紹瑾
陳秉信	安慶瀾	孫濂	寧憲	尚鳴岐	侯雲登	封景岷
張淳	蘇勒布	余兆俞	盛昺	郭先本	王炳勳	毓祿
孫家鐸	陳開第	謝方潤	鄭元善	田福謙	翟登峨	閻之階
張書雯	胡菊佩	劉家達	彭鳴盛	朱元增		

〔註 5〕胡向萍、胡啟鵬編的《新建縣歷史名人》一書中，江西高校出版社 2012 年 3 月第一版，510～513 頁，收有胡家玉殿試卷。

殿試皇帝：清宣宗旻寧〔註6〕

時間：道光21年（1841）

策問：四月二十一日、策試天下貢士於保和殿。制曰：朕寅紹丕基，覃熙宙合。仰荷上蒼鴻佑，祖考眷貽，深宮劼毖益亹治安，茲御極之二十有一年。誕敷綸詔，特開恩榜，嘉與天下士。周諮博稽，以裨集思廣益之治。爾多士王其敬聽予詢。士不通經不足致用，經之學不在尋章摘句也，要為其有用者。漢廷治獄多引經義，其見於各傳者如雋不疑蕭望之輩，不一而足。能述其事舉其辭歟。其以尚書春秋博士補廷尉史，始於何人。董仲舒春秋決事十六篇，今佚不傳。困學經聞所載凡三，此外尚有存者否。周禮為周公致太平之書，後之用者，惟宇文泰蘇綽差為近古。而劉歆王安石或以文奸，或以致弊。豈周官果出於偽託歟。抑不善用者之過歟。或謂漢法未備，故有取於經，後則事皆有例，援古反以滋疑。然例文過多，胥吏或以舞弊。何以用之克善歟。民生艱易，賴乎守令。守令廉貧，視乎大吏。虞廷三載考績，周官六計弊治，此允釐之要也。漢以六條察二千石，唐考功有四善二十七最，宋置考官院中包官。當若何循名責實，乃有裨於官箴民命歟。今按兩漢循吏傳，則西京所載無非郡守。班固至謂令若長聞於時，何也。至若東京則王渙劉矩仇覽童恢並以令長、列於循吏傳。而魯恭劉寬與夫潁川之四長，先後相望。其故安在。夫為守令者，其首重者曰廉，其次曰才。然或潔清自好而政事不免於廢弛、或材力有餘而節操不足以共信。果如何而得有守有為者分布郡縣也。姑息適以養奸，嚴威足以禁暴。舜攝位而四凶服罪，孔子攝相而少正卯誅。古聖以生道殺人皆此意也。而酒誥之文，有謂為小人附會六經者。韓非載魯哀公隕霜不殺菽之問，有謂為法家託聖言以文峭刻者。果定論歟。善乎，崔寔之言曰以嚴致平，深得達權救弊之理。

〔註6〕清宣宗愛新覺羅·旻寧（1782年9月16日～1850年2月25日），原名綿寧，即位後改為旻寧。是清朝第八位皇帝，也是清軍入關後的第六位皇帝。是清朝唯一以嫡長子身份繼承皇位的皇帝。嘉慶皇帝第二子，母為孝淑睿皇后喜塔臘氏，生於乾隆四十七年（1782年）九月十六日。旻寧在位期間清朝日益衰弱，他為挽救清朝衰落做了一些努力，如整頓吏治，整釐鹽政，通海運，平定張格爾叛亂，嚴禁鴉片，起到了一定積極作用。他本人力行節儉，勤於政務，但作為一個帝王他的資質不高，加之社會弊端積重難返，清王朝在旻寧的統治時期進一步衰落，和西方的差距也越來越大，道光二十年（1840年）中英鴉片戰爭爆發，中國戰敗，被迫簽訂喪權辱國的《南京條約》，此後十年旻寧苟安姑息，得過且過，沒有任何學習西方，振興王朝的措施。道光三十年（1850年）正月十四日駕崩。在位30年，終年69歲。廟號宣宗，謚號效天符運立中體正至文聖武智勇仁慈儉勤孝敏寬定成皇帝，葬於清西陵之慕陵，傳位第四子奕詝。

後儒有稱之者，能引申其說歟。唐太宗論赦為小人之幸，能析其義歟。至若保甲之制，弭患未萌，法至善也。乃行之熙豐而反以滋其累，用之南贛而民發復稱其便，其故何歟。吏胥所以察奸，兵弁所以緝盜。乃或者聲息相通，反為援引。何術以防之，何法以懲之歟。兵所以威天下，實所以安天下。漢之南北軍，唐之府兵彍騎，宋之更調，明之團營、皆陸路之兵也。至海疆用兵，若晉之孫恩盧循，元之方國珍，皆內寇窮蹙擁眾據險、易就削平。惟明胡宗憲戚繼光剿平倭寇，戰功尤著。其所撰籌海圖編，紀效新書，非空談韜略比。其時若朱紈之嚴海禁心疏，鄭若曾之江南經略，唐順之武編，不皆有裨於實用歟。當茲八荒在宥，七德有徵。決勝機宜，權衡貴當。將卒何以汰其惰窳，偵控何以測其阻深，器械何以極其精良，內奸何以絕其勾結歟。凡此者，通經致用，有治人而後有治功，課績考勤，有實心而後有實政。不以萬民向化馳詰奸禁暴之防，庶幾九有歸懷，奏柔遠綏邊之績。多士橋門釋褐，學古入官。拜獻先資，毋泛毋隱，朕將親覽焉。

臣對：

臣聞崇經者致治之資、課績者釐者釐工之要、除惡者安良之本、防邊者保國之謨。載稽往訓、詩詠就將、書稱慎簡、容保特詳於易象、軍政備著於周官。茂矩隆規、粲然具在。自古帝王、斟元御宇、錫福誠民。以勤念典則青簡時陳也、以勵濬明則素絲著美也、以嚴糾察則黎庶胥馴也、以訖聲教則丹徼向化也。用是無怠無荒見聞廣焉、有為有守吏治修焉、引養引恬姦邪戢焉、來享來王邊陲固焉。所由熙春泳化函夏、翔仁被鴻名而揚駿烈者胥是道也。欽惟皇帝陛下、治光離照、德協乾符、則古聖以同民體至仁以育物、固已六經畢貫而百職具修、三刺無頗而萬邦內附矣。乃聖懷沖挹、葑菲不遺、思崇久治之規、彌切疇咨之念。進臣等於廷、而策之以敦經課吏慎罰綏邊諸大政。如臣愚昧、何足以知體要。顧當對揚伊始之時、敬念拜獻先資之義、敢不謹述平昔之所誦習者、以勉效管窺蠡測之微忱也乎。伏讀制策有曰、士不通經不足致用、而因求有用之學，此誠學古入官之要也。臣按帝王有不易之道、無不易之法。故六經為百世師、在師其意而已。漢承秦燼之後、朝廷每以經義決疑。雋不疑謂衛輒拒父、春秋是之。蕭望之謂晉士匄侵齊、春秋大其不伐喪。其義皆本公羊、未必盡合麟經之旨。張湯請博士弟子治尚書春秋、補廷尉史。董仲舒春秋決事十六篇、應劭言其所引三百三十二事。今所傳者太平御覽載二事、通曲載一事、其他無聞。夫春秋之義、處經則知宜、處變知權、非智幾於聖人未足以語此。彼託於褒貶之說、遂比於司空城旦、書豈有當歟。六官之職、周公致太平之跡在焉。後世周宇文氏以漢魏官繁、令蘇綽盧辨之、徒依經改制。較之劉歆王田之法、王安石泉府之議、自有不同、然亦先王之糟粕而已。國家因時制宜、一切皆有成例。若無取乎引經、然創變非經無以資權衡、疑訟非經無以備考決。惟守今而無弊、稽古而不迂、是為善致用者。聖朝經學昌明、本憲章以垂條教、所由與三王參為百世則也。制策又以民生艱易賴乎守令、守令廉貪視乎大吏、因詳求夫弊吏課功之典。臣按有虞三考之法、成周六計之弊、所以飭官箴重民命、伊古慎之。自是以降、若漢之六條、唐之四善二十七最、宋之三等四課、求賢審官、綱舉目備、顧循其名未必責其實也。司馬遷論次循吏、所載皆春秋時國相、如宓子賤尹鐸之治邑不預焉。班固繼之、載漢郡守以守相位埒、猶依遷史成法云爾。東漢則王渙令洛陽、劉矩令雍邱、童恢令不其、至仇覽為浦亭長、亦與諸郡守並列於篇。其言以魯恭劉寬與潁川四長先後相望、皆以仁信篤誠、使人不欺。蓋光武起自田間、首崇卓茂、至與功臣比烈、故其時令長與守尉並重、以為為國、子惠庶民、其道一而已矣。夫猷為操守在為吏者缺一不可、而兼之為難、顧有事乃可以見才。而無人不當知畏法、未有簠簋不飭而可與言保障者也。故首重曰廉、其次曰才。能吏所至、皆有事功。然顯其利於此、而移其害於彼、未若廉吏之為實得矣。皇上吏治澄清、尤嚴操守、所由大法小廉、履敦信而孚慈惠歟。制策又以姑息適以養奸、嚴威足以禁暴、爰重念生道殺人之政。此尤安良敦俗之大防也，臣按舜除四凶、孔子誅少正卯。聖人之道至仁、則其惡不仁也。尤甚至於整齊末俗、刑用重典。酒誥群飲之罪、至於執拘以殺、所以懲淫湎之化、豈得已哉。仲尼對哀公隕霜不殺菽之問、以為天道、宜殺不殺、則草木猶犯之戒。人君宜用威嚴、其說出於法家、非聖人為政焉。用殺之意、後漢崔寔懲元帝寬政之失、謂文帝除肉刑、其實重之。是以嚴致來、非以寬致平、此亦有為而發。惟唐太宗以赦為小人之幸、其論正矣。夫法不在於嚴、而在於信。有志於為治者、必不肯違道以干譽也。況水懦民狎、火烈民畏、立猛乃所以濟寬。稂莠不去、嘉禾不生、毆凶乃以衛善歟。顧用寬而失之不經、其害小。用嚴而至於滋擾、其害大。故消患於未著、止惡於未萌、則保甲之稽查宜先先、而奸宄自無所容矣。察奸即以縱奸、緝盜即以窩盜、則吏兵之耳目宜慎、而枉濫當有所戒矣。有淑問之明、有至誠之意、則法行而無不畏、所謂辟以止辟者此也。聖朝保赤推恩、明刑即以弼教、所由躋一世於敦龐、不其懿歟。制策又以兵所以威天下、實所以安天下、因奮武衛而及前代海防之成略。臣按歷代各有兵制、而陸路之兵、其教演有時、其調遣有法。如漢之南北軍、唐之府兵彍騎、宋之更調、明之團營皆所以重畿輔遏奸萌、其尤著也。若夫海疆天險、與西北邊形勢迥異。當綏靖之日雖列屯相望、而士卒畏重溟之不測、巡防皆屬虛文。迨守備之時又風汛污各殊、而客兵困技勇之莫施、徵調全無實用。稽諸前史、內寇如晉孫恩盧循、元方國珍、外寇如明之倭患。雖皆就殲除、而當時固已勞於圖議矣。明太祖用方鳴廉之策、沿海置所。中葉廢弛、復致倭患、東南為之騷擾。今胡宗憲戚繼光諸人之籌畫、朱紈鄭若曾唐順之諸人之議論、率皆的裨於實用。而籌海圖編一書、其尤詳者。然海中沙險水道時有更易、非可按圖而索也。夫惰窳宜汰、偵控宜明、器械宜精、內奸宜絕、四者固昭軍實之常經、而決勝之機宜在是矣。國家八荒在宥、七德有徵、恩威所被、無遠弗屆。光天化日之下，皆將效梯航之貢以輸忱悃、又何慮海氛之不靖也哉。若此者、講學以育才、興廉以弊吏、詰奸以善俗、靖外以經邦。蛾術之功勤焉、鵜梁之刺泯焉、雀角之風息焉、鷹揚之烈彰焉。洋洋乎仁聖之事賅、而帝王之道備矣。臣尤伏願皇上、日新進德、天健昭行、本持盈保泰之心、臻累洽重熙之慶。學問深而更窮經蘊、臣工肅而彌飭官常、民俗已淳益重防閑之道、海隅已靖常修敬戒之威。於以光玉鏡、披金繩、上迓蕃禧、下綏多祜。奄九有以來同、奉三無而立極、則我國家億萬年有道之長視此矣。臣末學新進。罔識忌諱、干冒宸嚴、不勝戰慄隕越之至。臣謹對。

咸豐二年（1852），引見俸滿刑部四川司主事、郎中胡家玉，得旨、著開缺以四五品京堂候補。咸豐三年（1853），請假省親。當時正值太平軍賴漢英〔註 7〕

〔註 7〕賴漢英（1813～1909），清廣東花縣九間鄉四角圍村或炭步賴屋人，洪秀全妻賴蓮英弟，初於廣西行商並行醫，與堂弟賴文鴻、賴文光五人共同參與 1851 年金田起義，1852 年底帥領太平軍水師自武昌攻佔南京，夏官副丞相，太平天國初期將領，帥曾天養與林啟榮同任西征先鋒，攻佔江西全境僅南昌久攻不部戰亂江西，圍攻南昌。胡家玉以在籍的官紳身份，參加了清朝江西地方政府組織的抵抗，幫助清軍指揮作戰。由於胡家玉敢於任事，勸捐炮船款有功又出力，因此受到了江西地方大吏的推崇。經江西巡撫陳啟邁〔註 8〕的疏請，胡家玉也得到了咸豐皇帝的嘉獎，從主事提升為員外郎。咸豐四年（1854）至五年（1855），江西豫章書院〔註 9〕主講，辦理江西紳團局務。咸豐五年（1855）至九年（1859）江西經訓書院〔註 10〕、西昌書院〔註 11〕主講。咸豐五年（1855），

下，召回天京，授予刪去儒經、改革文化工作。再賦領軍北攻佔揚州，後太平天國失敗回花縣隱居，孫中山憶幼時聽聞老太平軍善說太平天國起義故事者，可能是賴漢英；賴漢英與妻湯氏同葬於炭步四角圍五馬嶺，再遷葬於今址炭步鎮民主水庫左側。

〔註 8〕陳啟邁（1796～1862），清湖南武陵（今常德）人，字子皋，號竹伯。道光二十一年（1841 年）進士。道光二十九年（1849 年），參與修纂《大清一統志》，由江西左江道遷按察使，擢直隸布政使。咸豐三年（1853）調任江寧布政使。咸豐四年（1854 年）任江西巡撫，湘軍入江西進攻太平軍，咸豐六年擅自調動湘軍入鄂鎮壓石達開部，嘗敗績，曾國藩上書參其六大罪狀，革職。

〔註 9〕豫章書院，書院原址位於東書院街 8 號內，現為南昌市第十八中學所在地。創於南唐升元二年（938），距今 1000 餘年，為江西四大書院之一，為清代江西省城書院。先後以理學祠、孝廉堂、書院等形式出現，為古代江西學術思想的傳播、人才培養的著名官學機構。清康熙二十八年（1689）改名為「理學名賢祠」。第二年（1718），康熙皇帝御書「章水文淵」四字門額賜予書院，使書院進入了歷史上最好的發展時期。由於清朝康熙、雍正、乾隆三位皇帝的重視，豫章書院成為聞名遐邇的大型書院之一。「豫章二十四先生祠」即羅從彥（豫章）、陸九韶（梭山）、陸九齡（復齋）、陸九淵（象山）、李燔（文定）、黃灝（商伯）、張洽（元德）、吳澄（草廬）、吳與弼（康齋）、羅倫（一峰）、胡居仁（敬齋）、張元禎（東白）、歐陽德（南野）、鄒守益（東廓）、羅洪先（念庵）、魏良弼（水洲）、舒芬（梓溪）、羅欽順（整庵）、胡直（廬山）、羅汝芳（近溪）、王時槐（塘南）、鄧以讚（定宇）、李材（見羅）、鄧元錫（潛谷），他們都是江西省內的理學名家，蜚聲海內，象山先生陸九淵更是一代儒學巨擘。

〔註 10〕經訓書院，清代江西古書院，與豫章書院、東湖書院、友教書院並稱為南昌四大書院。書院創建清代，舊址在南昌繫馬樁，後遷到干家巷。1840 年，江西按察使的劉體重認為南昌省會城內書院皆注重制藝，欲明經學，於是在南昌繫馬樁建書院，名為「經訓」，意主倡明經學也。1843 年，繼任按察使溫予巽，爰分廉為倡，又捐俸為倡，復徵各屬勸捐完成。1847 年，因來學者眾，書院房狹小而移往干家巷。院內講堂，一先儒祠，一山長廳屋兩進，諸生齋舍四十間。總計各縣先後共捐銀 3000 兩，按月息一分利息，為師生束脩、膏火經費。經訓書院首聘在籍進士黃爵滋為山長，作《經訓書院記》。以經學為教學內容，並有名家講學其中，如奉新進士帥方蔚，德安進士李退生、新建進士萬良以及黃岩、王禁皆曾主講席。1892 年，著名經學家皮錫瑞為江西學政龍湛霖所聘，主經訓書院多年。清朝末年，經訓書院改為實業學堂，原址現為南昌八中。

〔註 11〕西昌書院位於江西西昌城永和門。清順治年間知縣魏雙鳳創建，原址在新建

丁母憂。咸豐六年（1856），服闋。咸豐七年（1857）閏五月，回就任軍機處章京〔註 12〕，八月丁父憂。在家期間，再次因勸捐出力，而獎賞為郎中。咸豐十一年（1861），以刑部員外郎出任湖南鄉試副考官，順天鄉試同考官，咸豐皇帝以胡家玉處事勤勉，將他提為郎中。咸豐十一年（1861）至同治二年（1832）刑部江蘇司郎中，方略館纂修。

椒雲〔註 13〕收到胡家玉兩封信涵，收錄在《道咸宦海見聞錄》〔註 14〕中：

縣治旁。嘉慶二十一年（1816）遷建永和門內。自後興學不斷，主院者皆以詩書正學教人。楹聯「京國衣冠皆有慶；江山風月足娛情。」「敏事慎言，就正有道；誦詩讀書，尚論古人。」

〔註 12〕軍機章京，俗稱「小軍機」，亦稱「司員」。初期，軍機章京無一定額數，由軍機大臣在內閣中書等官中選調。乾隆時改由內閣、六部、理藩院等衙門取用。嘉慶四年（1799）始，定軍機章京分滿、漢各兩班，每班八人，共三十二人。各班設領班、幫領班章京各一員，由軍機大臣於章京中擇資深望重者任之。其後增設額外章京一二員，至光緒三十二年（1906）確定漢軍機章京額數為二十人。軍機章京亦為兼差，選用者必須為進士、舉人、拔貢出身，年紀輕，辦事練達，撰擬迅速，書寫端正。其原職缺升至通政司副使、大理寺少卿官及三品，即調歸本任。軍機處選補章京，由各衙門開具履歷保送，軍機大臣親加考試，合格者即帶領引見，錄用與否由皇帝決定。錄取後，依次列名存記，俟缺出按單調取。軍機章京向例不參加京察，其獎敘陞轉由軍機大臣酌情保奏。光緒三十二年十二月初十，奏定變通軍機章京升補章程，定軍機章京為實缺，其領班章京秩視三品，幫領班章京秩視四品，以下各章京俱按原品實授；並規定三年遞陞的升補辦法。軍機章京負責軍機處的日常工作，如處理文書、記注檔冊、撰擬文稿等。直宿之章京，夜間遇有緊要事件，亦有單獨被皇帝召見承旨撰書諭旨者；還可參與軍機大臣所承辦案件的審理等。軍機章京之職務，一為議旨呈由軍機大臣改定；二為每日摺奏交內閣後，由章京鈔錄折底歸檔，三年繕修一次，保舉最優；三為修方略時，兼充纂修。每日輪二人值班，惟領班不值。凡值班資格較深者，稱為「老班公」，其次稱為「小班公」。章京出軍機以後，各省督撫以其熟悉政情，往往延為上賓，如乾隆時史學家趙翼之人李侍堯幕，即其最著者也。故論軍機處權能，章京位分雖低，隱握實權，勢耀煊赫，僅稍次於軍機大臣而已。

〔註 13〕張集馨（1800～1878），字椒雲，別號時晴齋主，江蘇儀徵人。1829 年中進士後，在翰林院供職。1836 年，受道光皇帝的「特簡」，外放為山西朔平知府。此後三十年間，在山西、福建、陝西、四川、甘肅、河南、直隸、江西等省任知府、道員、按察使、布政使、署理巡撫等職，兩次出任甘肅布政使。道光二十九年（1849 年）七月，五十歲的四川按察使張集馨接到吏部的委任書升任貴州布政使，並獲道光皇帝召對五次，對臣子而言，這是莫大的榮幸了。咸豐六年（1856 年）九月，五十七歲的張集馨幾經宦海沉浮，仕途又回到七年前的起點：奉特旨署甘肅布政使。赴任前，也蒙皇上召對五次。同治四年（1865），因防禦太平軍北伐「出兵遷延」，被劾革職，告別宦海生涯。著《道咸宦海見聞錄》。

〔註 14〕張集馨撰《道咸宦海見聞錄》，457～459 頁，中華書局 1981 年 11 月版。）

胡家玉來函〔註15〕

（一）〔註16〕

椒雲太世叔大人閣下：

客月蔿肅寄一，計登記室。近諗薇垣納祜，凡百安和。部議上陳，渥邀恩眷，俾敝省得久依仕宇，食福無窮，遙企德暉，同聲稱慶。惟賊匪甫經過鏡，廣、鐃兩郡不無受擾之區，徵解恐更費心，殊深馳係。出數入數能否據實上聞，若一味枝梧，悉索者恐未有艾也。回鑾在即，閭巷懽然，弟轉瞬仍駐蹕山莊，未免失望。通商衙門粗有頭緒，調取閣部人員，願送者頗少。章京四員，恭邸請仍兼樞直，上意不以為然。日昨復設法籲求，不審可邀允准否？玉現在派列二班，三月初即當隨扈由東陵順道灤河，至五月底方能交替。緣分作三班之議，頃又變更，依舊兩班，每班以三月為期，往返奔馳，徒滋勞瘁。部缺甚覺疏通，而玉仍未能題補。日前連出三缺，均為捷足者所得，令人悶悶。貢院剡章，查無消息，想已被撫署駁去，視鄂垣辦理相去何如？地山學使〔註17〕曾否按臨外郡？二小兒翰清回家應試，計燈節前後可以抵江。承諭關垂，伏望隨時留意，是所私切。肅此敬請鈞安，不盡縷縷。

名正肅

正月初八日

（二）〔註18〕

椒翁太世叔大人：

曼福。頃接環章，敬悉履候勝當，順時納祜，載欣載頌。惟邊隅多故，籌畫勤勞，遙企榆鄉，曷勝馳切。餉項之絀，日甚一日。信郡有警，河口必致驚惶，鹽釐必無起色，何以為繼？近聞黄州被擾，鄂城戒嚴，果爾則江省又添一防堵。義寧、新昌等屬，路路可通，恐調兵籌餉，均屬不敷。撚匪進犯青州，逼近濰縣，分股四出，東省勢不可支。僧邸有退無進，暫幸該匪不圖北竄耳。朝陽縣土匪

〔註15〕此函和下函人署名。

〔註16〕此函為咸豐十一年（1861）寫。

〔註17〕單懋謙，字地山，曾經內閣學士，工部侍郎，均留學政任。

〔註18〕此函為咸豐十一年（1861）寫。

劫獄，赤峰之匪亦起，刻下派兵進剿，不知可剋日殲除否？邊牆之外不安。聖躬尚未復元，紅痰時見，自應靜攝。樞班屢改，頃仍分作三班，明日輪應赴灤，須端節後始能回寓。四月差考，恐不獲告假入場。夷務近尚平安，英主女婿亦西洋一大國也，來津欲駐京通商。恭邸與英酋會議，准通商而不准駐京，或不至於決裂。通商衙門，滿漢司員十六，輪班直宿，亦仿樞垣。天主堂圍牆畢工，入教者已紛紛聽講，主教者肩輿出入，誰敢議其後耶？頃接海清小兒來信，知因路梗，不能赴浙江藩庫使之任，深恐逾限，擬呈請轉諮浙省，不知已具呈否？如已上陳，伏希設法關垂為懇，倚裝手泐，敬請鈞安，不盡欲宜。

再侄家玉頓首

三月十日

（二）

同治元年（1862），胡家玉在方略館效力，為理檔案，恩賞四品官銜。同治二年（1863），受到同治帝召見，這年家玉兩度遷升，由郎中升到鴻臚寺少卿。黃河改道，水流北徙，洪水淹沒了黃河下游數省的大量農田，窮苦百姓被迫背井離鄉。胡家玉目睹這一慘狀，力疏同治，疏築堤固本護田，防止黃河河道往北遷徙，「撥固本京餉」修築黃河大堤，同時疏道束水，以保護農田，安定民生。清朝政府以「內地未靖，庫帑不足」的理由，拒絕採納他的建議。以後胡家玉歷任通政司副使、光祿寺卿。同治三年（1864），胡家玉授太常寺卿、光祿寺卿，充四川鄉試正考官，又充任大理寺卿。同治四年（1865），奉密旨，胡家玉查辦湖南巡撫惲世臨〔註 19〕升職而原巡撫毛鴻賓〔註 20〕被參各項事

〔註 19〕惲世臨（1817～1871），男，字季咸，號次山，出生於江蘇陽湖（今常州）。道光進士。累遷長沙知府、岳常澧道、湖南巡撫。在任督率兵勇團練攻打太平軍，並為曾國藩湘軍籌措餉需。未幾，被劾，褫職。

〔註 20〕毛鴻賓（1811～1867），字寅庵，又字翊雲、寄雲，號菊隱。歷城人，故宅在神堂巷。清末大臣。1838 年（道光十八年）中進士，選為翰林院庶吉士，後被授翰林院編修。後任監察御史、給事中。道光二十三年（1843），任順天府（轄京城，治所在今遵化）鄉試（省試）同考官（協同主考官或總裁閱卷的官）。道光二十七年（1847），任會試（京試）同考宮。後經大考，轉任江南道（今蘇皖二省）監察御史。任職期間，直言敢諫，曾數上封事（密封的奏章），抨擊時弊。道光二十九年（1849）2 月，升禮部給事中，遂上疏，請皇上嚴禁各省名目繁多的「流攤」。此奏章雖切中時弊，卻未引起皇帝的重視，只是交

情，他查明復旨，上奏，將惲世臨降級。回京後，再任軍機處章京。賞軍機章京光祿寺卿胡家玉等花翎。

戊辰。

> 諭議政王軍機大臣等、有人奏、湖南巡撫惲世臨陽託正直。陰受苞苴。自知府以至升任巡撫。營私骫法。任性妄為。官局之外。另抽商稅。聽信戚黨。現保知縣張昆祁等、招權納賄。於委署外另添代理名目並侵那局款。勒派屬吏。剋減火槍價值。以候補道員胡鏞、在籍道員黃冕為爪牙。用朱筆標簽。將各局帳簿調至署中。私行改易。民怨沸騰各等語。封疆大吏。表率群僚。責望綦重。宜如何激發天良。正己率屬。若如所參惲世臨貪污各款殊屬有玷官箴。大負委任。著胡家玉、張晉祺、於川省科場事竣。即行馳赴湖南省城。按照單開各款秉公嚴密查辦。據實參奏並將交通賄賂之官親張昆祁等提案嚴訊務期水落石出。不准稍有瞻徇。毛鴻賓現已升任粵督。其前在湖南巡撫任內。有無反手取財。賄和控案。及收納部民之女各款。並著詳細訪查。據實參奏。原摺單著鈔給閱看。毛鴻賓在湖南時又有人奏、曾因道員李明墀結交肅順。私書甫發。肅順伏

有關部門「議行」罷了。接著，毛鴻賓又針對當時「憲典不明，刑威不振」的狀況寫了奏章。道光二十九年（1850）8 月，毛鴻賓轉任兵科給事中，不久，其母病逝，歸里守制，孝滿，轉任禮科給事中。咸豐二年（1852）4 月，太平軍進軍湖南，朝廷震動，毛氏上疏，為朝廷鎮壓太平軍出謀劃策，並受命回到山東歷城辦理團練，組織青壯鄉勇，進行軍事訓練。1853 年（咸豐三年）回鄉辦團練。咸豐五年（1855）始，毛氏先後在湖北兩地任道員，歷時 3 年餘。毛鴻賓與大臣曾國藩是同榜進士，又是同庚，相知甚深。曾國藩稱讚毛的奏書是關係國家安危的金玉之言。當時另一大臣胡林翼則在毛的奏章手稿上題曰：「鳳凰一鳴，心任天下事，天下之民其有託乎！」並於咸豐九年（1859）上疏保薦毛鴻賓擢升，於是毛氏先後從安徽按察使、江蘇布政使，升至湖南巡撫。1855 年任湖北荊宜施道，後調任安襄鄖荊道、安徽按察使、江蘇布政使。1861 年（咸豐十一年）升任湖南巡撫。1863 年 7 月 6 日～1865 年 3 月 7 日期間，奉旨接替晏端書擔任兩廣總督。全名為「總督兩廣等處地方提督軍務、糧餉兼巡撫事」的該官職，是兼轄廣西地區的廣東、廣西兩省之最高統治者，亦為清朝封疆大吏之一。曾奏請會剿太平軍。同治二年（1863），毛鴻賓擢升兩廣總督，後因朝廷發現其任湖南巡撫期間有失察同僚之過，被降級調用，毛便回歸故里。同治六年（1867），山東的捻軍以賴文光為首自戴家廟渡黃河欲搏省城，毛率民團為官府助戰。次年因病而終。毛鴻賓死後，經山東兩任巡撫分別上疏，朝廷先後兩次降旨，嘉其忠心，朱批加恩，復其原職，把他的生平事蹟宣付館立傳，並將毛鴻賓的名字寫在牌位上，祭祀於鄉賢祠。

誅。該督派武弁張遇恩連夜馳驛追回。故免敗露等語。李明墀現任湖南糧道。著即提訊明確。一併具奏。毋任狡飾又有人奏、湖南地方。近來軍功保舉。冠蓋相望。士習民風。漸多驕悍。現在東南軍務漸平。各營楚勇。將次裁撤。此輩習於戰陣。人數又多。回籍後恐難安靜。全賴地方大吏。賢能公正。方足資彈壓而弭變亂。若貪污大吏。先為士民所不齒。安望其能有所整飭耶。惲世臨等被參款跡。胡家玉等必須徹底查辦。一俟奏聞。即可另簡賢員。畀以重寄。以冀有所挽救。該京卿等當仰體此心。斷不可敷衍了事。所有該省士習民風。是否驕悍。並著於抵省後訪察具奏。原片並著鈔給閱看。將此由五百里各密諭知之。

太常寺卿胡家玉等奏、遵旨起程查辦事件。得旨、馳抵該省後。著即將被參各款。嚴密徹底根究。從實覆奏。不可敷衍了事。

諭內閣、前因御史賈鐸奏參湖南巡撫惲世臨等貪劣各款。當經諭令胡家玉、張晉祺、前往查辦。茲據胡家玉等查明具奏。此案惲世臨被參各款。如聽信婦人收受贓私。由賣花婆出入通信。並無確據。亦無張昆祁招權納賄情事。湖南委署章程。本有代理之員。非由該撫另添名目。張希仲欠解錢糧。實係自行補解。其於董紹昌回湖北時。並無提款贈送。椿齡稟訐毛鴻賓等一案。與惲世臨無涉。其核減軍械價值。尚非侵蝕。至信用胡鏞黃冕為腹心。事無證據。亦並無私改釐局帳簿之事。惟於勞銘勳未開巡檢之缺。遽委代理臨湘縣事。究屬違例濫委。胡崧係例應迴避之員。隱匿不報。該撫毫無聞見。兩次委署縣缺。又於鹽釐兩局解銀。加補火耗銀兩。任用同鄉張昆祁。令其密查州縣劣跡。致招物議。且該撫前在常德府任內。加抽鹽釐。並不上詳。擅自興辦。已屬任意妄為。迨在藩司任內。始稟請巡撫批准立案。並請派員會算。尤為有心掩飾。以上各節。均有應得之咎。惲世臨著交部嚴加議處。毛鴻賓在湖南巡撫任內。於勞銘勳明崧兩案。漫無覺察。並於道員胡鏞請諮赴部引見。輒令繳回原諮。委辦稅務。委署道缺。辦理殊多乖謬。毛鴻賓著交部議處。候補道胡鏞、前在澧州任內。於失守情形。任意捏飾。且聲名亦甚平常。著即行革職。以示懲儆。知縣胡崧、例應迴避胞兄。輒敢匿不呈報。蒙混得缺。實為取巧。著交部議處。知縣張昆祁不知檢束。才具亦難勝民社。著革去知縣。以府經歷縣丞改歸湖北補用。前任雲南迤東道黄冕、業已開缺。著毋庸管理東征局事務尋吏部議、惲世臨降四級調用。毛鴻賓降一級調用。胡崧降二級調用。均私罪不准抵銷。從之。

諭議政王軍機大臣等、胡家玉等奏遵查毛鴻賓被參收納部民之女一款。傳到毛鴻賓在湖南巡撫任內巡捕李炳耀、舒元凱、張玉恩、隔別嚴訊。均供有毛撫院管帳師爺李文藻。買一張姓婢女。由撫署東花園便門而進等語。復又傳到當日說合之陳品文。據供張泰運婢女。賣與撫署李師爺。議定身價銀一百五十兩。契寫張金鑒堂婢女。賣與李蔭谷堂為親。並非為婢。傳訊張泰運。則堅稱契寫為婢。並非為親等語。張玉恩、李炳耀、均稱有李師爺買來時送與毛撫院不受之說。此案前經已革巡檢李際晟、在京呈控知府李逢春、知縣楊鼎勳、合買一妾。送與毛巡撫等情。李際晟現在湖北。李逢春前經官文奏參提解。楊鼎勳、及江肇成、張玉恩、亦經檄調赴鄂歸案審辦。所有毛鴻賓被參行賄納妾兩案。請仍由官文提訊各等語。毛鴻賓納妾各情。既經李際晟呈控有案。必須與李逢春質訊明確。方足以折服其心。且楊鼎勳、及江肇成、張玉恩、均係案內要證。現經赴鄂歸案著官文按照胡家玉等所奏各情。提集全案人證。確切訊明。以成信讞。毋稍徇隱。胡家玉等片。著鈔給閱看。將此諭令知之。

諭內閣、前因降調湖南巡撫惲世臨、將被參案內加抽鹽釐一節據實陳明。並錄呈兩次稟件。又據大理寺卿胡家玉等、縷陳查辦鹽釐情形各摺。先後交部核議具奏。茲據吏部奏稱、遵查各摺稟件。惲世臨在常德府任內。於咸豐九年五月。出示加抽鹽釐。至十月始行具稟。與原參並未上詳。擅自興辦。情節相符等語。此案惲世臨被參各款內加抽鹽釐一節。既據該部查明。實係加抽在先。具稟在後。其為有心掩飾。毫無疑義。惲世臨著仍照該部原議降四級調用。不准抵銷。

同治五年（1866），胡家玉因辦案秉公執法，查清事情緣由，深受皇帝好評，以大理寺卿胡家玉為都察院左副都御史。都察院左副都御史胡家玉在軍機

大臣上學習行走〔註 21〕，協助軍機大臣〔註 22〕處理軍國政務。七月，調兵部

〔註 21〕軍機大臣正式稱謂是「軍機處大臣上行走」，俗稱「大軍機」。分設滿、漢員，由滿漢大學士、各部尚書、侍郎、總督等官員奉特旨充當，均為兼差。其數無定額，任期無限止。凡經皇帝選調到軍機處任職的軍機大臣，稱「入值」。由皇帝指派滿、漢各一員為首領，稱為「揆首」、「領袖」。初期，凡應皇帝召見議商政務、承皇帝旨意起草諭旨以及寄給各官員之諭旨的署名等，均為領班軍機大臣專責。乾隆時，傅恒任領班，經皇帝批准改為軍機大臣共同面君承旨，發出之寄信諭旨，亦改用軍機處名義。初入值軍機處者，因資歷或能力尚淺，則命在「軍機大臣上學習行走」。加「學習」二字，意示見習，其地位低於一般。一二年後，再由領班的軍機大臣奏請去其「學習」二字。各軍機大臣之間，因資格、品位之高低而有差別，除視秩排班外，權力亦有不同。如：有的滿洲軍機大臣只准閱辦滿文奏報；新任之軍機大臣不准閱辦皇帝朱批過的奏報。這些等級差別，均不見有「則例」、「章制」，而是由皇帝親定。軍機大臣的職掌可綜合為六個方面：負責皇帝下達諭旨的撰擬和參與官員上報之奏報文書的處理；凡國家之施政方略、軍事謀略以及官員的重要陳奏意見，或對官員的懲處、彈劾事件等等，皇帝批交軍機大臣議，或會同各有關衙門議，並著提出處理意見，奏報皇帝裁奪；某些重大案件，皇帝專交軍機大臣審理定擬，或會同三法司審擬；文武官員上至大學士、各部尚書，各省總督、巡撫，以至道府、學政、關差，以及駐防將軍、都統，駐各邊疆地區的參贊、領隊、辦事大臣等的補放，均由軍機大臣開列應補人員名單，呈皇帝擇用。遇科考，亦由軍機大臣開列主考、總裁官名單及考試題目，請皇帝選用。複試、殿試，軍機大臣負責核對試卷、檢查筆跡或任閱卷官；軍機大臣常侍皇帝左右，以備顧問；軍機大臣可奉皇帝之命，以「欽差」的身份，往各地檢查或處理政務，稽查各省、各部院之匯奏事件。此外，軍機大臣還兼任方略館的總裁，內書房琯理大臣及總理各國事務衙門大臣。至其權力之大，在完全操用人之權，大學士、六部、九卿、督撫、將軍、提統、都鎮、學差、主考、駐外使臣簡認時，皆由軍機大臣開單請旨。在軍機處寄名之提鎮、道府、州縣，由軍機大臣開單，更不必論。換言之，即文武大小各官之特旨簡放者，皆由軍機大臣一手操縱。此外照例由軍機大臣專任之事有五項：（一）頒賞蒙古王公之事，（二）永遠加恩之事，（三）新正加恩之事，（四）匯繳各部署年終各省所繳朱批上諭之事，（五）秋審呈進黄冊之事。此外由軍機大臣照例兼任者，則為方略館總裁。間有大獄，亦派軍機大臣會同刑部審問。軍機大臣皆隨同前往，故西苑軍機處值廬在西苑門之北，圓明園、熙和園均有值廬，與隆宗門之值廬，同稱為「軍機堂」。

〔註 22〕軍機處是清朝官署名，也稱「軍機房」、「總理處」。是清朝中後期的中樞權力機關，於雍正七年（1729 年）因用兵西北而設立。雍正帝以內閣在太和門外，恐漏泄機密，始於隆宗門內設置軍機房，選內閣中謹密者入值繕寫，以為處理緊急軍務之用，輔佐皇帝處理政務。雍正十年（1732 年），改稱「辦理軍機處」。設軍機大臣、軍機章京等，均為兼職。乾隆帝時期復設軍機處，從此成為清朝的中樞權力機關，一直到清末。軍機處總攬軍、政大權，成為執政的最高國家機關。完全置於皇帝的直接掌握之下，等於皇帝的私人秘書處。同時，軍機處在權力上是執政的最高國家機關，而在形式上始終處於臨時機構的地位。另

左侍郎，畢道遠為戶部右侍郎管錢法堂事，以都察院左副都御史胡家玉為兵部左侍郎（1866～1871）。當時，清朝統治集團中正圍繞是否有必要在直隸添練六軍的問題展開討論，胡家玉上書同治，認為直隸練軍多年毫無成效，不如選練京師旗兵一萬五千人。他密疏當朝說：「直隸總督請求設立七軍，辦理了三年，迄無收效。難道改為六軍，就能成為勁旅？即使給官弁加操添餉，漸有起色，挑來的標兵終歸還是勢渙而情散，有拱衛之名，而無拱衛之實。因此，與其練京外標兵以輔助京師，還不如練京內旗兵以充實軍師。」他提議清政府「依神機營之制」，選練旗兵一萬五千人，組織神武營，建立洋槍隊，馬隊，步隊三軍，協同防衛軍師，預防不測。胡家玉的主張觸犯了一些封疆大吏，也與當朝顯宦之見相忤。他的奏疏，在經過一番討論後，被束於高閣。

> 諭軍機大臣等、前據胡家玉奏、直隸練兵。改由京營挑選。交總理各國事務王大臣管理。當經交神機營王大臣會同兵部妥議具奏。茲據奏稱、添練京兵。應由總理各國事務王大臣擇地訓練。所需餉乾。請飭戶部詳為籌畫各等語。除直隸改設六軍仍照戶兵兩部原奏辦理外。訓練京兵。原以固根本而防外侮。若分設兩營。則事權不一。轉無以專責成。自應仍歸神機營酌量添增。於京營內挑選訓練。毋庸歸總理各國事務王大臣分管。惟戶部餉項。現未存儲鉅款。而此次所議添兵。又為目前急務。未可以餉項未充。稍事延緩。著戶部詳為籌畫。如款項一時未能如數。即將每月約籌兵餉若干。先行知照神機營王大臣酌核辦理。一俟庫款稍裕。再照所奏兵數隨時補足。以備不虞。所需軍火等項。遇有缺乏之時。並著總理各國事務衙門協同籌辦。以期餉足兵精。緩急有恃。將此各諭令知之。

同治五年（1866）九月，由於鄂省督撫交惡，湖北巡撫曾國荃疏劾湖廣總督官文〔註23〕，兼有送胡家玉銀兩一款，欽派尚書綿森，侍郎譚延襄查辦，以

外，軍機處在辦公場所和官員設置上沒有正式的規定，也無品級和俸祿。需要強調，軍機處雖然是國家最高權力機構，但歸根結底聽命於皇帝，成為封建皇權的統治工具。宣統三年（1911年）四月責任內閣成立後軍機處被撤銷。軍機處具體職掌為：撰擬諭旨和處理奏摺；議大政，議後提出處理意見，奏報皇帝裁奪；讞大獄，參與重大案件審擬；參與對重要官員的任免和考核；隨侍皇帝出巡，奉旨出京查辦事件等，用字寄上諭的名義對各地各部官員發布指令，凡特旨簡放大員，如大學士、六部、九卿、督撫、將軍、提督、學差、主考及駐外使臣，皆由軍機處開單請旨。

〔註23〕官文（1798～1871）又名僑，王佳氏，字秀峰，又字揆伯，滿洲正白旗人，道

不知遠嫌，部議革職留任，免軍機行走。

又諭、前因曾國荃奏參督臣官文貪庸驕蹇各節。內有饋送升任侍郎胡家玉等程儀銀兩一款。當命尚書綿森、侍郎譚廷襄前往查辦，並令胡家玉明白回奏旋。據胡家玉先後復陳於差竣，路過湖北省城時，因信陽州一帶路梗。改由水路前進。官文等公送程儀二千兩胡家玉、張晉祺、即壁回未收。次日復來聲稱此次改由水路一千數百里。並無水驛所有雇縴夫發水腳之費，州縣不管且護送之炮船。亦須日給犒賞。所費甚多。胡家玉等、恐水路無驛站中途需用浩繁始行收受等語本日據綿森譚廷襄奏。馳抵胡北。查明總督被參。先將大概情形復陳一摺。據稱該尚書等到後。飭提人證。札調軍需各冊核對將原參內上年饋送程儀銀兩一款。是否由糧臺提取據官文諮覆。錢漕、鹽釐關稅、捐輸、均歸糧臺實用實支。並無浮濫惟漢陽竹木捐一款有給與議敘內獎者。移解糧臺充餉。其零星不請議敘外獎者。歸入糧臺軍需善後動支曾經奏明有案。凡善後事宜因公動用例不報銷之項。由此動支上年胡家玉、張晉祺差竣入都。道經湖北該督因向章係由省籌撥公款。按站給發不由地方官支應造報。當與前撫臣鄭敦謹等面商。由外銷款內、提銀應付。計入境以至出境二十餘名。並在省公所一切共用銀二千餘兩。又因道途多梗。仍於外銷款內。備銀二千兩。為胡家玉等沿途添雇車馬犒賞之用。胡家玉等辭不肯受。後經告知並非私相饋送。始行接收。統計先後提銀四千餘兩。委非糧臺正款等情。經綿森等核對竹木捐收支清摺內。提銀二千三百兩。又制錢二千餘串。以銀錢合計原參四千兩之數。約略相符。

光初由拜堂阿補藍翎侍衛，擢荊州將軍、湖廣總督。咸豐十年拜文淵閣大學士。同治三年，升入滿洲正白旗，封一等果威伯，後歷直隸總督、內大臣。十年，卒，優詔賜恤，贈太保，賜金治喪，遣惠郡王奠醊，祀賢良祠，謚文恭。著作《蕩平髮逆附記》。任內領導八旗綠營，與曾國藩湘軍共同平定太平天國。官文不諳政事，諸事決於家奴，時人稱湖廣總督府有「三大」，即妾大、門丁大、庖人大。初期頗掣肘排擠曾國藩，並因左宗棠隱瞞過往任職石達開部之事，上疏請斬左宗棠；因功封二等侯、太子太保、直隸總督，僅次於一等侯曾國藩。曾國藩批評他「才具平庸」，但胡林翼對他極力籠絡，收官文之小妾為義妹。1866 年十一月，因勦捻軍無功，遭左宗棠、曾國荃共同上疏彈劾，摘去湖廣總督職。晚清朝廷此次政爭，也被視為漢人督撫開始掌握實權，滿人勢力消退分水嶺；1867 年，召還京，代理直隸總督。1871 年病死，謚文恭，入祀賢良祠，著作《蕩平髮逆附記》。

與胡家玉明白回奏所稱二千兩之數。亦尚吻合等語。上年胡家玉等差竣過鄂。官文等查照向章。由省提銀支應以免州縣賠累。瀕行又因水程阻滯沿途需添雇車馬犒賞。費用孔多。另籌銀二千兩致送。胡家玉張晉祺始而力辭。繼因水程費重。恐致沿途周折。權留備用。覈其情節。雖與私相餽送者有閒。究屬不知遠嫌。胡家玉、張晉祺均著交部議處。湖廣總督官文、著先行撤任。聽候查辦。湖廣總督。著譚廷襄暫行署理。欽差大臣關防。著交譚廷襄封存。其餘官文被參各節。仍著綿森、譚廷襄、傳集人證飭提卷宗。秉公詳悉查辦。

同治六年（1867），家玉捐賑米四百石，皇上下詔書寬免革職留任處分。

諭內閣、吏部奏、遵議侍郎胡家玉等處分一摺。兵部左侍郎胡家玉、工科給事中張晉祺、均著照吏部所議。革職留任。四年無過。方准開復。胡家玉並著無庸在軍機大臣上學習行走。

諭內閣、前因曾國荃奏參總督官文貪庸驕蹇欺罔徇私。寵任家丁貽誤軍政各節。並將道員張開霽所上官文私書鈔錄呈覽當派綿森譚廷襄、前往查辦。旋據綿森等將大概情形具奏。業經降旨將侍郎胡家玉等交部議處仍令確切查辦。茲據綿森、譚廷襄奏、遵旨查明總督被參各款。分別定擬一摺。據稱就原參各款。逐一核實推求。官文尚無貪婪欺罔通賄各重情。其於應行典禮時。偶因骽疾任聽巡捕攙扶跪拜。並於侍妾病故後。僧道誦經。書寫一品夫人牌位未能先時查知禁止尚非有心驕縱僭妄惟動用竹木商捐銀款致送程儀。並歷年酬應往來過客統計至二萬數千兩之多此項雖由外銷。並非給予議敘執照正款。究係奏明歸入善後案內彙報經費。實屬濫支。且將在楚投效委員楊汝楫等延入幕內。辦理刑錢事件。累保官職。又將先經諮保翎頂之李維翰派充門丁復於該家丁郭慶等私在署外朋開錢鋪任意招搖並得受所屬喜貲。毫無覺察。種種不合。實難辭咎。請將官文交部嚴議等語。此案大學士湖廣總督官文。雖查無驕縱貪婪各劣跡。惟濫支公款。信任家丁。實屬咎有應得。官文著照綿森等所擬。交部嚴加議處。保舉直隸州知州楊汝楫、投效軍營。先辦文案。繼即入署濫充幕友。疊膺保獎。其於湖南李際晟京控案件。雖查無藉端索詐情事惟既招物議。仍復遷延不去。實屬違例干進。著即行革職。勒令回籍。不准在湖北逗遛。郭二即郭慶等應得罪名均照所擬辦理。其竹木商捐外獎一款。係奏明作為善後經費所有濫支銀二萬四千八百兩著不准開銷責令照數分賠以重公項。其歷任動用之巡撫司道仍著吏部查取職名一併議處嗣後此款即著解交藩庫收支。照案彙報。不准稍有浮冒。未獲之林光祖、李約即李昆著瑞麟蔣益澧嚴飭嘉應州訪拏。解往湖北訊辦沙市鹽局。按月提解督署公款。作何開銷。應撤應留。著戶部查核具奏。至張開霽以湖北候補道員。獻詩本省長官。內夾書函。語多要挾及官文欲自行檢舉。諮明巡撫查辦。該員復浼人央求免其查辦。實屬不安本分張開霽一員。著該督撫隨時留心察看。如實有劣跡。即著逐令回籍不准在湖北招搖生事以肅官常。

諭內閣、鄭敦謹奏、據實陳明。並自請議處一摺。前任湖廣總督官文提用竹木商捐餘款。致送胡家玉等夫馬費用。時該前撫尚未到任。此外致送何人。均未與聞。惟官文動用捐款。致送過客。該前撫到任後。未能查出。究有失察之咎。鄭郭謹著交部議處。尋譚廷襄奏、據官文查明公商提取竹木捐款。係前任巡撫吳昌壽任內之事。上年登覆文內。繕寫鄭敦謹名。係屬一時誤記。懇為奏明更正。得旨、吳昌壽著交部議處。官文繕寫錯誤。著一併交部議處。

命兵部左侍郎胡家玉會同大學士賈楨〔註 24〕等管理五城練勇局務。以兵部左侍郎胡家玉兼署刑部左侍郎（署），派管馬館。在此期間，他再次上疏請分段挖掘舊黃灌河。

又諭、侍郎胡家玉奏、請濬黃河故道以利漕運一摺。黃水遷徙以來。不遵故道。頻年泛溢堪虞。該侍郎擬請趁此時疏濬河身。高培河堤。令河循故道。由雲梯關入海。江廣之漕運可行。直東之水患可紓。並請將直隸山東河南安徽等省及清淮一帶留而不撤之勇各

〔註 24〕賈楨（1798～1874）原名忠楨，字筠堂、伯貞，號藝林。山東黃縣人，清朝大臣。賈允升之子。道光六年榜眼，入值上書房，為上書房總師傅，是恭親王奕訢的授讀師傅。後歷任侍講學士、內閣大學士、工部、戶部、吏部侍郎。先後晉武英殿大學士、體仁閣大學士，管理兵部。咸豐二年曾參與鎮壓太平軍和捻軍。英法聯軍入京時任北京國防大臣，慷慨不屈。祺祥政變後，深得慈禧寵信。賈楨是清代掌管文衡多年的禮部尚書，先後主持鄉試七次，禮部試四次。

數千人。仿古人發卒治河之法。令各營將領各帶所部。分段挑掘等語。果能如此辦理。將舊河深通。決上游之水。掣溜東行。自是一勞永逸之計。且勇非坐食。餉不虛糜。尤為策之善者。著曾國藩、李鴻章、馬新貽、張之萬、蘇廷魁、李鶴年、丁寶楨、吳坤修各按該侍郎所奏。悉心體察。彼此會商。奏明興辦。以重河道而利漕運。另片奏、製造軍船。擬令江西等省先行試辦。酌徵本色。規復全漕等語。著曾國藩、李鴻章、馬新貽、通盤籌畫。一併妥議具奏。原摺片均著鈔給閱看。將此諭知曾國藩、李鴻章、馬新貽、張之萬、蘇廷魁、李鶴年、丁寶楨、并傳諭吳坤修知之。

同治九年（1870），胡家玉兼署吏部右侍郎。十一月上奏請裁掉江西地丁浮加徵銀。順天鄉試稽查接談換卷，順天舉人覆試卷，覆勘各省鄉試卷閱。同治九年和同治十二年盤查三庫。

同治十年（1871）五月，吏部左侍郎胡肇智因病解職。調兵部左侍郎胡家玉為吏部左侍郎。九月兼署兵部右侍郎，之後復任後任左侍郎，出任稽查京通十七倉大臣。十月，賜紫禁城騎馬，在此期間，他出任貴州學政，閱補行覆試舉人卷，閱二次補行覆試舉人卷會試稽查接談換卷，覆勘會試硃墨卷，覆核朝審冊，承修太廟工程。上疏條陳挽救艱難時局四件事。因西陵樹林被砍伐，朝廷派胡家玉等查詢，他如實瞭解情況。

諭內閣、單懋謙奏、承修盛京鳳凰樓工程。請派員勘明應行採辦木植。以備興修一摺。著派皂保、胡家玉、敬謹查勘應用木植大小尺寸。開單奏交盛京將軍遴員照式採辦。並著該將軍等隨時查勘。俟木植採齊。即行奏請興修。

諭內閣、皂保、胡家玉奏、承修工程。請選擇合龍吉期等語。盛京福陵隆恩殿合龍吉期。著欽天監於五月十五日以後。二十九日以前。敬謹選擇兩日具奏。並即行知該侍郎等。以期無誤要工。

諭內閣、於凌辰奏、查勘西陵樹株情形一摺。據稱海地內榆楊及四山松柏等樹查係翦枝去皮。速之使乾。以為伐除變價地步。與原報回乾青形。大相懸殊。請飭查辦等語。著派志和、胡家玉前往西陵詳細查勘據實具奏。至於凌辰因上年未能查出樹株情形。自請先行議處。著於查明覆奏時聲明請旨。

同治九年。庚午。十一月。壬辰朔。

諭軍機大臣等、前因於凌辰奏查勘西陵樹株情形。當派志和、胡家玉、前往詳細查勘據實具奏。各陵樹株。為風水蔭護所關。極為緊要。乃將多年大樹。膽敢翦枝去皮。速之使乾。竟至成片成段。以為伐除變價地步究係何人舞弊。亟應徹底根究。嚴行懲辦。著志和、胡家玉、認真查明。據實參奏。毋稍徇隱將此各諭令知之。

諭軍機大臣等、於凌辰奏、回乾樹株變價積弊。請飭一併查辦一摺。據稱回乾樹株。積弊日久。伐除變價。尤為舞弊關鍵。該管司員李春華。舊在半壁店開一福盛糧店。現因變價樹木過多。運賣不及。復開福盛木廠。五品官春七、郎中鄭二、朋比為奸。將此項樹株販運各處。請飭查辦等語。西陵樹株。蔭護風水。豈容該管司員等任意變賣。捏報欺飾。著志和、胡家玉、將於凌辰所奏各情。嚴密訪查。一面將福盛木廠。先行查封嚴究。如果屬實。即著嚴參懲辦原摺著鈔給閱看。將此各諭令知之。

同治九年。庚午。十一月。

丁巳：諭內閣、前因於凌辰奏、西陵回乾樹株。承辦司員舞弊情形。當經諭令志和、胡家玉、嚴密查究。茲據奏稱、半壁店大街北。有輔盛糧店。與雙盛木廠毗連。查閱雙盛木廠帳簿。實係販運回乾樹株。當將該木廠查封。提取木商張得成、高祥等嚴訊。僅供與春七等合夥。此外語多閃爍。並查勘未伐樹株。枝皮多有不全。該管司員。李春華、鄭二、雖據張得成等供稱並未合夥。難保無詭名影射情弊等語。陵寢樹株。關係甚重。既據查有合夥販賣情弊。亟應嚴切根究。尚膳正李春華、郎中鄭二、即文明、五品官春七、即防禦貴普、均著暫行解任。歸案審訊。如有通同舞弊等情。即著從嚴參辦。

同治九年。庚午。十二月。壬戌朔。

甲子：諭內閣、前因署工部侍郎於凌辰奏、西陵樹株。承辦司員舞弊。並自請議處。當派志和、胡家玉、前往查辦。旋據志和等查明職官入夥販運各情。當經降旨將尚膳正李春華等解任審訊。茲據該侍郎等查勘各處樹株。與歷年冊報相符。委無翦剝情弊。並審明職官夥同販運情事。定擬具奏。此案尚膳正李春華。雖無夥開福盛糧店等事。惟以承辦招商變價之員。輒與商人合夥。致滋物議。防禦貴普即貴溥、以職官合夥販運。均有應得之咎。著一併交部嚴加議處。郎中文明、喜春、員外郎常松、承辦招商變價事宜。並不妥為經理。致商人高詳等、於驗貲後陸續將貲取回。辦理已屬不善。文明又商令貴普、春華入股。尤為不能遠嫌。文明、喜春、常松、均著交部分別議處。守護公榮頤、載遷、泰寧鎮總兵兼總管內務府大臣清安、揀派喜春等辦理變價未能妥協。並於貴普等販運各情。漫無覺察。亦難辭咎。均著交各該衙門議處。另片奏、回乾樹株。可否另招殷商變價。抑仍解交易州工部存儲等語。著工部妥議具奏。至商人高詳等所交樹價。並支用運費。多有轇轕。並著該管大臣詳查辦理。於凌辰上年未能將樹株情形查出。亦屬疏忽。著交部議處。

同治十二年。癸酉。十二月。庚寅。

又諭、都興阿、志和奏、興修要工。驗無尊藏寶匣。應請補領一摺。福陵隆恩殿工程。經都興阿等敬謹興修。將隆恩殿大脊中間龍口開看。並無寶匣。著內務府查照成案。備辦匣藏各件。俟明春都興阿等派員領取時交給祗領。至此項寶匣。前據承修大臣皂保、胡家玉、奏稱、匣內金銀等項尚堪供用。經篇等項應行補領等語。現經都興阿等查明。甎瓦並無隙縫情形。何以竟無尊藏寶匣。著皂保、胡家玉、明白回奏。

同治十三年。甲戌。春正月。乙巳朔。

諭軍機大臣等、前據都興阿、志和奏、興修福陵隆恩殿工程。驗無尊藏寶匣。當經諭令皂保、胡家玉、明白回奏。茲據奏稱、同治八年五月。隆恩殿工程合龍。與都興阿等同至工次。目擊工匠敬謹將寶匣尊藏。此次都興阿等未曾到工。僅據工員稟稱。眼同匠役揭開脊瓦。並無寶匣。甎瓦亦無隙縫。雖係一面之辭。惟事隔多年。無從究詰等語。著都興阿、志和、查明據實覆奏。原摺著鈔給閱看。將此各諭令知之。

同治十三年。甲戌。春正月。乙巳朔。

辛未。諭內閣、前據皂保、胡家玉覆奏、承修福陵隆恩殿工程。

同治八年五月合龍時。敬謹將寶匣尊藏等情。當諭令都興阿、志和、查明具奏。茲據奏稱、派員將前次開工揭瓦之工匠詳細查訊。上年開工時。見瓴瓦並無裂縫。折卸大脊。並無寶匣。該將軍等反覆研訊。實與原報無異。前次隆恩殿工程合龍後。工匠尚在大脊高處工作多日。恐此際另有隱匿情事。至此次該將軍等未經到工。係因患病未能前往。自請議處等語。皂保、胡家玉、承修此項工程。辦理草率。實屬咎有應得。均著交部議處。都興阿、志和、於此次開工時。未經親到工次。並著交部議處。所有寶匣。仍著內務府遵奉前旨。敬謹備辦。發交都興阿等委員祗領。尋吏部議、皂保、胡家玉、均降二級留任。都興阿、志和、均罰俸六個月。准其抵銷。從之。

清朝政府雖然在 1864 年和 1868 年就先後把太平天國運動和捻軍起義鎮壓下去了，但受農民革命猛烈衝擊所損傷的元氣，直至 1871 年仍未恢復，財政拮据、政令混亂的狀況一如既往。因此，如何擺脫財政危機、統一政令成為當朝統治集團急待解決的問題，胡家玉目睹維艱時局，作為身膺重責的要官，也不例外地在為清朝政府尋求理財之策。他認為「自古理財之道，不外開源節流」。如何開源又怎樣節流呢？他說「論開源莫要於一捐納、謹釐金」，「論節流即莫大於核勇數、汰勇營」。所謂「一捐納」，就是集捐納之權於中央，不許地方督撫派員弁勸捐，統一由藩司收捐上兌、數字逐月彙報朝廷，聽候中央統一分配。所謂「謹釐金」，胡家玉認為「釐金病民，甚於加賦」，「名為徵商，實則取之於民」，因此要整頓釐卡，清理釐員，嚴肅章程，「罷苛細之征，輕漏報之罰」，這樣可以推動地方經濟的恢復和發展，保證財源的穩定。所謂「勇數」、他認為很多營官哨官虛張勇數，以少報多、圖謀糧餉、損公肥私，這是導致清政府部庫虧空的一大原因，必須重新造冊，予以杜絕，嚴禁抗違。所謂「汰勇營」，當時各省留防自募的兵勇多則數萬，少者近萬人，胡家玉認為這是清朝財政的一大漏洞。裁汰兵勇，節約餉糈，可以使戶部減輕壓力。胡家玉的理財主張觸及了問題的核心，有一定見解，也產生了一定的影響。胡家玉這些主張，作為理財的一家之言，以「時局艱難，宜籌挽救之策」的條陳形式，報告了清朝政府的領導核心，得到了同治皇帝的肯定和贊許。

同治十年。辛未。十二月。丙辰朔。

癸亥：諭軍機大臣等、吏部左侍郎胡家玉奏、時局艱難。宜豫籌挽救一摺。軍營勇丁。隨時招募立營。自應核實辦理。方能兵歸實用。餉不虛糜。若如所奏。各營勇數。多不過七八成。少不及五六成。捏報虛額。冒支軍糧。此等情弊。殊堪痛恨。當此經費支絀之時。豈可任令陋習相沿。漫無稽察。著各直省督撫。於現有各營。認真查核。務按實在數目。歸併立營。如查有營官以少報多情事。立即從嚴懲辦。以儆效尤。此外陝甘貴州等省。現有他省派往助剿之營。如有勇額不足情事。各該督撫訪有確據。亦著隨時奏聞。並著遵照兵部奏定章程。每屆三月。將勇數造冊報部。不得任意遲延。消涉含混。其現無軍務省分。留防之勇。為數尚屬不少。歲糜帑項甚鉅。該侍郎請將各省防勇陸續裁汰。多不過暫留七八千人。少或酌留三四千人。自為節餉起見。著各督撫體察情形。奏明辦理。至所稱長江既添設水師。分布汛地。而自瓜洲口上至漢陽鎮一帶。沿江尚有留防之淮揚水勇。未免重複。李朝斌所帶之水勇。尚在蘇州等處屯紮。請一併裁撤等語。著曾國藩等妥籌辦理。各省抽收釐金。因軍餉孔亟。未能概行停止。第恐局卡各員。假公濟私。額外需索。藉飽私囊。流弊不可勝言。著各督撫隨時訪察。有犯必懲。毋稍徇縱。其有可以裁減局卡之處。並著酌量情形。分別辦理。原摺均著摘鈔給閱看。將此各諭令知之。

同治十一年（1872）八月，以都察院左都御史桑春榮為刑部尚書，吏部左侍郎胡家玉為都察院左都御史及軍機大臣，充經筵講官。同治十二年（1873），以協辦大學士刑部尚書全慶為順天鄉試正考官，他為副考官及閱考試試差卷。都察院左都御史胡家玉、吏部右侍郎童華、戶部左侍郎潘祖蔭為副考官。

（三）

江西是清中葉以來錢漕積弊較深，官紳對立較重的地區，也是受咸同戰亂破壞較大的省份。1865 年劉坤一〔註 25〕繼沈葆楨〔註 26〕出任江西巡撫後，因

〔註 25〕劉坤一（1830～1902），字峴莊，湖南新寧人。晚清軍事家，政治家，湘軍宿將。廩生出身，1855 年參加湘軍楚勇與太平軍作戰。累擢直隸州知州，賞戴花翎。1862 年，升廣西布政使。1864 年升江西巡撫。1874 年，調署兩江總督。1875 年 9 月，授兩廣總督，次年兼南洋通商大臣。1891 年受命「幫辦海軍事務」，並任兩江總督。有《劉坤一遺集》傳世。

〔註 26〕沈葆楨（1820～1879），字幼丹，又字翰宇，福建侯官（今福州）人。政治家、

循守舊，安於無事，既不大力發展生產，也不著力理順「官民」「官紳」關係，傷民病紳不小，尤其隨糧加徵更使江西紳民叫苦不迭。1870 年 11 月，胡家玉上疏同治，指控劉坤一每年在江西浮收銀兩 70 餘萬，「有違清初永不加賦的成憲」，要求同治皇帝下敕江西巡撫下令所屬停止加徵浮收。

十月壬子。

諭軍機大臣等：侍郎胡家玉奏，本年秋審冊內，有江西東鄉縣絞犯王高照等一起。原揭聲稱，該縣錢糧照還省新章，每兩收銀一兩五錢，除一正一耗外，以四錢提補捐款公費及辦公之用，又隨賦捐銀一錢，以為修理壇廟等工之費。刁徒魯魚典等藉求減錢糧捐費為名，聚眾哄鬧。是江西省軍務雖還，額外之誅求未已，請飭該撫通飭所屬，徵收地丁錢糧，每銀一兩，遵例加收耗銀一錢，所有私立名目額外徵收者，永遠革除；並請札行各州縣開徵時照例銀錢，並收，以蘇民困各等語。著劉坤一斟酌情形，妥議具奏，原折著抄給閱看。將此諭令知之。

同治九年。庚午。十一月。壬辰朔。

又諭：前因侍郎胡家玉奏江西錢糧。有額外徵收並隨賦派捐等情。請飭照定例辦理。當經諭令劉坤一斟酌具奏。茲據奏稱、江省地丁錢糧。從前名為遵例一正一耗。實則收錢不止二千四百文。收銀不止一兩五錢。軍興以後酌減。每地丁一兩折收錢二千四百文。改為收銀一兩五錢。通省一律照辦。至萬安東鄉等縣。自更定新章以後。徵數均經遞減。其按糧派捐一節。係因善後工程必不可緩。前經部議以一年為限並非歷久攤派。若徒博遵例之虛名。恐轉蹈浮

軍事家、外交家、民族英雄。中國近代造船、航運、海軍建設事業的奠基人之一。道光二十七年（1847）中進士，選庶吉士，授編修，升監察御史。咸豐五年（1855），出任江西九江知府。咸豐十年（1860），授吉贛南道道臺。咸豐十一年（1861），出任江西巡撫。1867 年任福建船政大臣，主辦福州船政局。同治十三年（1874），日本以琉球船民漂流到臺灣，被高山族人民誤殺為藉口，發動侵臺戰爭。清廷派沈葆楨為欽差大臣，赴臺辦理海防，兼理各國事務大臣，籌劃海防事宜，辦理日本撤兵交涉。光緒元年（1875 年），任為兩江總督兼南洋大臣，負責督辦南洋水師。光緒五年（1879 年），去世。諡文肅，朝廷追贈太子太保銜。

收之故轍等語所奏自繫實在情形。惟該省當兵燹之後。民間元氣未復。該地方大吏亦當體念民艱。力除積弊著劉坤一督飭所屬各地方官。於明定徵收確數之外。不准絲毫任意加增。以副朝廷軫念閭閻至意。將此諭令知之。

同治十二年。癸酉。夏四月。己酉朔。

又諭：左都御史胡家玉奏、江西省額外加徵地丁銀兩。請飭裁革一摺。據稱江西省錢糧定例。徵銀一兩。隨徵耗銀一錢。今每兩加徵銀四錢。顯違定制。請飭永遠裁革。不得再立捐款公費名目等語。各省地丁錢糧。均有定額。若如該左都御史所奏。是該省州縣於正額之外。違例加徵。民閒受害。何可勝言。亟應速為禁止。著劉坤一嚴飭所屬州縣等恪遵定例。不准絲毫浮收。如查有私立捐款公費名目額外加徵者。即著嚴行參辦。另片奏、該省漕米一石。折收銀一兩九錢。除解部款外。提充捐款公費及州縣辦公之用。為數已多。復又分為三限。每限每石各加銀三錢。全給州縣辦公。深恐虛報收數。徒飽私囊。弊端不少。請旨裁禁等語。著劉坤一一併查明。將應行裁革者。速為禁止。並著嚴飭各州縣認真辦理。毋得稍有徇庇。原摺片著鈔給閱看。將此諭令知之。

同治十二年。癸丑。秋七月。丁未朔。

乙亥：諭內閣、前因左都御史胡家玉奏、江西省錢糧。違例加徵。請飭裁革。並不得立捐款公費名目等語。當諭令劉坤一嚴飭所屬州縣。恪遵定例。不准絲毫浮收。如查有私立捐款公費名目。額外加徵。即著嚴行參辦。嗣據劉坤一奏、據實直陳丁漕改章實在情形。請仍照新章辦理。當經允准。仍諭令隨時認真稽查。倘有絲毫浮收。即行從嚴參辦。茲復據胡家玉奏、瀝陳江西省違例加徵各弊。請飭部核議等語。著戶部按照該左都御史所陳各節。及江西省現在情形。應如何辦理。始臻妥善之處。悉心酌核。妥議具奏。至所稱請嚴飭各州縣。不得將上司之供應。道府之漕規節壽諸陋規。巧立辦公名目。取之於民等語。著該撫仍遵前旨。嚴飭所屬認真革除。以維政體而恤民生。尋戶部奏、遵議江西地丁一項。請飭該撫臣按照曾國藩原定章程辦理。漕折一項亦請查照同治四年奏定錢數徵收。

至逾限加價一節。應令仿照江蘇辦法年內毋庸加收。年外每石加錢五百文。以示限制。從之。

又諭（諭軍機大臣等）：

總理各國事務衙門奏請各省大吏辦理中外交涉事件，加意慎密一折。中外交涉事宜，非尋常日行事件可比，況事關重大，尤應慎之又慎，密益加密，庶不至為外國所傳播，貽誤事機。同治七年八月間，因曾國藩於密陳條約摺件，未能慎密，致被洋人傳抄，曾經諭令各直省將軍督撫格外慎密，誥誡諄諄，至為詳切。乃本年因天津民教搆釁，令劉坤一暗中防維諭旨一道，竟為九江領事官抄錄，經威妥瑪照會總理衙門。此等緊要事件，劉坤一何以漫不經心，致有疏漏，其為養尊處優，事事假手於人，已可概見。此事諭旨，究由何處漏泄，著即徹底查明，嚴參懲辦，不准稍有迴護庇，致干重咎。嗣後南北洋通商大臣暨各省將軍、督撫等，遇有中外交涉事件，務當加意慎密，不得稍有疏虞。無論何時何等寄諭，均需親自拆閱，如再有漏泄機密，貽誤大局者，一經訊明，即將漏泄之人，按照軍法從事，並將疏一地防範之大吏，嚴加懲處，決不寬待。原折均著抄給閱看，密諭知之。

尋劉坤一奏：

洋務密寄，惟省城司道及九江鎮道，得聞斯事。其由何處洩漏，無從根究，唯有自請交部嚴議，以儆疏忽。九江鎮總兵黄開榜，九江道景福與外國使館近在同城，亦難諉卸，應請交部議處。」從之。〔註27〕

十一月辛丑。又諭（軍機大臣等）：

前因侍郎胡家玉奏江西錢糧有額外徵收，並隨賦派捐等情，請飭照定例辦理。當經諭令劉坤一斟酌具奏。茲據奏稱，江省地丁錢糧，從前名為遵例一正一耗，實則收錢不止二千四百文，收銀不止一兩五錢。軍興以後酌減，每地丁一兩折收錢二千四百文，改為收

〔註27〕《清穆宗毅皇帝實錄》卷293，《清實錄》第50冊第1051～1053頁，同治九年庚午（1870）。

銀一兩五錢，通省一律照辦。至萬安、東鄉等縣，自更定新章以後，徵數均經劇減，其按糧派捐一節，係因善後工程必不可緩，前經部議以一年為限，並非歷久攤派。若徒博遵例之虛名，恐轉蹈浮收之故轍等語。所奏自繫實在情形。惟該省當兵燹之後，民間元氣未復，該地方大吏亦當體念民艱，力除積弊。著劉坤一督飭所屬地方官，於明定徵收確數之外，不准絲毫任意加增，以副朝廷軫念閭閻至意。將此諭令知之。

又諭（軍機大臣等）：

有人奏：「統帶江西水師道員何應祺，久立戎行，屢著戰績。前署贛南道時頌聲翕我，實為有體有用之才。前江西督糧道段起，於咸豐年間募勇在江西剿賊，頗有戰功，防守廣信，轉危為安，吏治兵事，均能勝任」等語。段起前在江西督糧道任內，恐其不能勝利，曾諭劉坤一查看，嗣據該撫奏稱該道告病開缺。究竟段起是否堪以錄用，及何應祺才略有無過人之處，著劉坤一詳晰照據實具奏。將此諭令知之。〔註 28〕

同治十二年（1873）四月，他再次奏請裁掉江西地丁浮加徵銀兩，各省已有定額，違例則民間受害。同治帝採納他的意見，諭令速為禁止，不准絲毫浮收，如查有私立捐款，公費名目額外加徵者，嚴行參辦。胡家玉的連番疏請，使劉坤一深感不安，劉於是對胡懷怨至深。

1873 年 8 月，劉坤一應詔條陳，作出反應，申辯加徵丁漕分成提解司道是為了「抵捐攤之款」，分給道府州縣是為了「抵漕規節壽禮月費各陋規」。胡家玉見同治皇帝深信劉坤一不疑，僅在條陳上批上若干不痛不癢的話，觀劉坤一在江西加徵丁漕如舊，又拉連疏劾劉坤一，「引據視訓部章，瀝陳春弊」。要求去浮收，雖然胡家玉反覆據理力爭，力陳其弊，經部議還是增加丁漕，「照舊收錢每兩著加二百文」。胡家玉的頻頻上疏，打動了同治，其建議最終得到了同治帝的批准。

江西巡撫劉坤一對胡家玉的「反覆較論」相當惱火，他對胡由怨變恨。就在是年 11 月間，劉坤一具奏反劾胡家玉，指責胡家玉干預江西丁漕改章，接

〔註 28〕《清穆宗毅皇帝實錄》卷 296，《清實錄》第 50 冊第 1108 頁，同治九年庚午（1870）。

著又控告胡家玉家屬拖欠錢糧。要求將胡家玉交部議處。同治皇帝偏信了劉坤一之言，認為「家玉書信，雖為公事起見，究屬不合」，胡家玉由此受到降二級使用的處分。又因胡家玉出任順天鄉試副考官，舉人徐昌春試卷磨勘有誤，又降二級，劉坤一又參奏「胡家玉及弟侄歷年有未納完錢糧」。同時，給事中邊寶泉也上書參劾劉坤一：既然胡家玉「累次未完糧，劉坤一置多年不問，且胡家玉干預也應立刻上奏，何必等胡家玉提出加徵違制才追究，實屬徇私報復」。於是胡家玉和劉坤一均下部議處，分別革職留任，劉坤一以「先不上聞，藉端報復，挾私攻訐」，降三品頂戴。胡家玉再降三級用，前後共降七級。

四月癸酉。

又諭（軍機大臣等）：左都御史胡家玉奏江西省額外加徵地丁銀兩，請飭裁革一折。據稱，江西省錢糧，定例徵銀一兩，隨徵耗銀一錢，今每兩加徵銀四錢，顯違定制，請飭永遠裁革，不得再立捐款公費名目等語。各省地丁錢糧均有定額，若如該左都御史所奏，是該省州縣於正額之外，違例加徵，民間受害，何可勝言，亟應速為禁止。著劉坤一嚴飭所屬州縣等，恪遵定例，不准絲毫浮收，如查有私立捐款公費名目額外加徵者，即著嚴行參辦。另片奏，該省漕米一石，折收銀一兩九錢，除解部款外，提充捐款公費及州縣辦公之用，為數已多；復又分為三限，每限每石各加銀三錢，全給州縣辦公，深恐虛報收數，徒飽私囊，弊端不少，請旨裁禁等語。著劉坤一一併查明，將應行裁革者，速為禁止，並著嚴飭各州縣認真辦理，毋得稍有徇庇。原折片著抄給閱看。將此諭令知之。〔註 29〕

七月乙亥，諭內閣：

前因左都御史胡家玉奏江西省錢糧違例加徵，請飭裁革並不得立捐款公費名目等語。當諭令劉坤一嚴飭所屬州縣，恪遵定例，不准絲毫浮收，如查有私立捐款公費名目，額外加徵，即著嚴行參辦。嗣據劉坤一奏，據實直陳丁漕改章實在情形，請仍照章辦理。當經允准，仍諭令隨時認真稽查，倘有絲毫浮收，即行從嚴參辦。茲復據胡家玉奏，瀝陳江西省違例加徵各弊，請飭部核議等語。著戶部

〔註 29〕《清穆宗毅皇帝實錄》卷 351，《清實錄》第 51 冊第 648 頁，同治十二年（1873）。

按照左都御史所陳各節，及江西省現在情形，應如何辦理，始臻妥善之處，悉心酌核，妥議具奏。至所稱請嚴飭各州縣，不得將上司之供應，道府之漕規，節壽諸陋規，巧立辦公名目，取之民等語，著該撫仍遵前旨，嚴飭所屬，認真革除，以維政體而恤民生。尋戶部奏、遵議江西地丁一項。請飭該撫臣按照曾國藩原定章程辦理。漕折一項亦請查照同治四年奏定錢數徵收。至逾限加價一節。應令仿照江蘇辦法年內毋庸加收。年外每石加錢五百文。以示限制。從之。

尋戶部奏：遵議江西地丁一項，請查照同治四年奏定錢數徵收。至諭限加價一節，應令仿照江蘇辦法，年內毋庸加收，年外海石加錢五百文，以示限制。從之。〔註 30〕

同治十二年。癸酉。冬十月。丙子朔。

申午。諭內閣：前據左都御史胡家玉奏復陳江西省錢糧違例加班，請飭裁革，當交戶部妥議具奏。茲據劉坤一奏稱，胡家玉原奏諸多失實，該左都御史及其弟侄有田六七百畝，自咸豐初年至今，二十餘年，銀米絲毫未完。該撫接胡家玉干預原籍諸事之信，不一而足，前於丁漕新章奏奉諭旨之後，復貽書該撫等，意存恫喝等語。除江西徵收丁漕章程業經戶部議奏，降旨准行外，劉坤一所陳各節，著胡家玉明白回奏。〔註 31〕

同治十二年。癸酉。冬十月。丙子朔。

丁酉。諭內閣：前據劉坤一奏稱，左都御史胡家玉家玉陳奏江西加徵錢糧語多失實，並謂胡家玉及其弟侄田久未完糧，兼有干預公事信函各節，當令胡家玉明白回奏。茲據奏長，本籍祖遺湖田四五百畝，其父兄弟五人，各分田不及百畝，歷年未完銀米，均由災歉緩徵。劉坤一間或貽書，詢問地方公事，亦曾函答。此次丁漕改章，適江西藩司有書前來，據實答覆，並函致劉坤一，實非意存恫喝等語。該撫此次所奏，措詞固多激切，惟胡家玉致本書籍地方官，

〔註 30〕《清穆宗毅皇帝實錄》卷 355，《清實錄》第 51 冊第 700 頁，同治十二年（1873）。

〔註 31〕《清穆宗毅皇帝實錄》卷 358，《清實錄》第 51 冊第 739～740 頁，同治十二年（1873）。

雖為公事起見，殊屬不合，著交部照例議處。所稱地畝被淹緩徵，是否屬實，歷次往來信件，是否該撫先行致函，均著劉坤一據實具奏。〔註 32〕

同治十二年。癸酉。十二月。乙亥朔。

戊子：諭內閣、禮部奏、議結磨勘處分。請旨更正。並自行檢舉一摺。本年順天鄉試中式舉人徐景春試卷。文理荒謬。經磨勘官簽出。照例斥革。正副考官同考官。均有應得處分。著照該部此次所議。正考官全慶。副考官胡家玉、童華潘祖蔭均著降二級調用。同考官著即行革職至此案正副考官同考官處分該部前奏。辦理未能允協。所有禮部堂司各官。著交部分別議處。尋議、尚書靈桂、萬青藜、侍郎察杭阿、黃倬、綿宜、徐桐、均應降一級留任。從之。

同治十二年。癸酉。十二月。丙申。

又諭（內閣）：劉坤一奏、遵旨據實覆奏一摺。據稱查明胡家玉及其弟任田畝歷平應完錢糧。實有未曾被災辦緩仍未完納者。丁漕改章一案。胡家玉曾貽該撫書信。並非該撫先行致函等語。胡家玉本籍畝應完錢糧。既未完納。又將丁漕改章一事致書地方官。均屬不合。降調左都御史胡家玉。著交部議處。〔註 33〕

同治十二年。癸酉。十二月辛丑。

諭內閣：前據江西巡撫劉坤一陳奏降調左都御史胡家玉，本籍田畝未完錢糧，並有先貽該撫書信情事，業將胡家玉交部議處，茲據給事中邊寶泉奏稱，胡家玉累次未完漕糧，劉坤一豈漫無覺察，何以事歷多年，概置不問？胡家玉既有干預原藉諸事之信，何以不立時奏聞？迨胡家玉條陳江西丁漕改章，互相牴牾，始行糾參，藉端報復，挾私攻訐等語。劉坤一於胡家玉本籍田畝未完漕糧，當時並未參奏，接胡家玉信函後，又不即行陳奏，亦屬不合，劉坤一著

〔註 32〕《清穆宗毅皇帝實錄》卷 358，《清實錄》第 51 冊第 740 頁，同治十二年（1873）。

〔註 33〕《清穆宗毅皇帝實錄》卷 361，《清實錄》第 51 冊第 779～771 頁，同治十二年（1873）。

交部議處。〔註 34〕

同治十三年。甲戌。春正月。乙巳朔。

辛酉。又諭(內閣):吏部奏遵議大員處分,請分別革職、革任各一折。降調左都御史胡家玉,著加恩改為降五級調用;江西巡撫劉坤一,著加恩改為革職留任,降為三品頂帶。〔註 35〕

胡家玉加恩改為降七級調用,旋允部議,以五品京堂候補。至此,胡家玉與許仙屏〔註 36〕親家書中詳細說這件事情的經過和家裏的事情〔註 37〕。曰:

仙屏親家大人閣下:

別經月餘,不勝馳念。昨聞在紅花埠途遇汪編修寄語平安,又聞正月初二,由維揚南旋,計已安抵珂鄉,椿堂康豫,臚歡篤慶,其樂何如。前與宗伯談及,亦以高誼,迴越尋常,欽贊無已,非獨弟一人私佩也。小兒承提攜回里,感何可言,並求教誨成全,勿以半子相待,稍形客氣,是所私切。縣試想已有期,不知小兒已晉省否?弟自數月以來,屢干吏議,科場一案,因為二佰餘年未有之事。至與卯金牴牾,部議更嚴,必欲去之而後已。幸皇上加恩,僅予降五級調,計前後共降七級,區區五品京堂,自不如歸去為善。猶記客冬夜話,囑令歸田,先見之明,惜弟聞之已晚。此時省垣,萬不可住。前商代覓居停一事,求田問舍,此時不得不然。將來五六兩小兒,永恃泰山之庇,一切尚費清神。聞令兄說置田當在秋冬,俟有端倪,望即示知,以便遵辦。又聞令兄說:尊府尚多閒屋,如學堂之類。小兒在彼完姻,暫住亦屬無妨。甘須莊亦云:子大之姐夫曹君,在外家安住十數年,向無忌諱。此時弟心緒紛紜,尚未為小

〔註 34〕《清穆宗毅皇帝實錄》卷 361,《清實錄》第 51 冊第 783 頁,同治十二年(1873)。

〔註 35〕《清穆宗毅皇帝實錄》卷 362,《清實錄》第 51 冊第 796 頁。同治十三年(1873)。

〔註 36〕許仙屏(?~1899),江西省奉新人。名振禕〔hui〕,同治進士。曾任陝西學政、河南按察使、江寧布政使、東河河道總督、廣東巡撫等職。主張廢止釐金,節用民力。

〔註 37〕此函原藏奉新許氏家中。一九五三年仙屏次孫汪度出以示余,並有曾國藩、國荃、俞樾、李鴻章諸人手札百餘通,余以千餘金購得之。一九五六年胡先驌來江西講學,余出示其曾大父與仙屏親家手書,較之與少仲手書所言尤為詳盡,步曾快慰之至,遂託其徒弟一民,向余索去。幸當時餘錄有副本,茲據副本錄出,以餉讀者,而正本經文革劫火,則不知流落何處矣。王諮臣誌。

兒諏定喜期，容再奉呈，統求裁酌。本擬先命小孫送乃父靈櫬歸里，弟於秋間啟行。近見江省緩徵原奏，凡被災之縣，均將都圖村社，詳悉敘清。獨於新建，則但稱上下各鄉被淹民田若干，未完銀米若干，含混其辭，並無都圖可考，小民何所適從。吏胥得以從中影射，縱有緩徵之名，而無緩徵之實。諸君遷怒於一縣被災之民，如此存心，弟若攖其鋒，禍莫可測。此時進退，頗覺兩難。閣下高見卓識，當必有以教之。專此布臆。敬請侍安。並叩姻伯大人福禧。親母夫人以下均安，弟玉頓首正月二十二日。

其曾孫胡先驌後作詩曰，周憲民先生錄似，先曾大父致勒少仲太姻丈書感賦，附懺庵自跋：

周先示我一封書，讀罷能禁淚滿裾。

可悟功名真一夢，漫將恩怨溯當初。

仁人德澤流桑梓，故老謳歌遍里閭。

久負平生饑溺志，摩挲遺翰益增歔。

附懺庵自跋云：清同治朝，劉坤一撫贛，奏增田賦，贛籍御史議彈之。先曾大父時任總憲，以為洪楊兵後，湘人冠蓋赫奕，炙手可熱，言官勢輕，必不得請，且將獲罪。及具疏劾劉，劉本與先曾大父為舊交，至是乃反顏摭拾族人逋賦事，兼引京官不得與外官通函例，還劾。其時曾忠襄公方與官交惡，劾官兼及先曾大父，遂與劉同罷吏議。劉以勢得革職留任處分，先曾大父則降五級調用。准諸曩例，正從各敘一級，降五級應得從三品，乃降補通政司，可謂嚴劾無倫。日後曾文正公入京，代忠襄謝世，先曾大父乃與忠襄復交。劉坤一入京亦乞人說項，欲謀晤則峻拒矣。

《蓮航惠贈杜蘇詩集並先曾大父手書扇面走筆鳴謝》

遠歸隨天風，子身鮮長物。匝月不誦詩，惘惘如有失。

吾宗富腹笥，萬卷肆占畢。詩學貫中西，奘窺擅重譯。

從之假詩卷，破我枯禪寂。奚僮挾書至，始願非所及。

杜集已精槧，蘇鈔實拱璧。故紙浮古香。醰醰若可挹。

夙好舉相贈，知我有詩癖。更媵璆琳珍，片頁存手跡。

摩挲生百感，喜極淚禁滴。百年幾滄桑，雲狗何可述。

盧墓陷賊中，骨肉各遠隔。傷離念亂情，杜老差彷彿。
何期鎩羽歸，竟獲先人澤。在君為割愛，厚貺我何德。
亦哀流寓人，聊慰無家泣。此施敢言報，高誼定銘骨。
短章聊寄意，聲病從指謫。

（四）

胡家玉作《鄉水災吟・並引》:「光緒二年六月（1876），署江撫李捷舉方伯以山水驟發，南昌新建等縣被災甚重，請加賑恤，得旨允准，甚盛典也。予生長湖鄉素諗水災之苦，追憶往事，因為此吟。」

我家西昌之西鄉，西濱章水東鄱陽。
厥田上下跨荊揚，與水爭地資堤防。
我生之初蛟龍藏，雲霓時或引領望。
圩外鼻水灌陂塘，人力盡瘁歲豐穰〔註38〕。
無何讖語應道光〔註39〕，江湖清淺變為桑。
一雨三日輒汪洋，十年九載成災荒。
窮簷屬饜無糟糠，先發屋瓦後棟樑。
花村鞠為茂草場，咸豐況復賊鴟張。
蓬帆如蟻圍城隍，南州浩劫遭紅羊。
風埸鶴唳走且僵，孱兒弱女委路旁。
流離轉徙逾十霜，縱然洄復誰分秧。
吏胥枉催上下忙，毅皇軫念民如傷。
大沛恩綸蠲逋亡，歡聲雷動遍八方。
父老至今不能忘，吁嗟呼，
父老至今不能忘！

光緒五年（1879），胡家玉授職出任通政使司參議。覆勘各省生員歲科試前列卷，金臺書院〔註40〕主講。胡家玉深感「內寇雖平，然海疆未靖」，列強

〔註38〕嘉慶年間湖田大熟。

〔註39〕宣宗改元道光、鄉人訛為稻光，後竟如讖。

〔註40〕金臺書院位於崇文區西部，崇文門外東曉市大街203號。它是清朝中葉（1750年）在京城建立的一所書院，前身係降清明將洪承疇的私宅——洪莊。清康熙三十九年（1700年），京兆尹錢晉錫在宛平、大興分設義學，收孤寒生童就讀。宛平的義學擇地長寺，大興的義學僦屋洪莊。後宛平的義學併入洪莊，名「首善義學」。從此，恬靜的莊園有了琅琅讀書聲，成為京師義學的所在地。金臺書

環逼於四鄰，覬覦我邊疆，海防日漸重要，海防緊要，請設外洋輪船水師，下所司議。為此，他向清皇朝核心疏陳了他加強海防的見解：

竊自咸豐以來，准各國通商以後，中外臣工莫不以自強為急務。設船廠，購機器，練洋槍隊，習洋人語言文字，凡所以為自強計者，至周至密。而洋人仍敢任意要挾，妄生覬覦者，徒以我外洋無制勝之師，無制軍之將，能守不能戰也。海疆綿延八九千里，一處有警，處處設防。幸而無事，所費已不勝計。往年日本窺伺臺灣，浙江一省防費近四十萬，合之沿海各省支銷應不下二三百萬。今年日本佔據若均效尤，則度支立匱矣。臣愚以為與其株守於海口，不如角勝於洋面；與其周章於臨時，不如綢繆於未事。權衡輕重，移緩就急，謹就管見所及，為皇太后皇上陳之。

一、北洋宜設外洋水師也。北洋大臣駐紮天津，天津為京師屏蔽，洋人無事則已，有事必全力注之。如圍棋然，天津為通盤第一要著，不下要著而下旁著，洋人不若是之愚。天津向無水師，大沽、葛沽有炮臺而無戰艦，株守一隅，畢竟可慮。擬請敕下北洋大臣添設外洋水師提督一員，總兵二員，挑選輪船十餘隻，分配兵弁二三千，往來於南北兩洋，令其熟悉海濤沙線，展輪、停輪、裝炮、放炮諸法。有戰船、有戰將、有戰兵，較之紙上空談，徒以口舌爭勝者奚啻倍蓰？或謂現因餉費支絀，散遣防勇之不暇，何暇添兵？臣聞天津水勇尚多，新城屯紮淮軍亦復不少。擬請移緩就急，於此兩軍內選謀兼備之將，挑年力精壯之勇以成北洋水師一軍，有南省歲饋之餉以贍之，應無慮餉需不繼也。

二、南洋宜設外洋水師也。江南海口雖不及天津吃重，而長江上達數省，防務亦不可鬆。江南提督水陸兼轄，其營哨多在內河，雖有沿海水師，而快蟹艇船非槳不行，非風不駛，捕盜尚慮不足，安能禦侮？現在江路通暢，海氛方熾，擬請敕下南洋大臣，權衡輕重，移緩就急，調長江水師提督、瓜洲、岳州兩總兵為外洋水師提鎮。南洋地面較寬，所用輪船應較北洋多三四隻，所配水軍亦應多

院隸屬順天府官署管理，所收學員主要是京師和各省準備參加會試、殿試的舉人和貢生，但順天府的童生亦可就讀。書院如發現人才，則立即上疏推薦。這種破格以求的精神，說明書院為清朝培養和物色人才的辦學目的是很明確的。

撥千百人。一切兵弁、書識即於該提鎮所管營汛內挑選，一轉移間於海防甚有裨益。昔日洋面視為畏途，今日洋面視為坦途，固無慮陸軍之不宜於水、江軍之不移於海也。

三、長江水師宜歸總督統轄也。同治年間，原任兩江督臣曾國藩等請設長江水師提督一員，岳州、漢陽、湖口、瓜洲、狼山五鎮、二十四營、七百七十四哨，戰船七百三十號，兵一尤二千餘人，歲餉七十餘萬。臣時在兵部侍郎任內，頗穎設官太多，需費太巨。司員中有謂「曾國藩老成謀國，具有深意，故第三條內『長江通商處處與外國交涉』之語，窺其設軍之意，不為可靖內訌，亦可以禦外侮」云云。臣聞之，將信將疑。嗣細加採訪，僉謂長龍、舢板船身太小，不足當輪船一浪。詢之前督臣楊岳斌、侍郎彭玉麟，說亦相同。然則長江一提、五鎮、七百三十號戰船、一萬二千餘七八十萬歲餉，非為禦外計也，特藉以捕盜耶。捕盜有漢陽、湖口、狼山三鎮水師足敷巡緝而靖江面也。該三鎮就近由各總督調遣，不致鞭長莫及也。應請敕下漢陽一鎮歸湖廣總督提標、岳州瓜洲兩鎮標調剩之營哨如何並省，如何填紮之處，應由各該督會同巡閱長江水師侍郎彭玉麟斟酌辦理。

四、福建船廠宜專造鐵甲輪船也。洋人製造軍械，愈出愈奇。從前輪船駛入內洋已駭聞聽，今復有鐵甲輪船，炮子不能轟入，橫行海上，所向無前。夏間原任兩江督臣沈葆楨來京與臣談及海防，非多備鐵甲船不可。洋人每以鐵甲船相誇耀，是造鐵甲船為今日當務之急。福建船廠已造成鐵脅船矣，而鐵脅終不及鐵甲。該廠歲撥閩海關稅、道庫、鹽課銀七十餘萬兩，應請敕下船政大臣，嗣後鳩工庀料，專造鐵甲輪船，逐年增添，多多益善，分撥南北洋水師配駕，以壯軍威而備攻剿。洋人所恃者船堅炮利，我亦船堅炮利，則洋人失所恃而我不致一無所獲恃矣。

以上四條，揆時度勢，第就管見所及，約略言之，為外洋水師之權輿耳。

夫以長江一線尚須七百數十號戰船、一萬二千餘兵防守，茫茫大海，無涯無際，而謂二三十號輪船、五六千兵勇，遂足以威服洋人，使不敢逞，識者必以為輕量天下事矣。然事有始基，功由漸進，九仞之山，基於一簣。所望時和年豐，餉需日裕，不獨南北兩洋水師日新月異，推而至於沿海各提鎮均有輪船水師，均有鐵甲船衝鋒陷陣，南北洋聲勢聯絡，可戰可守，從此觀政海邦，不言強而自強矣。

通政使司參議胡家玉奏建南北外洋水師折光緒（1879）五年十二月初二日。〔註41〕

光緒皇帝表示贊同，並非常重視，正是在這樣的輿論推動下，中央同意成立海軍。《中國海軍誌》把胡家玉列為中國海軍創始人之一，北洋水師創始人，中國軍事博物館對他有詳細介紹。正是因為此奏疏的遠見和重要性，張曉生主編《中國近代戰策要》，收錄光緒五年十二月初二日，通政使司參議胡家玉奏建南北外洋水師折，該書有詳細記載。

光緒六年（1880），覆勘各省優貢卷。上書請「疏濬江西河道」，又奏「河南糟糧宜徵本倉」。經有司議定施行，胡家玉屢次上奏，多受挫折，但他盡力盡心，忠於職守，敢於為百姓申言，難能可貴。年底胡家玉因病陳請開缺，得到了光緒皇帝的批准，從此離開政界。

癸丑。諭內閣。通政使司參議胡家玉奏、河南各州縣漕米、請飭概徵本色、起運交倉等語。著戶部議奏。現月。

諭軍機大臣等。通政使司參議胡家玉奏、江西河道淤淺、請飭動款疏濬一摺。據稱江西十二郡一州之水。匯於鄱陽湖。統歸湖口入江。出路本不甚寬。近年濱湖十數縣、田畝寖成澤國。有種無收。擬將東西河淤淺處所、次第疏通。俾夏潦暢行。不至壅滯為患。並臚陳六條。以備採擇等語。著李文敏、酌度情形。妥籌辦理。原摺著鈔給閱看。將此諭令知之。尋奏、江西河道淤淺。由來已久。體察情形。力難疏濬。報聞。

周維新在1941年1卷1期《江西文物》寫《胡家玉傳》結尾論曰：「清咸同時，外患日亟，練兵理財，均關國家根本至計，家玉立朝奏議，多切時弊，晚年疏陳海防三策，所謂『有戰船、有戰將、有戰兵』，較之口舌之爭勝，奚啻信蓰。蓋為識時務之名言，其力爭江西田賦不應加徵一事，彌見仁人之用心已矣。」

〔註41〕中國近代史資料叢刊《洋務運動》，張曉生主編《中國近代戰策要》。

作《贈耆英會》詩：

摩霄鴻鵠倦飛還，丹鳳城西夜掩關。
多種菊花娛晚節，滿斟竹葉澤衰顏。
偎爐待雪寒先覺，拄杖看雲意自閒。
不敘官階敘年齒，風流千載白香山。〔註42〕

（五）

胡家玉作《程憩棠先生入祀東館記》：

吾邑十六鄉，山九而湖七。山憂旱，湖憂澇，家鮮蓋藏而喜讀書。饘食粥稍自給即以延師教子為務。歲或不登，鬻田以償修脯勿恤也。

貧乃士之常，吾邑人士鮮不貧者，幸登鄉薦，公車北上，往返六七千里，竊竊焉惟資斧不給是懼。或稱貸，或親故協助始成行，一再下第，則人情倦，自顧亦內慚。敦品力學之士，懷抱利器，北望京師，遙遙如在天上，奮飛無翼，不獲博一官以展其素抱鬱鬱老牖下者，何可勝道。

憩棠先生由翰林外任，慨然以振興人文鼓舞邑後進為己任。自壬辰迄辛巳，春闈前輒寄數百金助券資。又函勸同邑官他省者，各解囊集腋，往往醵聚逾千金。自是公車益眾，至兩館不能容，稱極盛焉。吾邑在前明，科名甚盛，而一甲僅謝，鄧二公。我朝百九十餘年，至道光乙未，曹子固先生始一甲第二名及第，辛丑不才忝附一甲末。七年間兩掇高科，僉以為先生鼓舞振興之所致。

是年冬，予假旋過皖，以後輩禮謁先生於節廨，且稱謝。先生曰：「是區區者，烏能久。為久遠計，非立賓興會不可行，當捐萬緡為之倡。」事未就，而先生卒。乙巳春，封翁踐前言。適先生從兄晴峰先生由粵撫擢漕督，過章門，以八千緡益之而會成。存典生息，擇公正殷實者司出納，公車人給五十金。咸豐中，粵匪竄西江，蹂躪幾遍，吾邑兵荒交困，而累科公車絡繹不絕。微賓興會烏能若是，而賓興會非先生倡始又烏以成耶？

國家設科目以網羅天下士，汲汲惟恐不逮。先生倡興此舉，令

〔註42〕王凱賢選注《中國歷代探花詩》（清朝卷），崑崙出版社，2007年1月第一版，第300頁。

吾邑敦品勵學懷抱利器之士及時貢朝廷供任使，其有裨於聖天子作人雅化豈淺鮮哉！傳曰：有功德於民則祀之。邑人士念先生倡始之功弗衰，咸豐庚申春，公奉木主於東館。館故有龕，祀文昌、關帝、福主諸神。左側祀歷代鄉先輩，而祀先生於右，禮也，亦聊志祭川先河、造車始輪之意云而。

先生喆嗣鄂南水部、丹源農部恐其久之而無稽也，屬予為記，謹述其始末如此。

同治庚午（1870）七月邑人胡家玉撰〔註 43〕

在王諮臣先生新風樓收藏有胡家玉几首詩的手書真蹟：

喜雨

粵自冬徂夏，炯炯草不青。公田其有口，睿慮惕無形。

樓肅三壇禱，家持二氏經，瞻天惟見日，奮地不聞霆。

乃免諸逋稅，仍清庶獄刑。截糧憑使相，頒帑賑災丁。

餘澤沾屠肆，休祥溥闕廷。民歌仁遍覆，神鑒儉惟馨。

漫說魃為虐〔註 44〕，從知龍最靈〔註 45〕。連番雲擁樹，徹夜雨淋鈴。

鴨種畦畦拾，鳩聲處處聽。乞漿應得酒，醉飲慰頹齡。

書贈雲槎年兄四絕句：

（一）

焚香獨自上天壇，桂樹風吹玉簡寒。

長怕嵇康仙骨乏，與將仙籍再尋看。

（二）

玉詔新除沈侍郎，便分茅土鎮東方。

不知今夕遊何處，侍從曾騎白鳳凰。

（三）

紫羽麾幢下玉京，卻邀真母入三清。

白龍久住渾相戀，斜倚祥雲不肯行。

〔註 43〕錄自光緒六年《新建館錄》程憩棠，即程楙采。

〔註 44〕訛言畿輔有九魃。

〔註 45〕四月兼尹萬赴邯鄲請龍井鐵牌至京供奉，閏五月始得透雨，乃命京尹送還賜額。

（四）

閒來洞口訪劉君，緩步輕招玉線裙。

細拍桃花擲流水，更無言語倚彤雲。

（六）

其幼子湘林會試中式進士，後兩度任護理兩廣總督。任職翰林院時，1880年入家廟祭祖，並撰寫楹聯：

荷三朝寵，膺一品封，予小子，忝竊科名，所冀詩書綿細澤；

耕百畝田，種數畦地，我先人，艱難稼穡，當思勤儉守家風。

新基村名遂定為治平洲。家玉自修宗譜時定增世序曰：

文章華國憲

臺鼎濟世臣

胡家玉在光緒十二年（1886）丙戌逝世，安葬新建縣洪崖鄉龍潭村官山東邊土，該墓前有一對華表，墓碑前有一對石獅，周圍兩邊各有一對石牛，石馬，石象。解放後建八一無線電廠，墳墓被推平，由於當時歷史原因，沒有把墓遷移另外安葬。2006年6月6日，胡氏族人尋找，在昌北開發區范家村發現僅有一塊碑石。《治洲胡氏湘林立祖墳告示》：

欽加同知銜署理、新建縣正堂三級，紀綠三次高為。給示勒石嚴禁事。據家人王福稟稱竊家玉。花翎同銜浙江補用知縣胡相清、花翎頭品頂戴廣東布政使司胡湘林，於光緒三十一年（1906）所買新建縣洪崖鄉龍潭村官山東邊土，名獅子捧球陰地三契。前橫寬十丈零四尺、後橫寬四丈、左直長二十六丈六尺、右直長三十八丈三尺、均釘石立界。曾經投稅在案，於光緒三十二年（1907），營葬老家主賜進士及第、原任都察院左都御史胡家玉。只以該處聚鄰田畝，密邇村墟，此付豐草滋藩。既慮耕牛踐踏；他日喬松成蔭，尤虞樵採紛紜，懇請給示勒碑。俾安窀穸等情到縣，據此除批示外，合行給示勒石，嚴禁為此示。仰洪崖鄉附近居民人等、知悉爾等、須知該地係胡姓契買之業，安葬墳塋。所有界內，柴草樹木侵害即干法究，自示之後各宜安分守法，不准在該山縱放牛隻踐踏，以及私行樵採摧挖土，倘敢故違，一經地主查出指名稟控，定即嚴拘到案，照例從重究辦，決不寬貸。其各凜遵毋違特示，實貼洪崖鄉。右諭通知。光緒三十二年（1907）十一月初三日給示。

胡家玉任都察院左都御史，稽查京通十七倉大臣，任欽差大臣和軍機大臣等職，官居一品。在《中國歷代宰相大全》中；金宏主編《贛鄱人傑——江西籍宰相狀元錄》江西人民出版社 2005 年 10 月版；李天白編著《江西宰相傳》，江西教育出版社 2008 年 9 月版等書中，胡家玉被列為清朝宰相之一。

江西宰相胡家玉〔註 46〕

胡家玉（1808～1886），字小蘧，南昌新建（今江西新建縣）聯圩鄉治平洲人。官至左都御史，軍機大臣。

家玉幼時勤於學業，聰敏智慧，才學冠群，鄉試中舉之後，於道光二十一年（1841）辛丑科考取進士，殿試一甲第三名，名為探花，授翰林院編修。道光二十三年（1843），受命提督貴州學政。第二年散館以後，分發在刑部，充任刑部主事。

咸豐三年（1853），胡家玉以母喪回鄉守制。當時正值太平軍賴漢英（今廣東梅州人，太平天國將領）經略江西，圍攻南昌。胡家玉以在籍的官紳身份，參加了地方政府組織的抵抗，幫助清軍指揮作戰。由於胡家玉敢於任事，勸捐又出力，因此受到地方官史的推崇。經江西巡撫陳啟邁的奏請，胡家玉也得到了咸豐帝的獎敘，從主事提升為員外郎。咸豐七年（1857）六月，擢升為軍機處章京。不久，胡家玉的父親去世，再次去官回鄉守孝。咸豐十一年（1861）先後任湖南鄉試副考官，順天鄉試同考官。同年，咸豐帝以胡家玉處事勤勉，將他提為中郎。

咸豐奕詝病死熱河，穆宗載淳繼位。同治二年（1863），胡家玉受到同治帝的召見。這年，胡家玉兩度遷升，由郎中升到了鴻臚寺少卿。同治三年（1864）黃河改道，水流北徙，洪水淹沒了黃河下游數省的大量農田，窮苦百姓被迫背井離鄉，流落外地。胡家玉目睹這一慘狀，上疏同治，「撥固本京餉」修築黃河大堤，同時疏道束水，以保農田，安定民生。清政府以「內地未靖，庫帑不足」的理由，拒絕採納他的建議。同治五年（1866）三月，提升為都察院左副都御史，在軍機大臣上學習行走。同年七月，又遷兵部左侍郎，負責清軍的選練。當時，清統治集團中正圍繞是否有必要在直隸添練六軍的問題展開討論，胡家玉上疏同治，認為直隸練軍多年毫無成效，不如選練京師騎兵一萬五千人。他密疏當朝說：「直隸總督請求設立七軍，辦理了三年，迄無收效。難道改為六軍，就能成為勁旅？即使給官弁加操添餉，漸有起色，挑來的

〔註 46〕李天白編著《江西宰相傳》，江西教育出版社 2008 年 9 月版，第 386～389 頁。

標兵終歸還是勢煥而情散，有拱衛之名，而無拱衛之實。因此，與其練京外標兵以輔助京師，還不如練京內旗兵以充實軍師。」他提議清政府「依神機營之制」，選練旗兵一萬五千人，組織神武營，建立洋槍隊、馬隊、步隊三軍，協同防衛軍師，預防不測。胡家玉的主張觸犯了一些封疆大吏，也與當朝顯宦之見相忤。他的奏疏，在經過一番討論之後，被束之高閣。胡家玉由於與鄂省督、撫交惡，涉及收受湖廣總督官文飯餽送程儀銀兩，「不知遠嫌」，於同年十二月，受到了「下部議處」、「革職留任」的處分，離開了軍機處。同治六年（1867）底才奉詔寬免，會同大學士賈楨管理五城練勇局務。同治七年（1868）調補吏部左侍郎，代理兵部右侍郎，同時充任稽查京通十七倉大臣。

滿清政府雖然先後把太平天國運動和捻軍起義鎮壓下去，但受農民革命猛烈衝擊所損傷的元氣，直到同治十年（1871）仍未恢復，財政拮据，政令混亂的狀況概發以往。因此，如何擺脫財政危機，統一政令成為當時急切的問題。胡家玉目睹維艱時局，為朝廷提出了尋求理財之策。他認為「自古理財之道，不外開源節流」。他說：「論開源莫要於一捐納，謹釐金」，「論節流即莫於核勇數、汰勇營。」胡家玉這個主張，得到了同治帝的肯定和贊許。同治九年（1870）十月，胡家玉上疏同治帝，指控當時江西巡撫劉坤一，每年在江西浮收銀兩七十餘萬，使民眾叫苦不迭，「有違清初永不加賦的成憲」，要求朝廷下詔立即要江西巡撫停止加徵浮收。同治十二年（1873）正月，胡家玉再次上疏，請裁江西地丁加徵銀兩，胡家玉的連番上疏，使劉坤一對胡家玉懷怨至深，但最終得到了同治帝的批准。同年十一月，劉坤一上疏反劾胡家玉，指責胡家玉干預江西丁漕改革，說胡家玉家屬拖欠錢糧，由於同治帝偏信劉坤一之言，胡家玉由此受到降級使用的處分。隨之又以舉人徐景春試卷磨勘一案，受到降五級調用。劉坤一也以「先不上聞」和「藉端報復」、「挾私攻訐」，也降三級調用。胡家玉去職不久，即以五品京堂候補，光緒五年（1879）任通政司參議。

光緒六年（1880），胡家玉深感「內寇雖平，然海疆未靖」，列強環逼四鄰，覬覦我邊疆，海防日形重要。為此，他上疏朝廷，陳述他加強海防的意見。其內容是：一、在北洋設立外洋水師，配備提督一員，總兵二員，輪船十艘，弁兵二、三千，加強南北兩洋的聯絡，隨時以備禦外。他認為實力是維持「和局」的保證。二、在南洋也設立外洋水師。他認為南洋海岸長，洋面寬，要配制比北洋外洋水師更雄厚的力量，建議將長江水師提督和瓜州（治今甘肅安西東南）、岳州（治今湖南洞庭湖東南）兩總兵改為南洋外洋水師提督，以加強指揮。三、福建船政局應為海防服務，在「海氛防熾」之際，要多造鐵甲船，多汲收西方輪船製造的技術，以增強「禦海」能力。清政府同意成立海軍，正是在這樣的輿論推動下實現的。同年三月，胡家玉因病陳請開缺，得到光緒帝的批准，退職回鄉，從此離開政界。光緒十二年（1886）病逝於江西新建縣故里，終年 79 歲。著有《胡小蘧通參自訂年譜》一卷。

贛鄱人傑胡家玉〔註 47〕

朝代：清

籍貫：南昌府新建縣（今江西新建縣）

道光二十一年（1841），33 歲的江西新建人胡家玉在殿試中名列第一甲第三名，成為辛丑科大考的探花郎。

胡家玉（1808～1886），家琢敷，號小蘧，出生於江西新建縣聯圩鄉治坪洲一個書香世家。他天性聰慧，6 歲開蒙入家熟讀書。不出 3 年，就讀完了四書五經，且長於記憶，凡讀過之書，皆能過目不忘，一時被鄉人稱為「神童」。11 歲時，胡家玉即能作些簡單的律詩，且每能闡發新意，讓人讀後倍覺清新。27 歲參加縣試，考中秀才；29 歲，他又赴省城南昌應江西鄉試，得中舉人；終於，在 33 歲上，他通過了會試、殿試，高中一甲第三名（探花），成了進士。

考中進士後，胡家玉被朝廷授予翰林院編修之職。兩年後，他獲得一個「肥缺」，到貴州提督學政。道光二十七年（1847），他離開翰林院，被任命為刑部主事。正當胡家玉躊躇滿志之時，一個噩耗傳來，他的生身母親去世了。這對胡家玉打擊很大。他連忙上疏請假，回家奔喪。

十九世紀五十年代，神州大地上刮起一般農民起義狂飆。1851 年，洪秀全在廣西桂平縣金田村揭竿而起，首燃革命烽火，贏得四方響應，席卷全國。此時胡家玉正丁母憂在家，出於地主階級的正統觀念和階級本性，當他聽說江西巡撫陳啟邁下令設立一個部門勸捐炮船經費時，立即積極響應，率先應捐，並幫助籌措此事，不遺餘力。咸豐五年（1855），陳啟邁上書朝廷，以胡家玉在勸捐中出力甚大，請求獎敘。很快，清廷賞以員外郎一職。咸豐七年（1857），胡家玉丁母憂期滿，被朝廷任命為軍機處章京。誰知就在同年八月，

〔註 47〕金宏主編《贛鄱人傑——江西籍宰相狀元錄》，江西人民出版社 2005 年 10 月版，第 267～272 頁。

胡家玉的父親去世了。他忍受著怙恃皆失的巨大的悲痛，告假離京，再次回新建縣聯鄉老家守三年之喪。

咸豐十年（1860）胡家玉丁父憂期滿，於咸豐十一年（1862）三月補員外郎。同年五月，他被任命為湖南鄉試副主考官，奔赴長沙。由於石達開在開京事變後率兵出走，攻進湖南，導致該年湖南鄉試停考。清廷命胡家玉火速回京，於八月充任順天鄉試同考官。九月，胡家玉被升遷為郎中。這年胡家玉41歲。

同年九月三十日，清朝宮廷內部發生了一次政變，慈禧太后勾結恭親王，將咸豐皇帝臨死前任命的「顧命八大臣」逮捕了，或處死，或革職，或治罪，從而篡奪了實際的最高統治權。這就是歷史上有名的「辛酉政變」。

政變前，胡家玉正在軍機處當差。當時，屢次出現部缺，但他終未得到替補，心中很是惆悵。不料好運隨即來臨，就在政變發生前夜，他升任郎中。

同治元年（1862），胡家玉的仕途開始出現重大轉機。先是以方略館辦理冊檔出力甚勤，加四品銜。同治二年（1863）九月，俸滿截取引見，被朝廷下令開缺，以四五品京堂候補。十一月，被授以鴻臚寺少卿之職。同治三年（1864），黃河北徙，胡家玉上疏請撥國庫銀兩築堤束水，保護農田。後經所司核議，因內地髮撚（指起義軍）未靖，庫帑不足，於是未得實行。不過，他的這一建議受到清廷重視，同年三月，他被升任通政使司副使；四月，又升光祿寺卿；五月，調充鄉試正考官；七月，升任太常寺卿；九月，又因太平天國失敗，江寧府（治今江蘇南京市）克復，天下統一，被賞頂戴花翎。數月幾遷，招致朝廷野側目。

不久，胡家玉又奉密諭，與副考官、給事中張晉祺一道，馳赴湖南，查辦巡撫惲世臨、升任巡撫鴻賓被參各事。同治四年（1865）正月，他與張晉祺聯銜覆奏查辦情形。很快，惲世臨等人受到不同的降級處分。胡家玉因此事查辦得力，升任大理寺卿。四月，胡家玉返京城後，仍充任軍機處章京。同治五年（1866）三月，他升都察院左副都御史，並受命在軍機大臣上學習行走，七月，他被任命為兵部左侍郎。至此，胡家玉名列朝班，仕途達到了頂峰。

誰知就在這時，他在宦途上開始倒運，差一點斷送了自己的政治生命。同治五年（1866）八月，清廷接到恭親王的上奏，準備編練六營新軍。但皇帝一時還拿不准，便諭令各大臣合議此事。胡家玉對此提出反對意見，他的這一建議頗不合朝廷胃口，且觸犯了恭親王、曾國藩等人。

九月，湖北巡撫曾國荃上疏彈劾湖廣總督官文和胡家玉，說官文曾送胡家玉程儀銀兩。朝廷最怕內外大臣結交，聞此大怒，欽派尚書綿森、侍郎譚廷襄前去查辦此事。最後，胡家玉以不知遠嫌，被下部議處，得旨革職留任，且取消了在軍機大臣上學習行走的資格。這是有家玉仕途上的第一次受挫。

胡家玉革職留任，心氣低沉。誰知一年以後，情勢發生改觀。同治六年（1867）十月，朝廷命他會同大學士賈楨等辦理五城練勇局務。十一月，黃河泛濫，他率先捐進賑米四百石，受到朝廷嘉獎，下詔寬免原革職留任處分。十二月，朝廷任命他兼署刑部左侍郎。

同治七年（1868），黃河在河南滎澤決口。胡家玉上疏請求疏濬雲梯關入海故道。但由於該項工程耗資過巨，未被朝廷採納。同治九年（1870），朝廷任命他兼署部右侍郎。同治十年（1871）五月，他被調補吏部左侍郎。九月，又兼署兵部右侍郎。同時充任稽查京通十七倉大臣。十月，他得到一項殊榮，受賜在紫禁城騎馬。

同治十年（1871）十二月，胡家玉面對紛至沓來的邊疆危機，上奏了一個補救時局四事折。他在奏摺中提出：自古言理財者，不外乎開源節流兩項，而今日談節流，則莫大於核勇數、汰勇營；至於開源一事，又莫要於一捐納、謹釐稅。現在髮撚已經蕩平，一些營官、哨官仍虛報勇數，假公濟私，對此應令造冊報部，嚴懲弄虛作假。至於各省留防之勇，有的人數達到數萬名，最少的也將近一萬，誠為國庫一大漏卮，應飭各督撫體察情形，陸續裁汰。各省捐納錢數不一，殊非核實辦公之道，應飭各督撫將勸捐員弁撤回，統一歸藩司收捐上兌，每月將捐納錢數報部知，聽候部撥。釐金病民，更甚於加賦，請飭各督撫罷免苛細之徵，減輕漏報之罪。他這四項建議上陳後，被朝廷採納。

同治十一年（1872）八月，胡家玉升遷都察院左都御史。十二月，充經筵講官。至此，在同治五年受挫之後，胡家玉經過幾年努力，又重新獲得朝廷恩寵，再次登上政壇高臺。

誰能料到，同治十二年（1873）十二月，胡家玉又遭參劾，差點兒又落個革職留任的悲慘下場，只是由於朝廷特意加恩，才減為降五年調用處分。

事情的經過是這樣的：同治九年八月，胡家玉接到鄉下人來信，言及江西省在徵收地丁銀之外又加徵銀兩之事，信中請他代請減免。於是，胡家玉念於鄉情，於該年十月向朝廷遞呈一個奏摺，將江西錢糧新章程附上，指出它在每徵銀一兩、隨徵耗銀一錢的定例之外，又額外加徵銀四錢。這樣，以江西額徵銀一百八十餘萬兩而每年加徵四錢計算，每年共計徵收浮銀七十餘萬兩，有違永不加賦的定規。為此，他請敕江西巡撫飭屬停止徵收浮銀。同治十二年四月，他第二次上疏論及此事，對此，朝廷特頒諭旨，同意了他的請求，且明令嗣後如查有私立捐款名目額外加徵，即著嚴行參辦。

七月，江西巡撫劉坤一奏請仍加徵丁漕，分比例提解司、道兩庫，以抵捐攤之款；分給道、府、州、縣，以抵漕規、節籌禮、月費各項陋規。朝廷對此頒下諭旨，著照所議辦理，但同時提出，在辦理時應時刻認真稽察，倘有絲毫浮收之事，即行從嚴參辦。

胡家玉看到這諭旨後，認為不妥，便引據祖訓、部章，歷陳其弊，終於使朝廷改變主意，同意照舊例收收錢每兩著加二百文。這件事到此似乎已經結束，但後來的事實卻證明它並未結束。

同年十月，劉坤一奏呈江西漕丁改革。胡家玉為此寫信給劉坤一，干預此事。於是，劉坤一惱羞成怒，向朝廷參劾胡家玉，說他本籍之人有未完錢糧者。朝廷將胡家玉交部議處，並命劉坤一據實且奏。最後，經部議，胡家玉致書劉坤一雖為公事起見，但終屬不合成例，應給予降二級留任的處分。

十二月，胡家玉又因在充順天鄉試副考官時，有偏袒舉人徐景春之嫌，受到降二級調用的處分。

接著，劉坤一又覆奏胡家玉及弟侄的田地，在未經被災緩免的情況下，有未完歷年應繳錢糧者。與之同時，給事中邊寶泉又上疏彈劾劉坤一，說既然胡家玉累次未完成漕糧，劉坤一難道就毫無察覺？胡家玉既有干預原籍諸事之時，劉坤一又何不立時奏聞？現在胡家玉奏陳江西加徵違制，劉坤一才藉端報復，係屬挾私攻訐。於是，朝廷將胡家玉和劉坤一一同下部議處。最後，胡家玉僥倖落個降五級調用的處分，後以五品京堂候補。

歷經此次橫來之禍，胡家玉慨歎世道滄桑，頗生幾多感觸。此時胡家玉已是 64 歲之人了。

光緒五年（1879）九月，將近花甲之年胡家玉補任通政使司參議。儘管歷經兩次打擊，但他那顆憂國憂民的心並未泯滅。十二月，清廷上下展開一場「海防」大討論。胡家玉也參加了這場討論，並進陳海防應注意三事折。他在奏摺中提出：1. 北洋宜設外洋水師，北洋大臣駐紮天津，為京師切近屏藩；2. 南洋宜設外洋水師，江南海口上達數省，防務亦不可放鬆，應改長江水師提督，瓜洲、岳州兩總兵，為外洋水師提鎮；所有輪船也應比北洋多出三四艘，所配水兵亦應多撥千百人；3. 福建船廠宜建造鐵甲輪船，逐年遞增，分撥南、北兩洋水師使用，以壯軍威而備攻剿。

胡家玉奏摺遞呈後，朝廷予以首肯。不久，李鴻章在天津設立水師營務處，負責處理海軍日常事務。後來，到 1894 年，清王朝已擁有船艦六七十艘，分別建成了福建水師、南洋水師和北洋水師。當然，這是後話了。

光緒六年（1880）七月，胡家玉的病情加重，難以在仕途再支撐下去，於是陳情辭官，回新建縣老家養病。朝廷予以恩准。是年他 71 歲。

光緒十二年（1886），胡家玉賦閒 6 年後，因病去世，享年 77 歲。著有奏稿、詩文稿各若干卷，藏於家。

胡家玉為官 40 年，幾起幾落，正是當時政治矛盾對峙的反映。

江西近代名人胡家玉〔註 48〕

胡家玉，字小蘧，江西新建縣人。1808 年出生於一個富有的家庭。胡定家玉幼時勤於學業，才學冠群，於 1841 年考取進士。隨即授翰林院編修。1843 年受命提督貴州學政。1844 年散館以後，分發在刑部，充任刑部主事。

1853 年，胡家玉以喪母回江西新建老家守制。當時正值太平軍賴漢英部經略江西，圍攻南昌。胡家玉以在籍的官坤身份，參加了清朝江西地方政府組織的抵抗，幫助清軍指揮作戰。由於胡家玉敢於任事、勸捐又出力，因此受到了江西地方大吏的推崇。經江西巡撫陳啟邁的疏請，胡家玉也得到了咸豐皇帝的獎敘，從主事提升為員外郎。過了幾年（即 1857 年 6 月），他又從員外郎提拔為軍機處章京。此後不久，胡家玉又帶遭父喪，再次去官回鄉丁憂，1861 年先後充任湖南鄉試副考官、順天鄉試同考官等職。是年，咸豐皇帝以胡家玉處事勤勉，將他提為郎中。

1861 年咸豐皇帝病死熱河，清朝改元同治。1862 年（同治二年），胡家玉受到了同治帝的召見。這年，胡家玉兩度遷升，由郎中升到了鴻臚寺少卿一職。

1864 年，黃河改道，水流北徙，洪水淹沒了黃河下游數省的大量農田，窮苦百姓被迫背井離鄉，流落他處。胡家玉目睹這一慘狀，力疏同治，「撥固本京餉」修築黃河大堤，同時疏道束水，以保護農田，安定民生。清朝政府以

〔註 48〕江西省志編輯室編《江西現代人物傳稿》第一輯，海南人民出版社，1989 年 10 月版第 53～57 頁。

「內地未靖，庫帑不足」的理由，拒絕採納他的建議。

1866 年 4 月，胡家玉提升為考察院副都御史，受命在軍機處入值辦事，協助軍機大臣處理軍國政務。8 月轉任兵部左侍郎，負責清軍的選練。當時，清朝統治集團中正圍繞是否有必要在直隸添練六軍的問題展開討論，胡家玉上書同治，認為直隸練軍多年毫無成效，不如選練京師旗兵 15000 人。他密疏當朝說：「直隸總督請求設立七軍，辦理了 3 年，迄無收效。難道改為六軍，就能成為勁旅？即使給官弁加操添餉，漸有起色，挑來的標兵終歸還是勢渙而情散，有拱衛之名，而無拱衛之實。因此，與其練京外標兵以輔助京師，還不如京內旗兵以充實軍師。他提議清政府「依神機營之制」。選練旗兵萬五千人，組織的神武營，建立洋槍隊，馬隊，步隊三軍，協商防衛軍師，預防不測。胡家玉的主張觸犯了一些封疆大吏，也與當朝顯宦之見相忤。他的奏疏，在經過一番討論後，被束於高閣。

就在 1866 年 10 月，胡家玉由於鄂省督、撫交惡，涉及收受湖廣總督官文餽送程儀銀兩，「不知遠嫌」，受到了「下部議處」、「革職留任」的處分，離開了軍機處。直到 1867 年底才奉詔寬免，會同大學士賈楨管理五城練勇局務。1868 年胡家玉調補吏部左侍郎，代理兵部右侍郎，同時充任稽查京通十七倉大臣。

清朝政府雖然在 1864 年和 1868 年就先後把太平天國運動和捻軍起義鎮壓下去了，但受到農民革命猛烈衝擊所損傷的元氣，直到 1871 年仍未恢復，財政拮据、政令混亂的狀況概如以往。因此，如何擺脫財政危機、統一政令成為當朝統治集團急切回答的問題，胡家玉目睹維艱時局，作為膺重責的要官，也不例外地在清朝政府尋求理財之策。他認為「自古理財之道，不外開源節流」。如何開源又怎樣節流呢？他說「論開源莫要於一捐納、謹釐金」，「論節流即莫大於覈勇數、汰勇營」。所謂「一捐納」，就是集捐納之權於中央，不許地方督撫派員弁勸捐，統一由藩司收捐上兌、數字逐月彙報朝廷，聽候中央統一分配。所謂「謹釐金」，胡家玉認為「釐金病民，甚於加賦」，「名為徵商，實則取之於民」，因此要整頓釐卡，清理釐員，嚴肅章程，「罷苛細之徵，輕漏報之罰」，這樣可以推動地方經濟的恢復和發展，保證財源的穩定。所謂「覈勇數」、他認為很多營官哨官虛張勇數，以少報多、圖謀糧餉、損公肥私，這是導致清政府部庫虧空的一大原因，必須重新造冊，予以杜絕，嚴禁抗違。所謂「汰勇營」，當時各省留防自募的兵勇多者數萬，少者近萬人，胡家玉認為這是清朝財政的一大漏卮。裁汰兵勇，節約餉糈，可以使清戶部減輕壓力。胡家玉的理財主張觸及了問題的核心，有一定見地，也產生了一定的影響。胡家主這些主張，作為理財的一家之言，以「時局艱難，宜籌挽救之策」的條陳形式，報告了清朝政府的領導核心，得到了同治皇帝的肯定和贊許。

江西是清中葉以來錢漕積弊較深，官紳對立較重的地區，也是受咸同戰亂破壞較大的省份。1865 年劉坤一繼沈葆楨出任江西巡撫後，因循守舊，安於無事，既不大力發展生產，也不著力理順「官民」「官紳」關係，傷民病紳不小，尤其隨糧加徵更使江西紳民叫苦不迭。1870 年 11 月，胡家玉上疏同治，指控劉坤一每年在江西浮收銀兩 70 餘萬，「有違清初永不加賦的成憲」，要求同治皇帝下敕江西巡撫下令所屬停止加徵浮收。1873 年 5 月胡家玉再次具疏請裁江西省地丁加徵銀兩。胡家玉的連番疏清，使劉坤一深感不安，也使他深感不便。劉於是對胡懷怨至深。1873 年 8 月劉坤一應詔條陳，作出反應，申辯加徵丁漕分成提解司道是為了「抵捐攤之款」，分給道府州縣是為了「抵漕規節壽禮月費各陋規」。胡家玉見同治皇帝深信劉坤一不疑，僅在條陳上批上若干不痛不癢的話，觀劉坤一在江西加徵丁漕如舊，又接連疏劾劉坤一，「引據祖訓部章，瀝陳其弊」。要求去浮收，「照舊收錢每兩著加二百文」。胡家玉的頻頻上疏，打動了同治，其建議最終得到了同治帝的批准。

江西巡撫劉坤一對胡家玉的「反覆較論」很是惱火，他對胡由怨變恨，採取打擊報復其家族。就在是年 11 月間，劉坤一具奏反劾胡家玉，指責胡家玉干預江西丁漕改章，接著又控告胡家玉家屬拖欠錢糧。要求將胡家玉交部議處。同治皇帝偏信了劉坤一之言，認為「家玉書信，雖為公事起見，究屬不合」，胡家玉由此受到降級使用的處分，隨之又以舉人徐景春試卷磨勘一案，受到降五級調用的處分。劉坤一也以「先不上聞」，和「藉端報復」、「挾私攻訐」獲「降三級調用」之咎。

胡家玉去職不久，即以五品京堂候補。1879 年 10 月補為通政使司參議。

1880 年初，胡家玉深感「內寇雖平，然海疆未靖」，列強環逼於四鄰，覬覦我邊疆，海防日形重要。為此，他向清朝統治核心疏陳了時加強海防的見解：（一）在北洋宜設外洋水師，配備提督 1 員，總兵 2 員，輪船 10 餘隻，弁兵二、三千，加強南北兩洋的聯絡，隨時以備禦外。他認為實力是維持「和局」的保證。（二）在南洋宜設外洋水師，他認為南洋海岸長，洋面寬，要配制比北洋外洋水師更雄厚的力量，建議將長江水師提督和瓜洲、岳洲兩總兵改為南洋外洋水師提督，以加強指揮；（三）福建船政局應為海防服務，在「海氛防熾」之際，要多造鐵甲船，多汲收西方輪船製造的技術。以增強「禦侮」能力。清朝中央同意成立海軍，正是在這樣的輿論推動下實現的。1880 年 3 月胡家玉因病陳請開缺，得到了光緒皇帝的批准，從此離開政界。

1886 年胡家玉病逝江西故里，終年 79 歲。

（汪明麗）

資料來源：

1. 蔡冠洛：《清代七百名人傳．胡家玉傳》
2. 趙爾巽：《清史稿．劉坤一傳》
3. 吳宗慈：《民國江西通志稿．胡家玉傳》
4. 《清史列傳》
5. 《府君小蘧先生行述》

江西歷代鼎甲胡家玉——清道光辛丑科探花〔註 49〕

胡家玉（1808～1886），字小蘧，南昌新建（今江西新建縣）聯圩鄉治平洲人。清道光二十一年（1841）辛丑科探花，該科共取進士 202 人。狀元是廣西臨桂人龍啟瑞。考官為內閣大學士王鼎、戶部尚書祁雋藻、戶部侍郎文尉、戶部侍郎杜受田。會試試題：「約我以禮。」「君子依乎中庸，遁世不見，……」四句，「詩云，王赫斯怒，爰整其旅，……以對天下。」一節。賦得「師直為壯」得「平」字。

胡家玉幼時勤於學業，聰敏智慧，才學冠群，江西鄉試中舉人，道光二十一年（1841），赴京參加辛丑科、為宣宗旻寧六旬萬壽舉行恩科會試得中，殿試時，策問「治人」「治功」，「實心」「實政」之道。胡家玉在對策中，首先提出：「崇經者致之資，課績者釐工之要，除惡者安良之本，防邊者保國之謨。……自古帝王，斟元御宇，錫福諴民。以勤念典則青簡時陳也，以勵濬明則素絲著美也，以嚴糾察則黎庶胥訓也，以訖聲教則丹徼向化也。用是我無怠無荒見聞廣焉，有為有守吏治修焉，引養引恬姦邪戢焉，來享來王邊陲固焉。」接著寫道「稂莠不去，嘉禾不生。……顧用寬而失之不經，其害小；用嚴而玉於滋擾，其害大。故消患於未著，止惡於未萌，則保甲之稽查宜先，而奸宄自無所容穎矣。」「有淑向之明，有至誠之意。則法行而不畏，所謂辟以止辟者此

〔註 49〕李天白編著《江西歷代鼎甲傳》，江西省方志編纂委員會辦公室，2008 年 6 月版，第 548 頁～551 頁。

也。」宣宗閱後，認為很不錯，擢為一甲第三名，賜進士及第，授翰林院編修。道光二十三年（1853），胡家玉受命提督貴州學政，第二年散館以後，分發在刑部任主事。咸豐三年（1853），胡家玉以母喪回鄉守制。當時正值太平軍將領賴漢英（今廣東梅州人）經略江西，圍攻南昌，胡家玉以在籍的官紳身份，參加了地方政府組織的抵抗，幫助清軍指揮作戰。由於胡家玉敢於任事，勸捐又出力，因此受到地方官吏的推崇，經江西巡撫陳啟邁的奏請，胡家玉得到了文宗奕詝的獎敘，從主事升為員外郎。咸豐七年（1857）六月，擢升為軍機處章京。不久，父親去世，再次去官回鄉守制。咸豐十一年（1861），先後任湖南鄉試副主考，順天鄉試同考官，同年，朝廷以胡家玉處事勤勉，提升為郎中。這年，文宗奕詝病逝熱河，由穆宗載淳繼位。

同治二年（1863），胡家玉受到載淳的召見，同年得到兩度升遷，由郎中升到了鴻臚寺少卿。同治三年（1864），黃河改道水流北徙，洪水淹沒了黃河下游數省的大量農田，窮苦百姓被迫背井離鄉，流落外地。胡家玉目睹這一慘狀，上疏穆宗，「撥固本京餉」修築黃河大堤，同時疏道來水，上保農田，安定民生。清政府以「內地未靖、庫帑不足」為理由，拒絕採納他的建議。

同治五年（1866）三月，提升為考察院左副都御史。在軍機大臣上學習行走，同年七月，又遷兵部左侍郎，負責清軍的選練。當時，清統治集團中正圍繞是否有必要在直隸添練六軍的問題展開討論。胡家玉上疏穆宗載淳，認為直隸練兵多年毫無成效，不如選練京師騎兵一萬五千人。他的密疏中說：「直隸總督請求設立七軍，辦理了三年，迄無收效，難道改為六軍，就能成為勁旅？即使給官弁加操添餉，漸有起色，挑來的標兵終歸還是勢渙而情散，有拱衛之名，而無拱衛之實。因此，與其練京外標兵以輔助京師，還不如練京內旗兵以充實京師。」他提議清政府「依神機營，建立洋槍隊、馬隊、步隊三軍，協同防衛軍師，預防不測」。他的主張觸犯了一些邊疆大吏，也與當朝顯官之見相忤。他的奏疏，在經過一番討論之後，被束之高閣。胡家玉由於與鄂省督撫交惡，涉及收受湖廣總督官文餽送程儀銀兩，「不知遠嫌」，於同年十二月，受到了「下部議處」，「革職留任」的處分，離開了軍機處。同治六年（1867）底才奉詔寬免，會同大學士賈楨管理五城練勇局務。同治七年（1868）調補吏部左侍郎。代理兵部左侍郎，同時充稽查京通十七倉大臣。

滿清政府雖然先後把玉平天國運動和捻軍起義鎮壓下去了，但受農民革命猛烈衝擊所損傷的元氣，直到同治十年（1871）仍未恢復，財政拮据，政令混亂的狀況概如以往。因此，如何擺脫財政危機，統一政令成為當時急切的問題。胡家玉目睹維艱時局，為朝廷提出了尋求理財之策，他認為「自古之道，不外開源節流。」他說：「論開源莫要於一捐納，謹釐金」，「論節流即莫於覈勇數，汰勇營」。胡家玉這個主張，得到了載淳的肯定和贊許。同治九年（1870）十月，胡家玉曾上疏指控當時江西巡撫劉坤一，每年在江西浮收銀兩七十餘萬，使民眾叫苦不迭。「有違清初永不加賦的成憲」，要求下詔立即停止加徵浮收。同治十二年（1873）五月，胡家玉再次上疏，請裁江西地丁加徵銀兩。由於胡家玉連番上疏，使劉坤一對胡家玉懷怨至深，但最終得到了穆宗載淳的批准。同年十一月，劉坤一上疏反劾胡家玉干預江西丁漕改革，說胡家玉家屬拖欠錢糧，由於載淳偏信劉坤一之言，胡家玉由此受到降級使用的處分。隨之又以舉人徐景春試卷磨勘一案，受到降五級調用。劉坤一也以「先不上聞」和「藉端報復」、「挾私攻訐」、也降三級調用。胡家玉去職不久，即以五品京堂候補，先緒五年（1879）任通政司參議。

光緒六年（1880），胡家玉深感「內寇雖平，然海疆未靖」，列強環逼四鄰，覬覦我連疆海防日形重要，為此他上疏朝廷，陳述他加強海防的意見。其內容：一、在北洋設立外洋水師，配備提督一員，總兵兩員，輪船十餘艘，弁兵二、三千，加強南北兩洋的聯絡，隨時準備抵禦外犯。他認為實力是維持「和局」的保證。二、在南洋也設立外洋水師。他認為南洋海岸長，洋面寬，要配制比北洋外洋水師更雄厚的力量，建議將長江水師提督和瓜州（治今甘肅安西東南）、岳州（治今湖南洞庭湖東南）兩總兵改為南洋、外洋水師提督，以加強指揮。三、福建船政局應為海防服務，在「海氛防熾」之際，要多造鐵甲船，多汲收西方輪船製造的技術，以增強「禦海」能力。清政府同意成立海軍，正是在這樣的輿論推動下實現的。同年三月，胡家玉因病陳請開缺，得到德宗載湉的批准，退職回鄉，從此離開政界。

回到家鄉，於光緒十二年（1886），病卒家中，終年 76 歲。著有《胡小蘧通參自訂年譜》1 卷。

據《清史稿》、《新建縣志》、《胡家玉殿試卷》等。

中國歷代探花胡家玉〔註 50〕

胡家玉（1808～1886），原名全玉，家琢甫，號小蘧，晚號夢與老人。江

〔註 50〕王鴻鵬著《中國歷代探花》，解放軍出版社，2004 年 1 月版，第 341～343 頁。

西新建人。清道光二十一年（1841）辛丑恩科龍啟瑞榜進士第三人。

該科是為慶賀道光帝六十大壽特設恩科。胡家玉中探花後，授翰林院編修。道光二十三年（1843）胡家玉出任貴州學政。道光二十七年，充任刑部主事。

咸豐二年（1852），胡家玉候補官職。咸豐三年（1853），請假省親。咸豐五年（1855），胡家玉丁母憂。在家時，因操辦勸捐炮船款有功，而嘉獎賞員外郎。咸豐六年（1856），服闕。咸豐七年（1857），胡家玉回京任軍機章京。八月，丁父憂。在家期間，再次因勸捐出力，而獎賞為郎中。咸豐十一年（1861）。胡家玉以刑部員外郎出任順天鄉試同考官。復任職郎中。

同治元年（1862），胡家玉在方略效力，辦理檔案。恩賞四品官銜。同治二年（1863），授任鴻臚寺少卿。胡家玉曾上疏築堤固本護田，防止黃河河道道往北遷徙。以後，胡家玉歷任通政司副使，光祿寺卿。同治三年（1864），胡家玉授太常寺卿，典四川鄉試。又充任大理寺卿。同治四年（1865），奉密旨，胡家玉查辦湖南巡撫惲世臨升職而原巡撫毛鴻賓被參各項事情。他查明復旨、上奏，將惲世臨降級。回京後，再任軍機章京。同治五年（1866），胡家玉升左副都御史，在軍機大臣上學習行走。不久，又升兵部左侍郎。他曾上疏用曾直隸京外之兵，不如操練京內旗兵建神武營。此後，曾國荃彈劾胡家玉收賄，經查，以不知避而部議革職留任，免軍機行走。同治六年（1867），胡家玉捐賑米四百石，復職，兼署刑部左侍郎，右侍郎。在此期間，胡家玉再次上疏請分段挑掘舊黃灌河。同治九年（1870），他上奏請裁掉江西地丁浮加徵銀。同治十年（1871），他補任吏部左侍郎，出任稽查京通十七倉大臣。胡家玉上疏條陳挽救艱難時局四件事。他出任貴州學政，復任兵部左侍郎。同治十一年（1872），授胡家玉左都御史、經筵講官。同治十二年（1873），從左都御史出任順天鄉試副考官。同年，胡家玉再次奏請裁掉江西地丁浮加徵銀。新章定每兩徵銀加四錢耗銀。無形中浮收七十萬餘兩。違背永不加賦稅的祖傳定制。各省已有定額，違例則民間受害。同治帝採納他的意見，諭令速為禁止，不准絲毫浮收。如查有私立捐款、公費名目額外加徵者，嚴行參辦。江西巡撫劉坤一奏請仍加丁漕以抵漕運規定節壽禮月費各陋規。雖然胡家玉反覆據理力爭，力陳其弊，經部議還是增加丁漕，每兩加二百文。胡家玉還受劉坤一參劾，參奏他「寫信干予漕丁改昌事務，而胡家玉本籍未交完錢糧」。胡家玉被降二級調用。又因胡家玉出任順天鄉試副考官，磨勘有誤，降二級。劉坤一又參奏「胡家玉及弟侄歷年有未納完錢糧」。同時，給事中邊寶泉也上疏參劾劉坤一：既然胡家玉「累次未完糧，劉坤一置多年不問。且胡家玉干予也應立刻上奏，何必等胡家玉提出加徵違制才追究，實屬徇私報復。」因此，劉坤一與胡家玉都被革職，胡家玉加恩改為降五級調用，不久以五品京堂候補。

光緒五年（1879），胡家玉授職，出任補通政司參議。他上疏：「海防緊要，大沽有炮臺無戰艦，請添設，以及請移緩就急，設船廠，造鐵甲輪船，以壯軍威等。」光緒六年（1880），胡家玉又上疏請「疏濬江西河道」又奏「河南糟糧宜徵本色。」經有司議定施行。胡家玉屢次上奏，多受挫折，但他盡力盡心，忠於職守，敢於為百姓申言，難能可貴。不久，胡家玉因病辭官加鄉，光緒十二年（1886）去世，卒年 78 歲。

胡家玉傳〔註 51〕

胡家玉（1808～1886），字小蘧，江西新建人，道光二十一年（1841）一甲三名進士，授翰林院編修，二十三年（1843）提督貴州學政，咸豐七年（1866）充軍機章京，同治三年（1864）累遷至太常寺卿，充四川鄉試正考官，五年（1866）擢都察院左副都御史，旋補兵部左侍郎，以直隸練兵多年無實效，密疏陳：「與其練京外之兵，以輔京師，何如練京內之兵，以實京師。京內旗綠各營，額兵十五萬有奇，自漕運不通，錢糧折減，疲困日甚，設有緩急，何以禦之？擬仿神機營法，挑選驍騎營、護軍營、巡捕營兵各五千，分作三軍，擇城外空閒地而訓練之，與神機營互相策應。」疏上，格不行。六年（1867）命會同大學士賈楨管理五城練勇局，兼署刑部左侍郎。七年（1868）河決滎澤，家玉疏請濬雲梯關入海故道，擬令直隸等省留防勇營分段挑掘，使舊河一律深通，然後引上游決口之水掣流東行。尋以役大費巨，不果行。十年（1871）調補吏部左侍郎，兼署兵部右侍郎，充稽查京通十七倉大臣。以時局艱難，宜籌挽救條陳四事。略曰：「自古言理財者，不外開源節流，而論節流，於今日則莫大於核勇數，汰勇營，苟且補苴，非開源而似開源，又莫要於一捐納，謹釐稅，咸豐年間粵鴟張，徵兵募勇，需餉甚巨，於是就地抽釐，勇自外募，餉自外籌，部臣皆不暇過問。今髮撚蕩平，難保營官哨官不虛張勇數，以少報多，花名既不可憑，報銷從何稽核？應令造冊報部，嚴懲抗違。至各省留防之勇，

〔註 51〕胡宗剛撰《胡先驌先生年譜》長編，江西教育出版社 2008 年 2 月版，第 2～5 頁。原載《江西文物》1941 年第 1 卷第 2 期。

多者數萬，最少數亦近萬，誠部庫一大漏卮。請飭各督撫體察情形，陸續裁汰。籌餉事例不得已而為之，自黔捐皖減價出售，較戶部捐銅局約少一半，陝捐甘捐復踵行之，然收雖減成，而報部仍未嘗稍減，每百萬約短收三四十萬，勢必由報銷局多列款目，浮開用費以彌縫之，殊非核實辦公之道。請飭下軍務省分督撫將勸捐員弁迅速撤回，統舊藩司收捐上兌，每月將捐數報部，聽候部撥。釐金病民，甚於加賦，商賈操奇計贏，抽一分釐金，即增一分市價，名為徵商，實則取之於民，軍務未平，勢難驟議停止。惟有請旨飭下各督撫罷苛細之徵，輕漏報之罰，毋藉善後之名，而營不急之務。以上四者，皆理財急務，而最要關鍵，尤在核營勇，戶部周知天下勇數，然後綜計天下地西丁錢一糧漕折關稅洋稅歲入若干萬，捐款釐金約計又若干萬，除提充部庫外，各路徵勇各省防勇各藩庫留支出歲出共若干萬，通盤計數，不足則請將各處徵勇防勇大加裁汰，總期歲入之數，有餘於歲出之數而後已。」十一年（1872）授都察院左都御史，充經筵講官。十二年（1873）疏請裁江西省地十加徵銀兩。先是九年家玉奏江西錢糧新章，於定例每兩徵銀一兩，隨徵耗銀一錢外，加徵銀四錢，以江西額徵銀一百八十餘萬，每兩加四錢計之，每年實浮收七十餘萬金。有違永不加賦成憲，請敕江西巡撫飭屬停止。至是應詔陳言，復申請前，詔曰：「各省地丁錢糧，均有定額，如該左都御史所奏，是該省州縣於正額之外，違例加徵，民間受害，何可勝言！亟應速為禁止，著劉坤一嚴飭所屬州縣恪遵定例，不准絲毫浮收，如查有私立捐款公費名目，額外加徵，即著嚴行參辦。」坤一覆奏，請仍加徵丁漕，分成提解司道兩庫，以抵捐攤之款，分給道府州縣，以抵漕規節籌禮月費各陋規，詔如所議辦理。家玉反覆辯論，引據部章，力陳其弊。得旨交部妥議，尋議照舊收錢，每兩著加二是文，詔允之。坤一又奏江西漕丁改章。家玉曾致書信干預。又其本籍有未完錢糧，命交部議處，部議家玉書信，雖為公事起見，究屬不合，坐降二級留任。嗣劉坤一覆奏，家玉及弟侄田畝，歷年應完錢糧，實有來經被災緩仍未完納者。給事中邊寶泉疏言：「家玉累次未完漕糧。劉坤一豈漫無覺察，何以事歷多年，概置不問？家玉既有干預原籍諸事之信，何以不立時奏聞？迨家玉奏陳江西加徵違制，互相牴牾，藉端報復，係屬挾私攻訐。」於是家玉及劉坤一均下部議處，請分別革職革任。得旨胡家玉改為降五級調用。

光緒五年（1879）補通政使司參議，以海防緊要，疏陳管見。略謂：「一北洋宜設外洋水師，北洋大臣駐紮天津，為京師切近屏藩。天津向無水師，大沽、葛沽有炮臺而無戰艦，株守一隅，畢竟可慮。擬請添設外洋水師提督一員，總兵二員，挑選輪船十餘隻，分配弁兵二三千，往來於南北兩洋，令其熟習海濤沙線展輪裝輪停炮放炮諸法，有戰船、有戰將、有戰兵，較之口舌爭勝，奚啻倍蓰！如慮軍餉支絀，擬請移緩就急，於天津水勇及準軍內，選謀勇兼備之將，年力精壯之勇，以成北洋水師一軍。即以南省歲饋之餉贍之，無慮餉需不繼。一南洋宜設外洋水師，江南海口上述數省，防務亦不可鬆，內河雖有水師，而快蠹艇船非槳不行，非風不駛，捕盜尚虞不足，安能禦侮？海氛方熾，擬請移緩就急，改長江水師提督瓜洲、岳州兩總兵為外洋水師提鎮，南洋洋面較寬，所用輪船應較北洋多三四隻，所配水軍亦應多撥千百人，一切弁兵書識，即於該提鎮所管營汛內挑選，一轉移間，於海防甚有裨益。一福建船廠宜造鐵甲輪船，洋人製造軍械，愈出愈奇，今復有鐵甲輪船，炮子不能轟入，橫行海上，所向無前。是造鐵甲船今日當務之急。福建船廠已造成鐵脅船矣，而鐵脅終不及鐵甲，請飭船政大臣嗣後專造鐵甲輪船，逐年增添，分撥南北洋水師配駕，以壯軍威，而備攻剿。」未幾議設海軍焉。六年（1880）疏請疏濬江西全省河道，下所司議行，旋以病退休，十二（1886）年卒。子濟清戶部主事，翰清、毓清均知縣，湘林翰林編修。

論曰：清咸同時，外患日亟，練兵理財，均關國家根本至計，家玉立朝奏議，多切時弊，晚年疏陳海防三策，所為謂「有戰船、有戰將、有戰兵，較之口舌爭勝，奚啻倍蓰」，蓋為識時務之名言。其力爭江西田賦不應加徵一事，彌見仁人之用心矣。（周維新）

清代七百名人傳胡家玉〔註 52〕

胡家玉，江西新建人。

道光二十一年（1841），一甲三名進士，授翰林院編修。二十三年（1843），提督貴州學政。二十七年（1847），散館，以主事用，分刑部。

〔註 52〕《清代七百名人傳》作者：蔡冠洛，叢書：民國文獻資料叢編。（套裝全 3 冊），收清代 260 餘年間的政治、軍事、實業、學術、藝術等方面的名人傳 713 篇。包括翁同和、容閎、張勳、武訓、奕劻、關天培、馮子材、林則徐、顧炎武、詹天佑、嚴復、洪秀全、鄒容、康有為、秋瑾等人。內容有第一編政治。包括正事、財務、教育、外交。第二編軍事。包括陸軍、水師、邊務。第三編實業。包括水利、交通。第四編學術。包括理學、校學、藝事。第五編藝術。包括文學、金石書畫。第六編革命。附外人。附錄收：一、清代大事年；表二、清代各朝名人分配；表三、清代名人地域分配表；四、清代名人分類統計表；五、清代名人異名諡法檢查表等等。本書節錄附錄三、四內容。

咸豐二年（1852），補官。三年（1853），請假省親，旋丁母憂。時太平軍方張，省垣設局勸捐礮船經費。家玉在事出力。五年（1855），巡撫陳啟邁疏請獎敘，以員外郎用。六年（1856），服闋。七年（1857），閏五月，充軍機章京。八月，丁父憂。八年（1858），巡撫耆齡以家玉勸捐出力，請以郎中用，充之。十年（1860），服闋。十一年（1861），三月，補員外郎。五月，充湖南鄉試副考官，嗣因湖南停止鄉試，命馳驛回京。八月，充順天鄉試同考官。九月，升郎中。

同治元年（1862），以方略館辦理冊檔出力，加四品銜。二年（1863），九月，俸滿截取引見，命開缺以四五品京堂候補。十一月，授鴻臚寺少卿。三年（1864），以黃河北徙，疏請撥固本京餉築隄束水，保衛農田。詔下所司覈議，「以內地為靖，庫帑不足，寢之」。三月，升通政使司副使。四月，擢光祿寺卿。五月，充四川鄉試正考官。七月，升大常寺卿。九月，以江寧克復，賞戴花翎。尋奉密諭，偕副考官給事中張晉祺馳赴湖南查辦巡撫惲世臨升任巡撫毛鴻賓被參各事。十月，升大理寺卿。四年（1865），正月，偕張晉祺覆奏查辦情形，惲世臨等降級有差。四月，回京，仍充軍機章京。

五年（1866），三月，擢都察院左副都御史，命在軍機大臣上學習行走。七月，升兵部左侍郎。八月，會議直隸添練六軍事。家玉以直隸練軍多年不效，請練京旗兵萬五千人。因密疏具陳，略曰：「直隸總督請設七軍，辦理三年，迄無成效，豈改為六軍，遂成勁旅。即使加餉添操，漸有起色。而挑兵十數標，勢渙而情散。駐兵六七處，屯分而力單，是有拱衛之名而無其實。與其練京外之兵以輔京師，何如練京內之兵以實京師。京內旗綠各營額兵十五萬有奇。自漕運不通，錢量折減，疲困日甚，設有緩急。何以禦之。擬仿『神機營法』。挑選『驍騎營』、『護軍營』、『巡捕營』兵各五千，共一萬五千人，分作三軍。以一千人為『洋槍隊』，一千人為『馬隊』，三千人為『步隊』。各曰：『神武營』。擇城外空間地而訓練之，與『神機營』互相策應。」疏上。格不行。九月，湖北巡撫曾國荃疏劾湖北總督。官文有餽送家玉程儀銀兩一款。欽派尚書緜森侍郎、譚廷襄查辦。家玉以不知遠嫌，下部議處。得旨：「革職留任」。毋庸在軍機大臣上學習行走。

六年（1867），十月，命會同大學士賈楨管理五城練勇局務。十一月，捐賑米四百石，詔寬免革職留任處分。十二月，兼署刑部左侍郎。七年（1868），河決滎澤。家玉疏請濬雲梯關入海故道。擬令直隸等省留防勇營，分段挑掘，使舊河一律深通，然後引上游決口之水制流東行。尋以役大費鉅，不果行。九年（1870），兼署吏部左侍郎。

十年（1871），五月，調補吏部左侍郎。九月，兼署兵部右侍郎，充稽查京通十七倉大臣。十月，賜紫禁城騎馬。十二月，家玉以時局艱難，宜籌挽救條陣四事。略曰：「自古言理財者，不外『開源』、『節流』。而論『節流』，於今日則莫大於覈勇數、汰勇營。從何稽覈，應令造冊報名，嚴懲抗違至各省留防之勇多者數萬，最少數高近萬。誠為國庫一大漏卮，應飭各督撫體察情形。陸續裁汰。籌餉事例不得已而為之。自黔捐皖捐減價出售。較戶部捐銅約少一半。陝捐甘捐復踵行之。然收雖減成，而報部仍未嘗稍減。每百萬約短收三四十萬。勢必由報銷局多列求款目。浮開用費以彌縫之，殊非核實辦公之道。請飭下軍務、分督撫將勸捐員並迅速撤回，統歸藩司收捐上兌。每月將捐數報部，聽侯部撥。釐金病民。甚於加賦。商賈操奇計贏，抽一分釐金，即增一分市價。名為徵商，實則取之於民。軍務未平，勢難驟議停止。惟有請旨飭下各督撫罷苛細之徵，輕漏報之罰。毋藉善後之名，而營不急之務。以上四者，皆理財急務，而最要關鍵，尤在嚴覈營勇，戶部周知天下勇數。然後綜計天下地丁、錢糧、漕折、關銳、洋稅歲入若干萬。捐款釐金約計又若干萬。除提充部庫外，各路徵勇，各省防勇，各藩庫留支歲出共若干萬。通盤計數，不足則請將各處徵勇、防勇大加裁汰，總期歲入之數。有餘歲出之數而後已。疏入上韙其言。

十一年（1872），八月，授都察院左都御史。十二月，充經筵講官。十二年（1873），四月，疏清裁江西省地丁加徵銀兩。先是，九年（1870）十月，家玉奏江西錢量新章，於定例每兩徵銀一兩，隨徵耗銀一錢外，加徵四錢，以江西額徵銀一百八十餘萬。每兩加四錢計之，每年實浮收七十餘萬金。有違永不加賦成憲，請敕江西巡撫飭屬停止。至是應詔陳言，復申前請。上未俯充。五月，疏清酌覈保舉，疏通正途，詔下部議行。七月，江西巡撫劉坤一覆奏。請仍加徵丁漕分成提解司道兩庫。以抵捐攤之款，分給道、府、州、縣。以抵漕規、節壽、禮月費各陋規。有旨著照所議辦理。仍隨時認真稽察。倘有絲毫浮收。即行從嚴參辦。家玉及復較論，引據祖訓、部章。瀝陳其弊。得旨：「交部妥議」。尋議照舊收錢每兩著加二百文，充之。八月，充順天鄉試副考官。十月，劉坤一奏江西漕丁改章。家玉曾致信干預，又本籍有未完錢量。命交部議處，並令劉坤一據實具奏。部議家玉書信，雖為公事起見，究屬不合。坐降二級留任。十二月，以舉人徐景春試卷磨勘。斥革降二級調用。嗣劉坤一覆奏，家玉及弟姪田畝。歷年應完錢糧，實有未經被災辦緩仍未完納者。會給事中邊寶泉疏言：「家玉累計未完漕糧。劉坤一豈漫無覺察，何以事歷多年？概置不問。家玉既有干預原籍諸事之信，何以不立時奏聞？迨家玉奏陳江西加徵違制。互相抵捂，始藉端報復，係屬挾私攻訐」。於是家玉及劉坤一均下部議。請分別革職革任。得旨：「胡家玉著加恩改為降五級調用」。旋允部議：「以五品京堂候補」。

光緒五年（1879），九月，補通政使司參議。十二月，以海防緊要，疏陳管見：

一北洋宜設外洋水師。北洋大臣駐紮天津，為京師切屏藩。天津向無水師，大沽、葛沽有礮臺而無戰艦，株守一隅，畢竟可慮。擬請添設外洋水師提督員，總兵二員，挑選輪船十餘隻，分配並兵二三千。往來於南北兩洋，令其熟習海濤沙線展輪停輪裝礮諸法。有戰船、有戰將、有戰兵，較之口舌爭勝，奚啻倍蓰。如慮軍餉支絀，擬請移緩就急，於天津水勇、淮軍兩項內選謀勇兼備之將，年力精壯之勇，以成北洋水師一軍。即以省歲餽之餉贍之，無瀘餉需不繼。

一南洋宜設外洋水師。江南海口上達數省，防務亦不可鬆。內河雖有水師，而快蟹船非槳不行，非風不駛。捕盜尚虞不足，安能禦侮。海氛方熾，擬請移緩就急，改長江水師提督瓜洲、岳州兩總兵為外洋水師提鎮。南洋洋面較寬，所用輪船應較北洋多三四隻，所配水軍亦應多擬千百人。一切並兵書識。即於該提鎮所管營訊內挑選。一轉移間，於海防甚有裨益。

一福建船廠宜造鐵甲輪船。洋人製造軍械，愈出愈奇。今復有鐵甲輪船，礮子不能轟入。橫行海上，所向無前。是造鐵甲船為今日當務之急。福建船廠已造成鐵脅船矣。而鐵脅終不及鐵甲。請飭船政大臣嗣後，專造鐵甲輪船。逐年增添，分撥南北洋水師配駕，以壯軍威。而備攻剿。疏入上韙之，未幾議設海軍焉。

六年（1880），六月，疏清疏濬江西全省河道。又奏河南漕糧。宜徵本色，均下所司議行。七月，因病陳請開缺，允之。

家玉自升任侍郎，充舉人複試閱卷大臣五次，考試、考廉、方正、進士複試、朝考拔貢、朝考庶吉士、散館考試、試差考試、漢廕生閱卷大臣各一次。先後恩賞「福」字、如意荷包、文綺珍玩、宮扇四次。十二年（1886）

卒。（選《清代七百名人傳》第一編政治、政事。）

附三：清代名人地域分配表（江西省23名）

王猷定、朱軾，文瑞、朱奋、李紱、吳嵩梁、胡家玉、陳鳳翔、許振禕、彭元瑞，文勤、彭士望、曾燠、黃爵滋、張勳，忠武，喻昌、裘曰修，文達、裘行簡，恭勤、魯九皋、蔣士銓、鄧蘿琴、劉衡、戴衢亨、魏禧、羅有高。

附四：清代名人分類統計表

類型 區域	政治	軍事	實業	學術	藝術	革命黨	總計
江蘇	33	5	7	56	42	1	144
浙江	33	7		34	26	2	102
安徽	17	8	1	16	9		51
江西	10		2	4	7	3	23
湖南	12	28	1	4	3		51
湖北	4	1	1		3	3	9
四川	4	6	1	1	3		18
雲南	2	1					3
貴州	1	1		1	2		5
福建	11	7		4	8	5	30
廣東	11	5		2	1		24
廣西	2	2		1	2	8	15
直隸	15	3		9	3		30
河南	9	3	3				15
山東	10	4	2	6	4	1	26
山西	6		1	2			10
陝西	3	4		4	1		12
甘肅	1	1					2
滿洲	35	83	7	2	1		128
蒙古	5	6					11
外國人	1	3	1				5
統計	225	178	27	146	115	23	714

胡宇熾給胡先驟（驪）老兄的信

先驟（驪）老兄：

前賜諭於弟，未能及時上稟，請諒，弟24年生人，母於弟二歲時去世，17歲嚴見背。上有兄姐二人，均已逝。弟於1986年離休在家，膝下三子，均在京（北京）工作，家適小康，生活尚好，無一人下崗，已是萬福。

問起六爺湘林情況，及北京事情，據所知，陳述如下：

在光緒初年，家玉祖被參，原職未動而降級，即辭官返里。京留下四爺四奶，他們僅生一女承媛，嫁陳姓，其年幼時，四爺四奶先後去世，住我家，長大，文革前新病逝。她的長子已故，次子陳耕雲，在成都電子大學任教，現退休。有一孫子和孫女尚在北京。

家祖父庭湘，行五，家祖母繼賢，家祖父留在北京，民國初故。家祖母死於香港，家父承志，行七。日寇攻香港時，殉職。其弟承忠未成人去世，行九。另弟承恕，行十一，於1988年病故。

六爺年幼，光緒初年隨家玉返鄉，後考取進士，去陝西任府臺。後反京住過一時，他娶的二姨太，即京郊縣人。隨其赴任兩廣總督，家祖父曾去廣州探望其六弟，約住一年。正逢六爺二姨太生一子，夭折。她抱著痛哭，至瘋速。把衙府點火，幸被家祖父發覺，叫喊衙役，使將火撲滅。

禪臣三伯，於光緒十年左右，得家玉祖許可來京。他在七里崗沙溪（今大塘坪鄉沙溪村），光緒初，得庭鸞大祖父留下的財產、購下田產等。令其長子先驥兄掌管，他因狂賭吸大煙敗家，到民國初，把兩個女兒賣當童養媳，兒子德金被其窮困潦倒，年青時出外打工，一直無音信。三伯來京後，在老宅分到一半房子，又娶一妻一妾，生一女一子。女招婿，因難產而故。子胡驤，字湛之，是弟五哥。他和八哥先驌，叔伯哥倆同娶王姓親姐倆，德熙和昭文即王姓八嫂所出。其姐生胡明，但未成年即故。三伯於民國初任駐朝鮮大使。那時五哥娶陸家女，生一子，叫胡朝，為紀念三伯在朝任使，故起此名。弟將出生時，三伯故。到弟十時，在京的三伯母因賣了老宅，其兒婿佯稱去南京，找她兒子去。後經察覺，去兒媳家大鬧，其兒媳即搬南京，將其離析在京（北京），不多久病故。三伯母原有瘋病，後雖好，但精神並不正常，所以三伯當大使時，僅其姨太太為大使夫人。五哥胡驤當過駐丹麥公使，後任國民黨外交部專員，解放後留南京，由其子胡朝奉養，胡朝的愛人是其母的侄女，姑姑做婆，後不孝，把其公公趕出。五哥給八哥寫信，罵他們兩個畜牲，不養活他，後八哥給他介紹當了文使館員，免強生活。陸五嫂可能是馮玉祥下屬，陸仲霖軍長的妹妹，就是逼光緒宮的那位。

從三伯禪臣說起，他來京後，直到光緒廿年，家玉祖去世。他又趕回江西奔喪，那時承弼伯到陝西當縣長，六爺也在外為官，及北京一些家玉祖後人，去新建奔喪都難久居。那時只有禪臣伯是個雖在新建有家，而且是閩人。他的大兒子先驥敗了家。他的二兒子先騤，大排行老三和老四（幼年故）。在北京又生了老五。只有三伯估計他料理家玉祖喪事和建立祖墳。弟年幼時見過家玉祖墳，較排檔，有石牌樓，石人、石馬、石象、石獅等。

估計那些備齊直至入葬，至少一兩年。三伯可能在家守了三年孝。所以家玉祖的遺產，他又繼承一份，約百畝水田和一大蓮花池。他走時，把這家業給老二先騤掌管。但那時老大先驥還在，可能強先賣了蓮花池。先騤病故，德煌僅五歲，德煌、德煒孤兒寡母被排擠，帶兩個兒子去南昌姨母家長大。弟五六歲時，德煌考取北京大學歷史系，來京到弟家，和弟祖母說起：「他家蓮花池，他叫人給賣了」。這次弟起江西前，曾去德煌家（在文革時已故）。他家人及兒子等談及賣湖之事。看來他們積怨很大，德煌是 1950 年從南昌來京師大，後又到民族大學教書。德煌他在京留下其妻胡玟芝及五個兒女，弟僅見過他二兒德新，在民族大學研究生辦公室工作。

六爺湘林辭官後，為什麼隱居上海。這和禪臣伯的作為可能不無關係。因為禪臣比較專橫，在江西兩度分到家玉祖田地產，後又來京又佔了老宅房產。同時在江西大爺爺系統中，據弟所知，如八哥先驌兄年幼父母又亡，生活困難，只能依靠其兄先騏生活，當先驌兄考取留學時，後弟聽祖母談及，苦孩子呀，一般人誰漂泊萬里到海外去呢！由此可見禪臣伯只顧其子，並沒有恤其兄承弼之子。所以，如今承弼伯的後代，在江西的和禪臣伯後代極少來往。甚至極少有所知，故湘林爺辭官後，無意回江西或來北京。

湘林爺在上海有兩個兒子，即八叔承榮和十叔承恩。六爺在時，北洋政府曾請他，當執政大概是總理的官吧。他不幹，說願欠當的鬼奴，不當賊官，是個極端保皇派。當時禪臣三伯很感遺憾，說他出來當官，咱們好沾點光呀！六爺不但如此，還不叫他兒子讀洋書，所以他的兩個兒子都經商。弟在上海讀大學時，八叔自己辦些買賣，他有兩個女兒，大女兒在聖約翰大約讀經濟學，比弟小一兩歲，三反時死了。當上海剛解放時，弟從蘇北出差到滬，曾去八叔家看望他們，八叔說：「共產黨都來咱們家了。」那時弟穿軍裝，他們的二女兒胡楷，剛高中畢業，問我：「她能當解放軍嗎？」事到如今已隔半個世紀了。據說，胡楷在海南省任海南大學副校長，並任省政協副主席了。

十叔承恩，弟僅去過一次，當時是一這私營銀行的協理，住在滬北四川路北口一個弄巷的小樓房，他哥還是住在六爺上海老宅中，可惜我都記不清他們的街名了。十叔有二兒二女，比我都小。十叔八叔要是還在，應是九十多歲了，怕是不在了。由此看來，我是家玉祖曾孫一代活著的，「先」字輩最大的了。我叔叔有一個兒子，我繼母有一個兒子和兩個妹妹，他們都比我小，但都退休了，兩個在上海，一個在天津。我準備春節時，去上海看看他們。

另外先騮應當是老七，還有您說到老四，大排行應是老六。他們都比八哥先驌大。是禪臣伯從北京回江西後生的，因為在北京生了五哥胡驤，先字輩排行，僅在承弼和禪臣兄弟間的兒輩排的。承弼有二子，禪臣有六子。「承」字輩，大排行還和家玉祖親兄弟之間的兒子一起排。那時有家玗祖的孫子的。為什麼說家玉祖有六個兒子訛傳呢？實際上他只有四個兒子，即大爺爺庭鸞，四爺庭林和五爺庭湘，六爺湘林。那兩位「庭」字輩的爺爺可能是家玗的兒子。家玉祖父故，他尚年青，是靠其繼母紡棉織布，養其兩個兒子。

謹此

春節即臨，敬祝

府上諸位，吉祥如意，心想事成，健康長壽。

弟：宇熾敬 賀

1999 年元月 29 日

胡宇熾給胡啟鵬君的信札（一）

啟鵬君

您好！

當我從南昌返京後，就收到您的信，和一些珍貴胡家歷史資料，大謝您了。

家玉祖有六個兒子一說，可能是我六爺湘林而起。據我估計，因年幼喪母，父親承志長年在外工作，抗日期間死於香港。所以有關家史知者甚少。家玉祖和家玗祖及同父異母兄弟，喪父後生活困難，只靠繼母紡紗維持生活。家玉祖年幼好學習，除讀書外，協助繼母幹些力所能及的家務。例如傳說繼母夜紡紗，剩些棉花，弟二天誤認為神仙助，變成紗了，實際乃家玉祖夜讀後，見繼母去睡，他就幫助將剩餘棉紡紗後，才去睡，以助繼母勞累。當時為官後，甚孝繼母，熱愛弟弟，沒有分家。只是在家應繼母命娶妻王氏，生長子庭鸞。同治二年進京當官，又娶三位夫人，生四爺（名字不知），30 來歲即生一女。五爺庭湘生三子，家父承志乃其長子，行七。六爺湘林，在光緒初年，家玉祖辭官返南昌，隨之去南昌，後官至西廣總督，辛亥革命後，他辭官到上海定居，有二子，長子承榮是我八叔，次子不知名（胡承恩）乃我十叔。

由引可見，家玉祖在世時，和其弟家玕所生子均按大排行。所以另有兩位爺爺是家玕之子，應排行第二和第三。

「承」字輩，只有十一人，屬家玉後者：有大爺承弼和禪臣二子，五爺三子承志（行七），承忠（行九），承恕（行十一）和六爺二子承榮（行八）和承恩（行十），家玉祖共孫七人，應有十一人。故家玕祖應有四孫。至於先家輩者，只知最後排行八的胡先驌，其異母兄先騏可能行六。另外德煌父行七。承弼長子，先驥可能行大。其他的就不知道了。禪臣之子胡驤行五。禪臣在光緒年間，由南昌來京讀書，和我們同住家玉祖在京老宅鐵門胡同。禪臣行三，我叫他三伯，他駐朝鮮，當過大使，其子五哥胡驤當過駐丹麥公使，後升國民黨外交部官員，解放後留在南京當文史館員，已故。「先」字輩大多了，後來，家玉祖故無人組織排了。

您知道您公先覺行九，曾承祿行幾，大曾庭楠行幾嗎？

在七里崗楓楊村，有位叫胡先河的老人，您認識他嗎？他有個侄子叫胡應水，是在開縣人大會時，見到我的信，給我來信的。

另據先河稱，在南昌德馨二子，啟宇、啟宙（在教育學院工作），另有啟照（開一百貨店）稱：「文革時，公家找他，要平家玉祖墳，問他同意否？」據說平後，地基蓋了八一無線電廠。啟宙、啟照也給我來過電話，啟照還有個哥哥叫啟明，不知他們四位是哪個爺的後代。

在南昌時，曾特為先驌的銅像去師範大學，經和傳達室打聽，和一些青年打聽，均稱不知，後與一位老先生，他說他在師範大學執教 30 多年，在第一任校長誕辰百週年時，曾建議立一銅像，但後來批不下來，銅像沒有立了。我回京後，又有人說是中正大學臺灣校友贈送的，那就不知其詳了。

先驌先生前妻不姓王，而姓李。家玉祖在京，同治二年至十二年，先在軍機處行走，兼任兵部和吏部左侍郎。那時左宗堂是兵部右侍郎，比胡家玉小一級。

僅此順說

安好

胡宇熾 上
1998 年 3 月 5 日

胡宇熾給胡啟鵬君的信札（二）

啟鵬君：

您好

來信收到，感謝您費心和熱情，前後為我收集一些珍貴資料。關於胡家玉祖一些情況，我知道甚少，主要我年幼時，生母早逝，父親一直在外工作，乃至抗戰繼母患瘋病。我父親派往香港工作。在京留下我姐妹三人，隨姑姑生活，靠香港匯錢。1938 年八哥先驌以內地經香港來京，中途見到我父親。囑八哥勸我姑姑，應帶我們一起去香港，免得將來不通匯，造成生活無依靠，但姑姑為了私利，特意不去香港，結果日寇攻佔香港，家父殉職，造成家破人亡，多流落四方。

1947 年，我在上海讀同濟大學。春節期間，隨表弟陳耕燕（我四公公胡庭林的外孫）去了八叔胡承榮家拜年，八哥先驌也在八叔家。八叔有兩個姑娘，長女在聖約翰讀經濟，滬解放，三反時死了。次女胡楷，在滬解放時，我從蘇北出差到滬，去八叔家探望，八叔和八嬸說：「你看，共產黨不是也來咱家了！」當時剛解放，我穿軍裝去的。那時胡楷剛從高中畢業，問我：「她參軍好還中升學好？」我告訴她「都好！」後來，我去安東參加抗美援朝，就一直未和他們聯繫，甚至他們在滬地址都忘了。據說胡楷妹，在海南省當過政協副主席，海南大學副主校長。解放前十叔胡承恩住滬，北四川路北口一個弄堂裏，是他在某私人銀行職工宿舍。他當該銀行協理，他有二子二女，當時在讀中學，只去過一次，一直沒有聯繫。

因為湘林公公，年青時，在北京家玉祖老宅一起住。同治十二年家玉祖辭官返里，是帶他一起回新建。他後來當陝西地方官，經常來京，住在老家。我公公胡庭湘行五，他們年歲接近，比較親。後來湘林公公去廣州，當總督時，曾接我公公去廣州住有半年多。六公公的二姨太是北京郊區縣人，因生下一男孩，即夭折，當時她急瘋了。竟放火使衙門燒起來，幸被我公庭湘早發現，呼人救火，未成大災。我父剛死，搬江西會館，她住樓下，我住樓上。後來，我離京赴四川讀書，才離開她。我幼時住老宅，她每到夏天，都從農村來我家住。自六公死前，給了她一些銀兩，她就返京，在農村給她弟弟買了地，依之為生。據說解放後，他生活無靠，八叔承榮曾來京看望她，每月給她 20 元生活費，直到她故去。我父親行七，比六爺爺的兩個孩子稍年長。他曾由去上海吳淞讀同濟大學，如逢寒夏假，不回京，往往到六爺爺家去住，所以兩家較親。

為什麼湘林六爺辛亥革命罷官後，不去江西和北京定居。我估計主要是家庭內成員的矛盾。關鍵是我三伯父禪臣。他於清光緒初年，由中胡自然村搬到七里崗沙溪（大塘坪鄉沙溪）村買了一些田產。當光緒十年左右，經家玉祖同意，他考上舉人後，來京住老家找工作。他入過藝學堂，而後在曾國藩之子曾紀澤外交衙門找工作。光緒廿年，家玉祖病逝，他返鄉奔喪。那時，他的哥哥承弼大伯在陝西當縣長，返鄉不能久住。六爺爺湘林在廣東為官，也不能永留。只有禪臣三伯回鄉後，見他離分將田地和財產。由他長子先驤掌家，但他賭吸大煙，到光緒廿年，所剩無幾。三伯由家玉祖遺產中又分到百多畝田和水湖，交他二兒先駿掌管。當民國二年，先駿病故，其子德煌 5 歲，德煒 2 歲半，他們的母親是南昌城裏人，受他的伯伯叔叔的氣，帶孩子去南昌姨家生活，據說原分給他們的田地也給賣了。先驤那時已窮的把兩個女兒賣出當童養媳，其子德金外出打工，他爹先驤死時，才回家一次，後一直下落不明。

三伯禪臣來京後，他又結婚，生一子一女，子即我五哥胡驤。民國初，三伯去朝鮮當大使，那時他的夫人瘋子，只好叫他姨太太去當太使夫人。在任時，胡驤生兒子，胡朝即紀念他公公禪臣在朝鮮大使。五哥胡驤前妻死後，又娶陸姓續弦。陸的哥哥是當時北京駐軍軍長，可能是陸仲霖，即當時馮玉祥部下，逼清溥儀皇帝出宮的那位。胡驤解放時，在國民黨任外交部專員，生活無依，住其子胡朝家。朝妻是陸家的表妹，他們姑作婆，五哥妻抗戰時，死在重慶，但胡朝不養其父。五哥只好求八哥先驌，給他找了文史館當館員，解決生活，大概在文革時期死去。胡朝在 1967 年前曾來過北京，他在南京電訊學校教書，不知如今在否？他有一個弟叫胡朗，在重慶，1943 年見到過他，他比我長一歲。不知如今在何方，那時他在太平洋保險公司工作。

我四公公胡庭林，青年多病，一直在北京老宅長大，只生下一女叫胡承媛。因其父母早故，從十幾歲後，就在我家長大。老宅沒分給四公公。家玉祖給他留一些錢財，在外買了房產，只因他沒有兒子。

先父行七，其大弟胡承忠行九，二弟胡承恕行十一。八哥先驌的父親胡承弼行大（也許行二）。五哥胡驤的父親行三，胡禪臣。

所以家玉祖有四個兒子，胡庭鸞（江西行大）。胡庭林行四，胡庭湘行五，胡湘林行六，後三個均在北京出生。可能家玉祖在時，和他弟弟胡家玕的兒子一起排行，所以胡家圩一定有兩個兒子，行二和行三。

「先」字輩排行是承弼大伯和禪臣的兒子之間排的。因為他倆是親兄弟，是大公公雖不在，家玉祖先光緒廿年故時，家玉的曾孫在兩孫子之間大多出生了。如禪臣子：胡先驌行大，胡先騤行三，老四幼故，胡驤行五，在北京生，老六年幼故，胡先騮老七。胡承弼子：胡先騏行二，胡先驌八。

附注：胡德馨說：先騏行大，不知先驌他倆之間誰大。因為先驌說：「他有個弟弟叫先騏」。同時先驌在家都稱大相公。因為禪臣之子之間親兄弟已不互來往，例如先騮 1936 年去漢口，到我先父去找工作，他不到他親哥哥胡驤去找工作。我去江西時，找德煌之妻之子，打聽江西老家如何走，她說德煌父死後，家鄉人排擠，其母帶他兄弟二人到姨家生活。德煌在京有五個孩子，我去信告訴他家情況。他不想聯繫，因長輩間仇恨影響。

現在想來家玉祖系統「先」字輩的，現在尚在的，我年最長，由於我不才，各方族人均失聯繫，所以再立家譜也無號召力，同時他們之間離心力很大。若八哥胡先驌在世，他們的號召大，及他對族人的熱情幫助，可能有人聽他們的，可惜良機已失。

僅此順祝

安好

另注：家玉祖「承」輩孫子共有 7 人

曾孫「先」輩共計 14 人

玄孫「德」輩共計至少 22 人

「啟」輩已不好計算，因多失聯繫

以上統計不包括女孩子

胡宇熾 敬上

1999 年 5 月 11 日

胡宇熾給胡小俊君的信札

胡小俊君，您好！

您太忙之，所以我們離南昌時，不敢也不忍心驚動您，請原諒。同時謝謝您一早趕到車站送我們，又送我們一箱東西。

托我們帶給您伯母胡玖芝的東西，於到京後，第三天就送上去了。

我們去南昌新建尋根時，家鄉人及宗親對我的熱情迎送，使我們深受感動，永生難忘。

令兄啟新他們確離家鄉年久，離時也年幼。對宗親所知甚少。從我們所得各方資料分析，您太公是胡承弼，公公可能是胡先騏和八哥胡先驌，是同父異母兄弟。另外在南昌還有啟宇、啟宙、啟照、啟明等，都是您太公一個系統的。您遇到您母親可能知道，在新建的鄧仰周的母親胡細妹，也是胡承弼的後代，他的大兒子胡先驥是胡細妹的父親。

宇熾的父承志，祖父庭湘（是家玉第五兒子）。胡家玉只有四個兒子、即長子庭鸞、四子庭口、五子庭湘、六子湘林，其他的兩個是他弟弟家玕的兒子，只知叫庭楠，他的後人也在南昌，叫胡啟鵬。另一件事情，您說您祖父死的早是，家玉見您父親孤兒寡母，分田百畝和一蓮花池，這可能有出入，因為家玉祖在光緒20年在南昌已故，您父親估計若在世到今只有八十四左右，他出生時，家玉祖已故去，廿來年了，想必是承弼伯留給您父親們的。不知對否。

您終日忙碌，使我們很是著急，請您凡事冷靜，多有耐心。處事要穩妥，遇事莫激化起來。

僅此，順視

平安如意

胡宇熾 汪口言 上

1998年2月27日

劬學篤行楙乃嘉績——署理兩廣總督胡湘林

胡啟鵬

胡湘林（1857～1925），又名湘霖，字揆甫，亦作葵甫，號竹泉，或再蘧，新建縣聯圩鄉治坪洲人，都察院左都御史家玉第幼子。幼承庭訓，通經史，清朝咸豐七年（1857）出生，光緒元年（1875）乙亥科舉人，光緒三年（1877）辛丑科會試中式王仁堪榜二甲六十一名進士，光緒三年（1877）至六年（1880），翰林院庶吉士。其父作湘林聯捷誌喜詩：

泥金又報捷春闈，七十衰翁喜可知。
拾芥科名何易易，簪花宴集且遲遲。
豹因霧澤毛增潤，鵬待風持翱不疲。
恩榜相承恩最渥，慚無分寸答堯墀。〔註53〕

〔註53〕湘林會試時因感冒未與廷試。

光緒六年（1880）散館編修。又諭、翰林院奏、編修胡湘林呈稱河工關係漕運。惟有規復南河故道。可紓直東水患。並利南省漕行。請派大臣前往南河履勘會議一摺。著張曜馳抵東省後。體察情形。一併妥籌具奏。光緒十年（1884）至十三年（1887）國史館協修，光緒十三年（1887）至十五年（1889）丁父憂。

光緒十五年（1889）至光緒二十年（1894）充武英殿協修。光緒二十年（1894）大考三等十六名，充功臣館纂修。光緒二十一年（1895）改國史館纂修，武英殿總纂。光緒二十二年（1896）至二十四年（1898）武英殿提調。

光緒二十三年（1897）至二十五年（1899）京察，簡放陝西同州府知府，上任後，懲治蛀役，嚴禁賭博，僅一年時間，盜賊銷聲匿跡。光緒二十五年（1899）至二十六年（1900）西安府知府（署），光緒二十六年（1900）陝西延榆綏道。

光緒二十七年（1901）2 月，調補西安府知府。由於二十歲欽點翰林，少年登科，不免狂傲，父親死後頻遭排擠。又因晉見上憲，執禮不恭，致使藩臺有意參劾。所幸陝西巡撫，乃其父之門生，為其緩頰，始免參劾。陝西藩臺乃密令西安府屬各縣行文時逕達藩司，不經知府衙門。湘林不知個中底，以為當地民風淳樸，安份善良，樂得清閒，但終日衙府獨坐，亦覺無所聊賴，白日游蕩街頭，又怕玷污官箴，遭人非議。利用晚上時間，穿著青雲小帽，在城上踱步而行，瞭解民俗風情，人文地理，歷史古蹟，打發時間。其時恰逢正是八國聯軍攻打北京，兩宮西狩，逃走西安，愴惶之際，西太后（慈禧）問及西安城池是否堅固，百官皆以固若金湯告之，又問城池的長短，城垛數目？眾官不知其詳，不敢妄奏，湘林乃就其所知城池內容，從容奏報，西安城的方面長短，共有城垛幾個，如數家珍一般，娓娓而言，西太后聞言嘉許，問及姓名，始知是胡家玉之子，當即責怪宰相王文昭用人不當，致其母子避難蒙塵。十月升授延榆綏道，留辦供直，升署陝西布政使、藩臺兼署鳳邠鹽法道。布政使胡湘林到省城臥龍寺，由於西藏、蒙古屢貢佛於行在、兩宮以無地供奉，設龕以祀。長安碑林多古刻，拓本百餘種，他將唐開成經米搨數十本送給兩宮呈覽，後帶回皇宮。

光緒二十八年（1902），胡湘林調補山西冀寧道，按察使（署），二品頂戴。6 月 7 日（農曆五月二日），以山西司道及紳士，如布政使吳延斌、按察使胡湘林、冀寧道沈敦和、提學使高燮曾和紳士谷如墉等為一方，李提摩太和敦崇禮為另一方，正式簽訂合辦山西大學堂的合同23條，並送巡撫蓋印立案，奏報朝廷。6月26日（農曆5月24日）校舍修改工程完畢，學堂正式開學上課，胡湘林、岑春煊林等省城重要官紳出席開學典禮，山西大學堂正式成立，這是繼光緒二十四年（1898）京師大學堂之後，我國近代最早設立的新型大學之一。早在戊戌變法時期，康有為、梁啟超、嚴復等人就倡議改良教育，創辦新式學堂以開啟民智，具有西方特色的「山西大學堂」形成舉世獨具中西結合大學特色。年終，皇上胡湘林以釐稅積弊，整頓有方。賞山西署布政使冀寧道胡湘林頭品頂戴。

光緒二十九年（1903）初，胡湘林山西布政使（署）。5月，江寧布政使李有棻解職，以湖南按察使黃建筦為江寧布政使。胡湘林為湖南按察使。未幾以湖南按察使胡湘林為廣西布政使。江西吉南贛寧道劉心源為廣西按察使。9月，廣東布政使丁體常、修墓開缺。調廣西布政使胡湘林為廣東布政使。以前浙江布政使張廷燎為廣西布政使。胡湘林見廣州府屬跨南海、順德兩縣的桑園堤段損毀已多，奏請撥銀2萬兩。又命桑園紳戶捐銀，派清廉有能紳員監督，修築損毀堤段；見省城人煙稠密，街市狹隘，眾多商賈無所託足，每至春夏，疫氣盛行，人皆苦之。布政使胡湘林著交部從優議敘。著該部議奏，現在善後事宜，尤關緊要。全在地方文武，興養立教，除暴安良。著責成該省巡撫，督率各員，認真整頓，切實籌辦。隨時考察，能盡心民事，力行實政者，即予從優保獎。其奉行不力之員，亦即據實奏，務期吏治營務，日有起色，以安民生而綏疆圉。胡湘林在川龍口北岸空灘填築成基，建造橋樑，開通馬路，營建鋪面。設立管理機構，酌情收繳管理費，開設新市，使商業興旺，民情從樂。

光緒三十三年（1907）1月1日。

廣東布政使胡湘林暫護兩廣總督，護理兩廣總督胡湘林奏、已革四川試用知府前署廣西北流縣知縣袁寶璐、被倢錯誤。請開復原官。得旨、著張人駿查明具奏。尋奏、查明該革員實係被倢冤抑。核與胡湘林所奏相符。懇準撤銷倢案，開復原官，如所請行。

又諭：

> 電寄胡湘林等、據電奏防城情形。仍未劃一，現在廉欽正當辦理清鄉善後，何以猝有匪徒滋事，致有衛軍潰逃。焚署戕官重案，足見辦理不力，著胡湘林督飭各軍迅速剿辦，毋任蔓延為患。一面確查實情，先行電奏，並著張鳴岐會商合力防剿，毋稍鬆懈，現在

張人駿行抵何處，著端方等查明，催令兼程赴任。妥籌辦理，張人駿未到任以前，胡湘林責無旁貸，電寄。

諭：

軍機大臣等、電寄胡湘林等、張鳴岐電悉。核與昨日電奏兩歧。著胡湘林確切查明，防城失守，究竟是否軍變，抑係土匪，據實電奏。一面嚴飭派去各營迅速撲滅。毋令日久蔓延，致貽邊患，電寄。護理兩廣總督胡湘林奏、遵照會議政務處奏定章程。實行禁煙。得旨、著認真嚴禁。

諭：

軍機大臣等、電寄張人駿、昨據丁槐電奏防城失守。係股匪突至。致有焚署戕官等事。茲據胡湘林奏稱有匪七八百人，分路來攻。先句通駐防衛軍左右兩哨為內應等語，所奏情節，各執一詞。著張人駿確切查明。據實電奏。仍著督飭各軍分路追剿，捕餘匪。以淨根株。其被脅平民，亦應設法解散，務期早日廓清，毋貽後患。

又諭、電寄胡湘林等：

電奏悉，著即督飭李準等相機剿辦，並將軍變原由查明電奏。丁槐身為統將，平日漫無約束，致衛軍潰變，殊堪詫異，著責成該提督刻即協力撲滅，毋貽邊患，倘再坐誤事機，定即嚴懲不貸。諭軍機大臣等、電寄胡湘林等、張鳴岐電悉。核與昨日電奏兩歧，著胡湘林確切查明，防城失守，究竟是否軍變，抑係土匪，據實電奏。一面嚴飭派去各營迅速撲滅，毋令日久蔓延，致貽邊患，電寄。護理兩廣總督胡湘林奏、遵照會議政務處奏定章程，實行禁煙，得旨、著認真嚴禁。

胡湘林命令拒約會停止活動，收回粵漢鐵路權鬥爭。光緒二十四年（1898）中美簽訂《粵漢鐵路借款合同》規定：粵漢鐵路由美國合興公司代建，建成後由該公司派人管理，借款還清後，中國收回該路。光緒三十三年（1907）7月17日胡湘林奏派魏瀚總辦廣九鐵路。光緒三十二年（1906），灣仔上中下三沙各戶捐資興建三沙碼頭，香山縣胡兆蘭受徐渡船承辦權後，於當年開始營運。

護理兩廣總督胡湘林奏、添購巡江輪船。續增薪費。並添募裁改各船水勇薪餉數目。請飭立案。下部知之。以籌辦廉欽匪亂肅清出力。予廣東布政使胡湘林優敘。廣肇羅道蔣式芬等升敘加銜有差。

光緒三十三年（1907）2 月，葡人毀龍田村居民三十餘家，且禁遷家具，違者捽毆之，事後略補屋價，以掩其跡值十者不得二。5 月葡領事照會護總督胡湘林，稱香山縣民胡兆蘭的渡船領有香山地方發的牌照「有礙葡國權限」，因為澳門至灣仔海面久已實歸本國管轄，數十年來凡往來該兩處船隻，除在本澳船政廳領牌外，其他地方發船牌照不能通行營運。要求護總督立即將胡兆蘭船牌撤銷，6 月 13 日，葡兵忽至灣仔，強漁船入澳，灣仔與澳門對峙，經護總督裁定中隔一海，以海中心為界，互相承認，互相合作，互相對開，互相營運。

光緒三十三年（1907）4 月，宣統元年（1909）9 月，兩次任命胡湘林為護理兩廣總督兼管海關稅務。命軍機大臣世續署外務部會辦大臣。調兩江總督端方為直隸總督兼北洋大臣。迅速來京。未到任前。以外務部會辦大臣那桐署理。調兩廣總督張人駿為兩江總督。兼南洋大臣。未到任前。著江寧布政使樊增祥護理。以山東巡撫袁樹勳署兩廣總督。未到任前。著廣東布政使胡湘林護理。以署順天府府尹孫寶琦署山東巡撫。

光緒三十四年（1908），機器北廠開始製造水旱各式機關槍。宣統元年（1909）正月，無煙藥廠成立。8 月 23 日，胡湘林奏陳，擴充廣東製造軍械廠告成。胡湘林又奏請為廣東製造軍械廠購買製快炮機器。其所謂快炮為：丹（麥）國所出輕機快炮（輕機槍，Madsen Machinegun），創造於 1904 年，八米里口徑，二千密達率速，每（秒）鐘能放 12 響，而攜帶尤極靈便，近日外洋各國改練此種炮隊者極多。粵省製造廠前經飭匠仿造，競能用手工制就，與外洋無異。現已電詢德國克虜伯炮廠，日造十尊之機器，約需銀 30 萬銀。此案未經批准，該廠由此繼續以手工生產八米里（8×58mm Rimmed Danish Krag）機關槍，每月生產 2～3 挺。9 月間無煙藥廠開工試造。

自光緒三十二年（1906）廢除科舉制度，經南海縣鄉紳集議，光緒三十三年（1907）以西湖書院為館舍，成立南海中學。朱校長率先捐銀千兩，並赴香港籌款，數月間李石象、馮香泉、傅翼鵬、諸先生與我邑港僑殷商捐款三萬餘兩，其後，被朱校長邑紳義舉所感動，護理兩廣總督胡湘林特批補助一萬兩，募得款項計 6 萬餘兩；宣統二年（1910）蘆獲巷新校落成，8 月 25 日舉行開學典禮。

由於丘逢甲一再掩護革命黨人，漸遭當局的注意和疑心，護總督胡湘林命廣東巡警道王秉恩對丘逢甲明訪暗察派人跟蹤盯梢。宣統三年（1911）夏秋，新任廣州將軍鳳山依據密報，密奏清廷，把丘逢甲列為廣東「革命大紳」黑名單榜首，正當丘逢甲等人生命安全遭嚴重威協之時，宣統三年（1911）10 月10 日武昌起義爆發，並取得勝利，丘逢甲因免遭鳳山毒手。

護總督胡湘林、張人駿宣統元年（1909）3 月間，札委諮議局籌辦處總辦直隸熱河道王秉恩、補用道李哲濬，會同籌辦經營西沙群島事宜。一面飭令前往查勘和復勘，所有各員辦公之所，即暫附設於諮議局籌辦處內。所需開辦經費局用，由廣東善後局及兩廣鹽運司庫，分別籌撥。王秉恩等，即於是月設局開辦，派委同知邵述堯為坐辦，巡檢黃濟康為文案委員，縣丞袁武安為庶務委員。厥後，胡湘林、張人駿又加季藩司、運司，會同王秉恩、李哲濬辦理其事。其時任藩司者為沈曾植。任運司者，財西乃楊也。時藩署僅有銀十二萬，負外債且逾百萬，湘林在職數年。不增加廣東人民絲毫負擔，將所有債務還清，庫藏驟然增加百萬。

護理兩廣總督廣東布政使胡湘林、因病解職。以江西按察使陳夔麟為廣東布政使，署外務部左丞陶大均為江西按察使。

辛亥革命後，由於他職務地位特殊，曾邀請出任民國副總理等職務，受三綱五常、精忠報國、皇權等傳統思想影響。他主張君主立憲制社會替代封建專制社會，政治改良替代革命暴力，社會要穩定，全面發展經濟，興辦學堂抓教育，提高國民素質，重視科學技術發展和人才的培養，弘揚中國傳統文化，有選擇吸收西方文明成果。由於他的政治主張與當局有 定差距，之後拒絕出任民國時期任何職務，當時外國官吏、富商、朋友勸他隱居香港，而他認為香港目前雖然被英國侵佔，僅為彈丸之地，與祖國為一海之隔，港澳早晚要回到祖國的懷抱，等祖國強大以後，中國人也一定有能力維護國家主權和領土完整，上海才是國際大都市，後客居上海。民國十四年（1925）卒於上海，葬上海法華鄉，終年六十九歲。

《香山明清檔案輯》財貿類收錄有奏摺三個：護理兩廣總督胡湘林奏報廣東上年下半年收解釐金數目摺——光緒三十三年（1907）七月十一日；護理兩廣總督湘林奏銷粵報粵海關收支常稅款內節省歸公等項銀數摺—光緒三十三年（1907）七月二十八日；護理西廣總督湘林奏銷粵海名關三十二年分收支常稅數目摺—光緒三十三年（1907）七月二十八日。《中國民事訴訟法制百年進程，清末時期卷二》作者陳剛，2004 年 11 月中國法制出版社，收錄護理兩廣總督湘林奏擬設各級審判廳籌備處等摺。

陳三立《皇清誥授光祿大夫護理兩廣總督廣東布政使胡公墓誌銘》：

公姓胡氏，諱湘林，字揆甫，江西新建人。曾祖雄才，祖元吉，皆以公考貴，贈光祿大夫。妣皆一品夫人。考家玉，道光辛丑第三人及第。累官至左都御史。妣陳，繼妣夏，皆一品夫人。公資稟穎異，早歲補諸生，舉光緒乙亥鄉試，聯捷成進士。當廷對，以疾告。越明歲乃對，改庶吉士，授編修，充國史館、功臣館、武英殿協修、纂修官。察典課最，簡知陝西同州府。因治盜折獄有名，檄調權漢中。未之官，會西安守缺員，大吏以為諸守中無如公能者，復檄權西安，旋為真。庚子拳亂作，天子奉皇太后狩西安，公除道，繕治行在宮室，供張一切，趨辦適旨，有詔褒美，擢延榆綏道，留置布政使，兼鳳邠鹽法道。昕夕入值，一日七召對，賞賫稠疊，殊恩異數，比內廷大臣矣。辛丑，調補山西冀寧道，晉二品頂戴。時講成，晉歲增費大萬，乃以公兼董籌餉事，慎選掾吏，廉已為率，綜覈釐揚，閉絕奸利，賦入羨饒，民不任罷。巡撫奏聞，特旨加頭品頂戴，累署按察使、布政使，擢湖南按察使。未上，再擢廣西布政使，調廣東。廣東為海南重鎮，百貨浩穰，大吏多喜事，揮斥無度。公至，庫儲僅十二萬，舉外債且百萬，公一以治晉者治之，數年積逋盡償，帑藏大贏，公私給足矣。兼按察使者一，提學使者再。丁未（1907），護總督。丁衡軍之變，一持以鎮靜，市廛不驚而亂定。己酉（1909），再護督篆，將受代，遽乞病歸，歸三載，而有辛亥之變。鬱鬱僑上海，憑廡陋巷中，出入一小車，從二三耆舊遊，絕口不道世事。以乙丑八月十二日卒，享年六十有九。

公家世貴盛，劬學篤行，不資門任，自致通顯。生平與人落落寡合，官翰林日，懿戚孫、徐並在樞要，絕跡不往幹。以故迴翔清要十二餘稔，而衡文之任，終不一屬。比為外吏，以幹能自見，至大官矣，而深矉太息於國事之不可以有為，一旦決然引去，避位賢者，古所謂有猷有守，難進易退之君子，非其人歟？配許夫人，先公卒。子：承詒、承誥，前死。承榮、承恩。孫八：先佐、先雩、先雲、先傑、先任、先雯、先佺、先俊。將以丙寅九月八日，葬於上海法華鄉之原，以狀來督銘，乃為銘曰：

趾美厥考，載升玉堂。肇典大郡，迄藩雄邦。楙乃嘉績，令聞丕顯。方假節旌，遽蛻軒冕。豈不牽位，臣力則殫。罔克乂艱，曠貴用慚。赵赿江海，懸命崩圻。沉憂積疢，煎魂鑠魄。縋棺九幽，崇封一邱。來者曷訊，茲銘之求。

陳三立（1853～1937）字伯嚴，晚年自稱散原老人，江西修水縣人，湖南巡撫陳寶箴之子，國學大師陳寅恪之父，光緒丙戌年進士，官至吏部主事，少有文名，同光派詩人，現存詩二千多首，稱為一代宗師。

勤學求真理獻身為國強——翰林院侍講胡藻

胡啟鵬

毛澤東同志曾說：「自從1840年鴉片戰爭失敗那時起，先進的中國人經過千辛萬苦，向西方國家尋找革命真理，洪秀全、康有為、嚴復和孫中山，代表了在中國共產黨出世以前向西方尋找真理的一派人物（《論人民民主專政》）。胡藻在中國近代史上屬於這派人物中的一員，應留下一筆。

胡藻（1877～1907），字夢鄉，江西新建縣聯圩鄉治平洲中胡村人。幼時依外祖父門館讀書，聰慧可愛，勤學苦讀。母親又以「早起三朝當一工，莫使窮人落下風」的諺語來激勵他。少年的他更自強不息，經常三、五更即起，終日書聲琅琅，常年詩文不斷。光緒十九年（1893），他十七歲入庠，後潛居西山三年，拜師攻讀歷代經典。某冬天大雪嚴寒，諸生擁被安臥，唯藻端坐苦讀。窗友傅肖岩煮酒禦寒說：「不知狂雪滿天地，尚有高人夜讀書」！藻答道：「願同飲酒，連讀《離騷》。」在士林傳為佳話。胡藻於光緒二十三年（1897）丁酉科鄉試中舉人，適藻父死，在家服喪。吳城鎮一巨富商人，是書香後裔，藏書甚豐，頗多珍本，慕藻名延請至家為西席。胡藻課餘飽覽群書，甚覺歡心。

光緒二十九年（1903）癸卯科，由於國人思變法圖強，改革思想逐漸深入人心，清廷迫於形勢廢八股改試策論。胡藻以其博學，擅其所長，通篇暢議古羅馬帝國的覆滅和英倫三島的崛起。文章不但總結了歷史的經驗教訓，而且表達出革新圖強的希望。字裏行間飽蘸憂國圖存的抱負，極為感人，深得好評，後被民國傳為範文。藻以此文高登金榜，列癸卯科王壽彭榜二甲四十三名進士，後欽點翰林，授翰林院侍講。胡藻以一介窮書生高登金榜，家鄉傳為「草莽出學士，山隴飛鳳凰」。

當時文廷式，因贊助光緒帝親政，支持康有為發起強學會，被慈禧太后革職，正賦閒在南昌。為了推進變法運動，傳播西洋革新思想，新思潮，仿傚東鄰日本明治維新，借東湖學院講學，啟蒙豫章諸學子。那時新學像荒漠的路標，把人引向綠洲，每當文廷式開講，胡藻必乘輕舟夤夜從吳城趕赴南昌，風雨無阻。藻因少居貧困，艱苦備嘗，瞭解民間疾苦，熱盼政治昌明，百姓安樂，討論時作頗為精闢議論。文廷式因他虔心求教，博學多才，被譽為「天挺異才」。遺憾的是，胡藻進京時戊戌變法已告失敗，譚嗣同被誅，康有為、梁啟超逃身海外，京都一片肅殺。有志之士大都渡東瀛，涉西域尋求治國真理，而一些身居高位的紈絝子弟仍醉生夢死。

胡藻在京城三年，很少出門嬉遊，整日讀書做文，有報國之志，曾悵然歎曰：「秋風萬里連巷宇，愁向天邊看雁群」之句。南昌舊居曾有他當年親手寫下的一副楹聯「湖山無恙，家國維艱」，以抒發愛國情懷。胡藻任翰林院編修期間，曾三次上奏言事，一為辦大學堂，二為修鐵路，三為防災濟貧。三個奏摺既有高瞻遠矚，為國根本之計，又能從當前實際出發體恤民情，三個奏摺都被光緒帝留大內未發。他剛強如初，潔身自好，以「兩袖清風歸旅邸，一輪明月（京城獨輪車）上衙門」之句，可作他寓京生活的寫照。光緒三十一年（1905）他得同科狀元王壽彭的支持，經朝廷批准，赴日本考察一年，對日本的鐵道和教育作了深入的考察。在這些日子裏，他與日本國內支持中國維新的人士多有接觸。也曾會見江西籍在日本留學的陳衡恪、陳隆恪兄弟等其他學生，對留學東瀛的子弟則寄予厚望，對他們說：「家園艱難全仗汝，莫交歲月枉浸淫。」光緒三十二年回國，他面聖光緒帝之後，感到「天顏憔悴，君憂臣辱」。胡藻以「江湖之遠，廟堂之高」之情懷，於光緒三十三年（1907），又代奏江西京官編修胡藻等呈、請罷議加徵以蘇民困，下部議。胡藻為敬陳桑梓艱苦情形請罷議加徵事呈文。10 月 15 日，奏為翰林院編修胡藻等敬陳桑梓艱苦呈請免議加徵代奏事。初秋，在一次朝議中，為故鄉江西鄱陽湖沿邊減免田賦事，與一閔姓侍郎發生激烈爭論，情緒極其激動，憂憤交加，於歸家途中啞然失聲，由於當時醫療條件限制，對腦溢血、腦血栓之類疾病未能搶救，僅手書「頭昏眼花無他病」而歿。受其影響，其胞弟胡薰、胡蕙，胡藻之子胡先綸，胡薰之子胡綬、胡纘均東渡日本留學，為尋求富國強民的真理，均有建樹。為中華民族的振興和發展作出了貢獻！

楊增輝見一代英豪不幸隕落，歎曰：「天挺異才，不可一世；剖析經故，至精至邃。運丁百六，未竟所志；奕奕英姿，遂即憔悴。江聲不揚，斗宿斯晦……。」為胡藻英年早逝，壯志不酬，刻苦治學，兩袖清風，尤其是力主和參與維新，期望國富民強的愛國主義精神卻是值得弘揚和讚頌的。

胡薰（1883～1950），字濤鄉，號弢園，光緒二十九年（1903）癸卯科，參加江西鄉試中式七十一名舉人。1908 年遊學日本，考入東京早稻田大學，攻讀法學，四年後獲法學士學位，辛亥革命後歸國，受任為江西省軍政法官。1913 年江西創辦江西法政專科學校，被任命為首任校長。1918 年任江西省教育學會會長，倡導獎勵文化教育事業。時福建林傳甲來遊江西，編纂大中華地理志，助其採訪資料，並作序，鉛印行世。1929 年任南京最高人民法院推事，清理積案頗多，深受好評。1936 年辭職返省。寓居南昌市鴨子塘，操律師執業。

胡蕙（1888～1953），字鑫鄉，號鑫園，年十五歲應新建縣學考試，補博士弟子員，1908 年與兄胡薰東渡日本留學，入東京早稻田大學學習法律，並參加孫中山同盟會。1912 年大學畢業歸國，被江西都督李烈鈞任為江西省外交司司長，與外人交涉堅強不屈。1913 年 5 月 15 日調任江西省政府特派交涉員，後受聘為江西省法政專門學校教授，數年之後，赴京都，任北京朝陽大學教授，1925 年江西議會改選，當選為省議會議員，兼議會副議長。1927 年退出政界，專事執行律師業務。

附錄：清實錄

1. 光緒二十九年。癸卯。閏五月甲申朔。引見新科進士。得旨。王壽彭、左霈、楊兆麟、業經授職外。黎湛枝、胡嗣瑗、朱國楨、胡炳益、金兆豐、曹典初、徐謙、張恕琳、王大鈞、范之傑、張濂、郭宗熙、李慶萊、楊渭、商衍瀛、張家駿、劉鳳起、袁冀保、胡大勳、高毓浵、朱篤慶、陸鴻儀、郭則澐、郭立山、區大典、邵章、李坤、陳敬第、孫智敏、胡藻、鄭家溉、史寶安、王鴻翔、周蘊良、彭世襄、張之照、陳善同、袁嘉穀、李效儒、汪昇遠、劉焜、夏壽康、王震昌、李海光、賴際熙、顧承曾、陳雲誥、陳樹勳、龔元凱、藍文錦、吳增甲、胡駿、朱壽朋、方履中、楊廷綸、於君彥、顧視高、溫肅、華宗智、周傑、陳國華、張祖蔭、路士桓、吳璆、楊思、水祖培、解榮輅、馬君實、張書雲、延昌、林步隨、班吉本、周廷幹、區大原、俱著改為翰林院庶吉士。章鈺、張坤、夏啟瑞、顧準曾、夏之霖、甘鵬雲、徐彭齡、吳建三、郭銘鼎、張蔭椿、錢振鍠、孫寶書、陳旭仁、任祖蘭、陳黼宸、呂興周、單鎮、賴瑾、尚秉和、史國琛、侯延爽、王土灃鼎、張智遠、談道隆、李澤蘭、周鏞、祝廷華、楊肇培、楊鴻發、胡位咸、朱德垣、張新曾、關文彬、郭家聲、黃兆枚、朱燮元、劉敬、何啟椿、徐士瀛、杜述琮、李華炳、彭紹宗、徐冕、薛登道、李德星、黃錫朋、李玉振、劉彝銘、徐紹熙、汪應焜、陳曾壽、沈澤生、王世澂、孔昭晉、李維鈺、龔慶雲、王彭、魏元戴、程繼元、曾光爔、牛蘭、楊繩藻、欒駿聲、紹先、李漢光、王揚賓、卓寶謀、易順豫、吳鼎金、趙曾檣、景凌霄、陳莫言、袁祖光、丁毓驥、楊熊祥、呂彥枚、靳志、熊朝濱、魯藩、蕭開瀛、荊育瓚、高嘉仁、張銚、王汝榆、蕭湘、吳嘉謨、常麟書、恩華、陳畬、范振緒、石金聲、忠興、俞樹棠、狄樓海、俱著以主事分部學習。王丕煦、楊允升、張孝慈、朱寶璿、閻廷獻、俱著以內閣中書用。龐毓同、田毓璠、孫鴻烈、高遵章、鈕澤晟、王紹曾、王蔭楠、馬晉、陳鈞、宋功迪、胡獻琳、許中傑、陳中孚、李盛鑾、董秉清、張壽楠、黃敏孚、張衷沅、趙國光、鄧榮輔、程昌鼐、梁鴻藻、李世由、宋嘉林、郝繼貞、褚煥祖、唐樹彤、萬篪、黃光厚、李增榮、程起鳳、黃韓鼎、樊海瀾、李肇律、張鳳喈、鄒壽祺、郭毓璋、黃純垓、劉貞安、鄭廷琮、謝慕韓、鄭燀典、翁長芬、劉昌仁、有瑞、林樹森、陳德昌、金文田、胡商彝、劉道春、曾肇嘉、馬育麟、薩起岩、廖毓英、朱楙春、張治仁、王景峨、何諶、施汝欽、尚光鉞、佘登雲、劉思濬、張鵬翔、武曾任、陳煜庠、閻希仁、李澤宸、張運魁、何品藜、馬天翮、黃堃、馬進修、培成、高廷梅、張自省、張文源、彭立栻、楊鳳翱、杜光佑、王允猷、汪春源、曹佐武、呂濬堃

2. 光緒三十三年。丁未。二月。壬戌朔。引見進士館畢業學員。得旨、考列最優等之修撰王壽彭、編修左霈、潘鴻鼎、潘昌煦、均著記名遇缺題奏。二甲庶吉士郭則澐、胡大勳、朱壽朋、陸鴻儀、陳善同、夏壽康、顧承曾、史寶安、楊渭、汪昇遠、張祖蔭、張濂、范之傑、王大均、張家駿、龔元凱、徐謙、吳增甲、王震昌、商衍瀛、張恕琳、均著授職編修。並記名遇缺題奏。三甲庶吉士水祖培、林步隨、馬振憲、均著授職檢討。並記名遇缺題奏。考列優等之編修趙東階。檢討余炳文、均著賞加侍講銜。二甲庶吉士張之照、楊廷綸、胡藻、於君彥、胡炳益、陳樹勳、區大典、均著授職編修。並賞加侍講銜。三甲庶吉士延昌、著授職檢討、并賞加侍講銜。考列中等之二甲庶吉士路士桓、藍文錦、賴際熙、鄭家溉、劉鳳起、溫肅、均著授職編修。三甲庶吉士周廷幹、著授職檢討。考列最優等之主事顧準曾、呂興周、朱燮元、孔昭晉、趙曾檣、徐彭齡、均著准其留部、以原官遇缺即補。考列優等之主事汪應焜、饒叔光、史國琛、張新曾、龔慶雲、劉敬、丁毓驥、李玉振、趙巘鴻、欒駿聲、郭銘鼎、

徐冕、何啟椿、任祖瀾、袁祖光、何景崧、張鼎、均著准其留部、以原官盡先補用。考列中等之主事談道隆、杜述琮、王枚、張蔭椿、蔣尊禕、黃兆枚、吳建三、王思衍、均著准其留部。考列優等之內閣中書劉啟瑞、蕭炳炎、均著以原官本班盡先補用。庶吉士華宗智、吳功溥、羅經權、主事徐紹熙、恭正、王土灃鼎、李漢光、楊繩藻、魯藩、白葆端、胡位咸、楊巨川、均著以知縣歸部即選。現月。

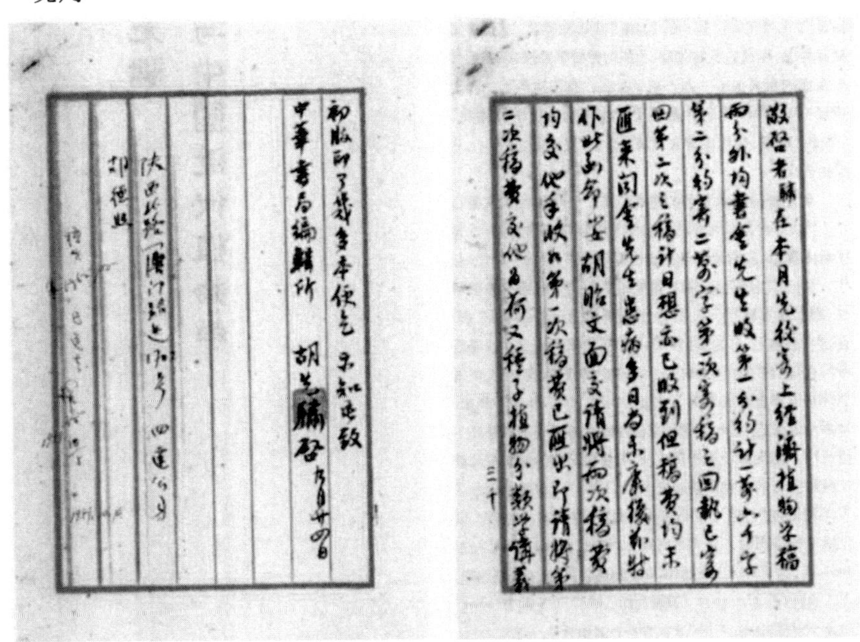

胡先驌致中華書局編輯所信函

1951年9月24日，胡先驌致中華書局編輯所信函。

敬啟者：

驌在本月先後寄上《經濟植物學》稿兩份外，均書金先生收，第一份約計一萬六千字，第二份約寄字二萬字。第一次寄稿之回執已寄回，第二次之稿計日想亦已收到，但稿費均未匯來。問金先生患病多日，尚未康復。茲特作此函：命小女胡昭文面交，請將兩次稿費均交他【著者注：她】手收。如第一次稿費已匯出，即請將第二次稿費交他【著者注：她】。為荷又《種子植物分類學講義》初版印了幾多本？便乞示知。

此致

中華書局編輯所

胡先驌啟
九月廿四日

上海陝西北路（澳門路）1302號四達公司胡德熙
（李瑤先生提供）

【箋注】

胡德熙係胡先驌長子，當時在上海四達公司任技術廠長。

後　記

古話說：滴水之恩，當湧泉相報；受人恩惠，應沒齒難忘。送人玫瑰，手留餘香。

近三十年來，不斷收集胡先驌直接和間接的相關資料，哪些提供資料先生、女士們，永遠銘記在心。本想完整記載下來，隨著時間推移，只是記載了一小部分送的資料，確有掛一漏萬。

小時候，祖母李氏諱柔英經常給我們兄弟三人講胡先驌家裏的故事。知道他童年喪父，年青喪母，家道中落，自己發奮讀書，努力拼搏，最後成為一位著名的植物家。

年少時，叔祖先驪公時常講起胡先驌家族的往事，督察院左都御史胡家玉、署理兩廣總督胡湘林軼事，並且告訴我，胡先驌年輕時創辦廬山森林植物園，成為世界著名的植物園，他的墓葬在園內。

我家住新建縣七里崗楓樹村，到南昌縣南新鄉洲美李家外公外婆家做客，走路必經楊家湖團結堤壩，在堤壩兩邊栽種了好多水杉樹，鬱鬱蔥蔥，挺拔雋秀。父親、母親和我們在堤壩行走時，常告訴我們，這是活化石，胡先驌發現的。我感覺很平淡，沒有什麼了不起，祖國大好山河，到處是森林樹木。同時也覺得神奇，為何偏偏水杉與胡先驌有關，不是其他樹木。

二十世紀八十年代，族叔祖先億公來我家做客，把有記載胡先驌生平事蹟的書籍給我看，讓我讀這段記錄，不懂的我就問，然後，把全文解釋給我聽。第一次從文字記載中，全面瞭解胡先驌的豐功偉績。印象中，他是一位植物學家、創辦廬山森林植物園、發現了水杉等信息。

1994 年 5 月 25 日，江西日報在第一版中間位置，刊載了《胡先驌誕辰百年紀念會在昌舉行》消息，當時我把報紙內容剪下來，黏貼在《胡先驌文存》

書的扉頁。後來在同年 5 月 16 日，江西日報第六版，科技百花園刊載，胡德明、胡啟南著《愛國愛鄉一書生——紀念著名植物學家胡先驌誕辰一百週年》文章，我也同樣剪下來，黏貼在文存上。

1994 年 12 月，胡德熙先生送《胡先驌先生詩集》（國立中正大學臺灣校友會編印 1992 年 5 月 21 日出版）給我。當時他把書放在江西師範大學熊和鳴教授家中，通知我去拿。

1995 年 11 月，我在南昌洪都大道江西高校出版社，找到《胡先驌文存》上卷責任編輯蔡衛紅，想要求購買此書。她說，這書是由張大為主編，並且負責包銷，出版社沒有銷售，圖書室庫存 50 本，一般情況下不賣，考慮到你想瞭解這些知識，特例賣一本給你，一會兒她從庫房出來，把書擺在我面前。她說，定價 35 元，優惠 5 元，給現金 30 元，我的工資當時不到 200 元。見到她時，好年輕，二十出頭，心想，這麼年輕，就是責任編輯，好有才華，心中非常羨慕。2011 年，我以主編的身份在貴出版社出版《新建縣歷史名人》，特意看她，談起買書的往事，記憶猶新。該書我還黏貼了兩份資料。包括：《胡先驌文存》上卷勘誤表一頁，說明本表由武漢水電大學吳仁鈺先生提供。及《胡先驌文存》上卷補遺三頁，（編者按）本書為原始彙編性質，書中的觀點和提法不可避免地存在著歷史局限性，為保存歷史原貌，便於學術界研究作者的思想觀點，基本上都應不加批評地予以保留，現將出版社刪節部分以補遺形式提供給學術界。

1996 年 9 月，我在江西師範大學辦公室看到一本《江西師範學院校史》（張傳賢、李樹源主編，江西高校出版，1990 年版），後到李佛銓校長辦公室，向校長解釋要書的想法，他把該書送給我，並講解了胡先驌生平事蹟。

1996 年 12 月，在南昌公園路，陳謙先生家裏購買了《胡先驌文存》下卷，定價 40 元。他說在江西日報上班，現已退休，是文存編委之一。並且介紹了編委會名單組成人員情況，包括美國的、臺灣的、江西的、海南的等等。當時還送了一本中正大學南昌校友會編輯的《校友通訊——紀念胡先驌誕辰 100 週年專刊》。他說，廬山植物園幾位同志來他家多次，查找資料，並且前一天，就有人來找資料。

1998 年 3 月，在萬載縣出差，通過中國工商銀行轉帳購買沈衛威著《回眸「學衡派」——文化保守主義的現代命運》一書。比較全面，完整瞭解了吳宓、胡先驌、梅光迪三位文學觀點，學衡派在中國近代文學史的作用與地位。這是我購買的第一本研究學衡派書籍，涉及到胡先驌方面內容有三分之一篇幅。

1988 年 6 月，中正大學臺灣校友會譚峙軍會長，將《國立中正大學前期〈校友通訊〉》多期送給我，讓我瞭解正大校友在臺灣，在美國等世界各地信息。2015 年 5 月，新建縣舉行胡先驌誕辰 115 週年學術研討會，譚會長特意從臺灣發來賀信，勉勵有佳，寄予厚望。

2003 年 5 月，胡昭靜女士將胡先驌部分手稿，信札複印件及胡先驌追悼大會歷史照片寄給我。

2005 年 6 月，胡啟坤女士將她家中影集無償讓我拍攝，並重點講解帶有胡先驌在內照片，歷史背景，拍攝時間，地址，其他人物等信息。

2005 年 10 月，史修慶先生將中正大學江西校友會《校友通訊》、南昌校友會《校友通訊》及《贛水悠悠》詩集五本借給我複印相關資料，長期將《窗誼交流》寄給我。

2006 年 5 月，劉經富先生先後將其著作《義寧陳氏與廬山》《陳寶箴詩文箋注·年譜簡編》《陳三立墨蹟選》送給我。並分享陳氏家族資料搜集的經驗。建議利用自身條件，善於通過各種關係，多渠道，多角度，多方位收集胡先驌資料。力求一網打盡，不放過一副書法、一封信札、一篇文章、一本著作、一張照片。每個信息，就是一段歷史，都值得考證與研究。

2007 年 8 月，胡啟超先生將家中珍藏的胡先驌在上海與兒女、孫子孫女等家人合影提供給我，並告知照片中的人物姓名，當時職務，後來發展，拍攝的時間、地址。

2008 年 3 月，廣州華南植物園胡啟明先生將胡先驌寫給他的信札照片；又將收集關於胡先驌在廬山植物園安葬儀式照片送給我。後來，我輯釋《胡先驌墨蹟選》一書，由於自己水平有限，把胡先驌信札、書法作品、手跡等進行釋讀，後又將釋讀文字，圖片通過微信發給他，請他改正，這件事情斷斷續續，持續了三四年。

2008 年 5 月，柳志慎先生將《江西農業大學校史》送給我，共同在江西農業大學學報發表《原國立中正大學首任校長胡先驌博士的風範——緬懷永遠的老師》。因李國強先生、葉永青先生的厚愛，我們一起撰寫《楊惟義傳》，曾在江西農業大學舉行首發式。

2008 年 6 月，王令策先生，將家中胡先驌給吳宗慈信札、胡家玉信札和書法作品供我學習、參考。後將為其父親整理，出版《王諮臣文選》送給我。

特別是他不辭辛勞，將其父親王諮臣先生在《廬山暑期學術講習一月記》日記，關於胡先驌講的《對生命的意義》《思想之改造》《教育之改造》《政治之改造》《經濟之改造》《詩的技術與內容》等六個專題，約 2 萬字，全部整理出來。很多資料是首次發表，引起張大為等專家極大關注，填補空白，獲得好評。

2008 年 6 月，聶國柱先生將其主編的《國立中正大學》（江西省政協學習、文史委員會，江西文史資料第五十輯，1993 年 10 月版）一書贈給我，囑咐我要認真研究國立中正大學歷史及胡校長的學術思想。

2009 年 5 月，汪國權先生著《水杉的發現與研究》（江西高校出版社，1999 年 9 月版）、主編《廬山植物園創建與發展》（中國文聯出版社，2010 年 5 月版）二書送給我。並告訴我，研究水杉、研究胡先驌，不要被當今國內外洋博士頭銜嚇倒，不要被教授、專家及其研究成果所迷惑，更不要人云亦云，而要腳踏實地，查找資料，分析問題，全面思考，得出獨樹一幟的見解。

2010 年 5 月，楊叔子院士跟我講解他哥哥楊仲子在中正大學讀書的往事。為《胡先驌研究論文集》作序，我聯絡此項工作，後來，經常有電話聯繫，聊天，成為無話不談的忘年交。

2010 年 6 月，姚國源先生編輯《浩氣壯山河——國立中正大學抗日戰地服務團紀實》（上下冊）及很多中正大學校友會編輯的刊物一同給我，當時寄到新建縣郵政局，沒有通知我領取，又寄回蘇州，後來我與郵政局快遞交涉，重新寄回新建，來回幾次，終於到手，真是來之不易，十分難得。

2010 年 7 月，中正大學校友張紱先生著《懺庵詩選注》一書，並簽名送給我。據他講，此書花費十年時間完成，把胡校長所有詩進行通讀。抗日戰爭結束前夕，胡氏在江西永豐縣避難，他畢業正好在永豐縣教書，曾多次向胡校長請教作詩的方法與技巧。後來請張紱先生為本人編的《胡先驌詩文集》作序，文章寫好了，經主編熊盛元老師過目，認為是一篇上好佳作，同意放在書中作為序文。

2010 年 10 月，中正大學校友黃克智院士，為我題寫祝福語，鼓勵我認真研究胡先驌及中正大學，並講解大學讀書往事。特別談到工學院蔡方蔭院長，對教學抓的非常緊，高標準、嚴要求，並且將清華大學留學考試試卷給同學訓練，增加知識面，擴大視野。

2011 年 8 月，胡仁元先生將其祖父胡光廷（字蓮舫，曾任中正大學教務長）及三叔胡彬陶收藏的珍貴資料，免費複印：《懺庵詩稿》（上下冊）油印本；

胡先驌把自著詩抄錄給蓮舫的四頁墨寶；胡先驌著《南征二百五十韻》鉛印文本（上有胡先驌題寫「蓮舫先生吟正，懺庵」）；胡先驌著《蜻洲遊草》詩集鉛印本等。他說，當年中正大學臺灣校友會出版的《胡先驌先生詩集》，其書稿《懺庵詩稿》《南征二百五十韻》長詩及序前的胡先驌四面墨寶插頁，均由他家提供。

2012 年，張大為先生把一些在全國各地收藏的中正大學校友會刊物寄給我，當時第一次通過郵政快遞寄過來，由於工作人員不負責，多次查找，最後丟失，損失慘重。再次發郵箱給他，希望重新用掛號形式再次寄給我。後來他乾脆把《胡先驌文存》上下卷中的文章在期刊、雜誌、報紙發表原始複印稿，送給我，作為研究用。

2013 年 6 月，胡德明先生將其著作《老驥猶吟》一書，送給我。他是一位研究胡先驌的專家，曾在《老友》雜誌發表十多篇胡先驌研究文章，後收錄在該文集中。和王諮臣先生共同在海南大學學報發表胡先驌年譜，為了研究胡氏年譜，親自赴北京，到錢鍾書家中，瞭解選編《懺庵詩稿》情況。當時錢的女兒接待他，錢鍾書回家知道消息後，多次打電話給胡德明先生住所，告訴歷史情況。

2013 年 9 月，華中師範大學黃蓉寫《胡先驌政治觀》的研究生論文，通過她大學導師，找到黃蓉，她把論文發給我，並且把學校收藏的胡先驌在所有期刊，報紙發表文章的 pdf 格式發給我。我當時有一點感觸，胡宗剛先生為了收集胡先驌資料，編撰胡先驌年譜，先後花費十年時間，奔走於全國各大圖書館，檔案館，這些資料的原稿文章全部在裏面，還看到胡宗剛沒有收集文章，感覺網絡力量，網絡神奇、網絡效率，科技的力量，社會的進步，為研究者提供便利。

2015 年 8 月，張劍編注《中國科學社檔案整理與研究》之《書信選編》《發展歷程史料》《〈社友〉人物傳記》書籍送給我，並把該書電子版毫無保留發給，還把書中沒有收錄的胡先驌相關資料提供給我。

2015 年，王四同先生將其祖父王易、叔祖王浩年輕時寫給胡先驌的信札和照片及釋讀的文字，全部提供。後將其編輯《南州二王詩文集》贈送。

2015 年，李國強先生將《歷代名人與廬山》（修訂本）送給我。並為《胡先驌全傳》作序，他問我，全傳的特點？我答：該書有十大亮點，特別是對胡先驌二次落選中國科學院學部委員不同原因，進行詳細闡述。他聽之後，表示滿意。

2016年3月，臺灣中正大學編輯《校史令一章》，並有吳志揚校長親自簽名，送給我。涉及到一些重要歷史資料，鮮為人知文件，這些塵封了幾十年信息，彌足珍貴，首次公布於眾，為學術界提供一份沉甸甸文獻。

2021年3月份以來，陳露先生不斷將在多家報紙刊載胡先驌信息的資料發給我，先進行打字校讀，再由陳老師進行改正。

2022年10月，梁洪生主編《杏嶺春秋——〈民國江西日報〉有關國立中正大學的報導全匯（1938～1949）》，2010年12月整理該書，至今沒有出版，他毫不猶豫把涉及有胡先驌信息資料電子版，約 8 萬字，發給我。為年譜編撰，提供信息，填補了檔案的空白，更加充實了年譜內容，豐富了譜主人生。

2022 年 11 月，雲從龍先生將其收藏的《江西民國日報》及期刊雜誌的PDF格式送給我，為《胡先驌年譜》提供第一手資料。

2022年12月，鄭瑤先生著《繼往開來責在斯——國立中正大學農學院研究（1940～1949）》，2019 年江西師範大學碩士研究生學位論文。該文多處涉及到胡先驌珍貴歷史檔案資料。經與鄭瑤先生聯繫，將其在中國第二歷史檔案館、江西檔案館文獻摘抄資料發給筆者，為了尊重作者辛苦勞動，秉持實事求是態度，全部注明。採用兩種處理辦法，一是原論文中僅僅引用了一部分，年譜採用完整的引用，作為補充。條目僅作適當修改。二是，論文中沒有採用的文獻資料，說明由鄭瑤先生提供，為便於查找，注明來源出處等信息。

俗話說，有志者立長志、無志者常立志。與其臨淵羨魚，不如退而結網。大凡做一番事業之人，要發揚螞蟻啃骨頭以小搏大之精神、水滴石穿持之以恆的精神、釘子釘木頭目標專一的精神，不達目標絕不罷休，決不放棄，永不言敗。飯要一口一口吃，不能一口吃成胖子；路要一步一步走，不能一蹴而就；樓梯要一臺階一臺階登，不能跨躍而上；事要一件一件做，先易後難，不能理不清，剪不斷，最後一事無成。把枯燥無味的歷史資料轉變為津津有味的故事，耐得住寂寞，經得起誘惑，沉得下氣，靜得下心，坐冷板凳。經常誦讀這段名句以勵志：「司馬遷《報任安書》：古者富貴而名摩滅，不可勝記，唯倜儻非常之人稱焉。蓋西伯（文王）拘而演《周易》；仲尼厄而作《春秋》；屈原放逐，乃賦《離騷》；左丘失明，厥有《國語》；孫子臏腳，《兵法》修列；不韋遷蜀，世傳《呂覽》；韓非囚秦，《說難》《孤憤》；《詩》三百篇，大抵聖賢發憤之所為作也。此人皆意有所鬱結，不得通其道，故述往事、思來者。乃如左丘無目，孫子斷足，終不可用，退而論書策，以舒其憤，思垂空文以自見。」

疫情三年（2020 年～2022 年），大家過得不容易，不是打疫苗，就是做核酸；不是封控，就是隔離。利用大家高談闊論錄視頻、消遣時間發抖音，我和家裏人一起，踏踏實實做了一點事情，把家中收藏胡先驌書籍，由我負責整理胡先驌年譜資料，家人幫忙打印，轉成電子版，再打印出來，進行校對，終於完成《胡先驌年譜》書稿。

本書收錄 500 餘張照片，圖文並茂，包括胡先驌單獨照片、家屬合影，會議合影等，時間跨度之大、數量之多、情況之複雜，全所未有。讓讀者讀文章時，有圖片補充，回顧歷史，有身臨其境感覺。圖片大部分是筆者拍攝胡先驌著作、論文、雜誌、銅像等圖片。一部分是研究者提供照片，現已注明出處。一部分是筆者在歷史書籍中找到的原圖片。一部分是當代出版書籍圖片，由於一些珍貴照片在多本書中都採用，都沒有注明出處，造成筆者不知注明來源困惑，比如 1934 年，廬山森林植物園成立的合影照片，在廬山植物園宣傳冊、汪國權的著作、胡宗剛的著作等多本都採用；中央研究院開年會照片，多本書籍都採用，他們都沒有注明來源，針對這種情況，凡是一張照片在 2 本以上的書中採用，一般不標注來源出處。一部分是愛好者通過網絡、微信贈送筆者，由於時間久遠，加上多人推送，無法確認第一來源，避免出現張冠李戴，也沒有注明來源。一部分網絡圖片，如是孔夫子網、大成數據庫、百度等。如果沒有注明來源的圖片，被採用在本書，請拍攝者諒解，在此表示謝意！

本書在出版之際，特別感謝胡啟明先生、梁洪生先生、胡青先生、胡迎建先生、沈威衛先生、王四同先生、段祖青先生、張建中先生、鄭瑤先生、王令策先生、陳露先生，曾祥金先生、張劍先生、出版社楊嘉樂先生、宗曉燕先生，是他們無私的奉獻、大力的支持和熱心的幫助，使本書內容更加豐富。楊曉蒼先生對本書進行校審，提出了十分寶貴意見和建議，在此表示感謝。

由於本人才疏學淺、研究不夠紮實，查找資料不多，看到書籍有限，接觸面不廣，交友不多，書中肯定存在不少錯誤和很多遺漏之處，歡迎各位專家交流、批評指正，以便再版時訂正和補充。

聯繫郵箱：hqp8668@163.com

聯繫電話：13330080301（微信同號）

胡啟鵬

二〇二三年三月二十六日